“十二五”职业教育国家规划教材
经全国职业教育教材审定委员会审定
财政部规划中等职业学校财经商贸类教材

电子商务网页制作

张守兵　刘　俐　主编

中国财政经济出版社

图书在版编目(CIP)数据

电子商务网页制作 / 张守兵,刘俐主编 . —北京:中国财政经济出版社,2015. 6(2022.8重印)
“十二五”职业教育国家规划教材　财政部规划中等职业学校财经商贸类教材
ISBN 978－7－5095－6098－3

Ⅰ. ①电…　Ⅱ. ①张…　②刘…　Ⅲ. ①电子商务－网页制作工具－中等专业学校－教材
Ⅳ. ①F713. 36　②TP393. 092

中国版本图书馆 CIP 数据核字(2015)第 057137 号

责任编辑:张　军　　　　责任校对:徐艳丽
封面设计:汪俊宇　　　　版式设计:董生平

中国财政经济出版社 出版

URL:http://www. cfeph. cn
E－mail:cfeph @ cfeph. cn

社址:北京市海淀区阜成路甲 28 号　邮政编码:100142
营销中心电话:88190406　北京财经书店电话:64033436　84041336
北京鑫海金澳胶印有限公司印刷　各地新华书店经销
787×1092 毫米　16 开　17. 75 印张　431 000 字
2015 年 5 月第 1 版　2022 年 8 月北京第 7 次印刷
定价:39. 00 元
ISBN 978－7－5095－6098－3/F・4914
(图书出现印装问题,本社负责调换)
质量投诉电话:88190744
反盗版举报热线:88190492　88190446

编写 说明

本书是“十二五”职业教育国家规划教材、财政部规划教材，经全国职业教育教材审定委员会审定，作为全国中等职业学校财经商贸类专业教材使用。

“电子商务网页制作”是电子商务专业的一门专业（技能）方向课程。通过本课程的学习，学生能够掌握电子商务网站策划、设计、制作以及发布推广的相关知识和技能，并具有解决一般网页问题的能力。

本书的编写本着“以能力为本位、以职业实践为主线、以项目课程为主体”的原则，共分为七大模块，分别是：认识电子商务网站、电子商务网站规划与设计、商品图片的收集与处理、网页广告的设计与制作、商务网页的制作、电子商务网站的发布与推广、综合实训。教学时各模块既有独立性，又有关联性。独立性是指各模块组织教学、突出重点时相互独立，学生应该一个模块一个模块地掌握其知识点；关联性是指各模块间存在相互关系，围绕同一个大的案例进行各个角度的分解。

本课程建议72课时，其中实训20课时，学分4分。具体课时分配如下表所示。

课时分配表

教学项目	课时	总课时
一、认识电子商务网站		8
任务1　初识电子商务网站	4	
任务2　剖析电子商务网站	4	
二、电子商务网站规划与设计		8
任务1　分析电子商务网站建设需求	2	
任务2　规划设计电子商务网站	4	
任务3　撰写网站策划书	2	
三、商品图片的搜集与处理		8
任务1　搜集商品图片	2	
任务2　修整处理商品照片	2	
任务3　调整商品图片的色彩	1	
任务4　处理网页文本	1	
任务5　设置商品图片的特效	2	

续表

教学项目	课时	总课时
四、网页广告的设计与制作		8
任务 1　设计与制作 Logo	3	
任务 2　设计与制作 Banner	3	
任务 3　设计网页其他元素	2	
五、商务网页的制作		10
任务 1　认知 DreamWeaver cs5	2	
任务 2　设计网页布局	2	
任务 3　制作网页	4	
任务 4　美化网页	2	
六、电子商务网站的发布与推广		10
任务 1　注册电子商务网站域名	2	
任务 2　选择 ISP	2	
任务 3　发布电子商务网站	3	
任务 4　推广电子商务网站	3	
七、综合实训		20
任务 1　调研公司网站	4	
任务 2　设计与开发公司网站	6	
任务 3　设置 Web 服务器	4	
任务 4　发布公司网站	2	
任务 5　推广公司网站	4	
共计：		72

本课程是一门操作性和实践性很强的职业技术课程，内容较为务实，突出操作技能的培养，学以致用。体裁上也便于组织教学。本书既可作为高职高专信息类和经贸类电子商务专业的教材，也可作为职业培训用书。本书由张守兵、刘俐担任主编，张守兵负责校验统稿。其中，项目一由牛慧慧、贾玮编写，项目二、项目六、项目七由张守兵编写，项目三、项目四由刘俐编写，项目五由赵小秋编写。

本书为用书学校任课老师提供了课后习课答案和电子课件，如有需要，请登录中国财经教育网（http：//cjjc. cfeph. cn 或 www. zgcjjy. com）下载。

由于电子商务的发展与管理理念日新月异，加之编者水平有限，书中不妥之处在所难免，敬请读者批评指正。

编　者

2015 年 5 月

目 录

项目一 1 认识电子商务网站

一个成功的电子商务网站，可以提升公司形象，增加公司效益，还能通过网站开展信息推广与服务信息的搜集、提供，掌握客户的最新动态，以此来降低售后服务的成本。新的社会需求对面向电子商务的应用人才也提出了更高的培养要求，掌握电子商务网站的建设方法与技术已成为电子商务应用人才的必备技能。要想具有建设优秀电子商务网站的能力，我们就需要通过赏析优秀的电子商务网站，来提高网页设计水平，同时激发浓厚的学习兴趣。通过本章的学习，学生对电子商务网站先有感性的认识，熟悉典型的电子商务网站，为后续电子商务网站的建设提供指导。

知识目标：

- □ 理解电子商务系统的概念与组成部分
- □ 掌握电子商务网站的特点、功能、分类及信息结构
- □ 能够灵活运用电子商务网站的设计原则

技能目标：

- □ 能描述不同电子商务网站的分类、特点、功能及设计原则
- □ 理解电子商务网站的信息结构并掌握其设计流程

任务1
初识电子商务网站

任务要点

- **关 键 词**：电子商务、电子商务系统、电子商务网站。
- **理论要点**：了解电子商务、电子商务系统的相关概念，掌握电子商务网站的概念，理解并掌握电子商务网站的特点、分类、功能。
- **实践要点**：通过学习电子商务、电子商务系统和电子商务网站的概念与相关知识，对电子商务网站有个初步的了解，并赏析典型的电子商务网站。

任务情境

张家豪是中职应届毕业生，毕业后进入天津橙果天下科技发展有限公司工作，公司业务范围包括电子商务网站建设等。

天津爱特米诺电子有限公司与橙果科技公司签订合同，为其建立电子商务网站，以宣传企业、开拓市场。橙果公司决定由张家豪来全程负责这个项目。张家豪接到任务后，认真筹划，利用所学的电子商务专业知识，从分析公司需求，采集网站素材，设计公司文化形象，到具体电子商务网站的制作、发布和推广，做了详细的设计和安排。

让我们一起来梳理一下张家豪已经学过的有关电子商务网站方面的知识吧！

任务分析

本次任务的目标是理解电子商务、电子商务系统与电子商务网站的相关知识，为后续建设电子商务网站打下坚实的理论基础，并通过赏析和鉴赏典型的电子商务网站来提高自己的综合素养。

知识准备

（一）电子商务

电子商务（Electronic Commerce，EC）是IT技术和商务运行结合而产生的一种新型商务交易过程，是21世纪市场经济商务运行的主要模式，也是新经济含义下的一种主要经济方式。

1. 电子商务作为一个新兴交叉学科领域，不同的组织和领域从各自的理解和应用产生过不同的定义。综合各方面不同看法，结合我国电子商务的实践，可以将电子商务的概念作如下表述：电子商务系指交易当事人或参与人利用计算机技术和网络技术（主要是互联网）等现代信息技术所进行的商务活动，包括货物贸易、服务贸易、知识产权贸易。

2. 电子商务有广义和狭义之分。

（1）广义的电子商务是利用网络实现所有商务活动业务流程的电子化，不仅包括电子商务的面向外部的业务流程，如网络营销、电子支付、物流配送等，还包括企业内部的业务流程，如企业资源计划、管理信息系统、客户关系管理、供应链管理、人力资源管理、网上市场调研、战略管理及财务管理。

电子商务包含两个方面内容：一是商务活动，二是电子化手段。它们之间的关系是：商务是核心，电子是手段和工具。这里的“商务”包括企业通过内联网的方式处理与交换商贸信息，企业与企业之间通过外联网或专用网方式进行的业务协作和商务活动，企业与消费者之间通过互联网进行的商务活动，消费者与消费者之间通过互联网进行的商务活动，以及政府管理部门与企业之间通过互联网或专用网方式进行的管理以及商务活动。这里的“电子化手段”包括自动捕获数据、电子数据交换、电子邮件、电子资金转账、网络通信和无线移动技术等各种电子通信技术手段。

（2）狭义的电子商务一般也称为“电子交易”，是指通过互联网进行的商务活动。在大多数情况下，我们所讲的电子商务概念就是指狭义的电子商务。

美国政府在《全球电子商务纲要》中比较笼统地指出，电子商务是指通过互联网进行的各项商务活动，包括广告、交易、支付和服务等活动。

（二）电子商务系统

1. 电子商务系统的概念及组成。电子商务系统是指在 Internet 和其他网络的基础上，以实现企业电子商务活动为目标，满足企业生产、销售、服务等生产和管理的需要，支持企业的对外业务协作，从运作、管理和决策等层次全面提高企业信息化水平，为企业提供商业智能的计算机系统。一般由以下几个部分组成：

（1）网络平台。网络平台一般包括各类网络平台：因特网（Internet）、企业内部网（Intranet）、企业外部网（Extranet）、商业增值网（VAN）等。

（2）电子商务网站。电子商务网站是电子商务系统的前台部分，作为电子商务人机交互平台和信息流的界面平台，其主要功能是发布商务信息、接受客户需求。

（3）客户服务中心。客户服务中心是电子商务系统的后台部分，它提供交易过程中的服务平台，其主要功能就是处理和满足客户需求。

（4）支付中心。支付中心提供资金流平台，其功能是为电子商务系统中的采购者、供应者等提供资金支付方面的服务。

（5）认证中心。认证中心提供交易双方的信用保障。

（6）物流中心。物流中心提供物流平台。

2. 电子商务系统的网络架构。电子商务系统网络架构可以分为以下三个部分：

（1）企业内部网。企业内部网一般由 Web 服务器、电子邮件服务器、数据库服务器和客户端的 PC 机等组成。

（2）企业内部网与因特网连接部分。企业内部网与因特网连接部分一般都有防火墙和代理服务器，如图 1－1 所示。

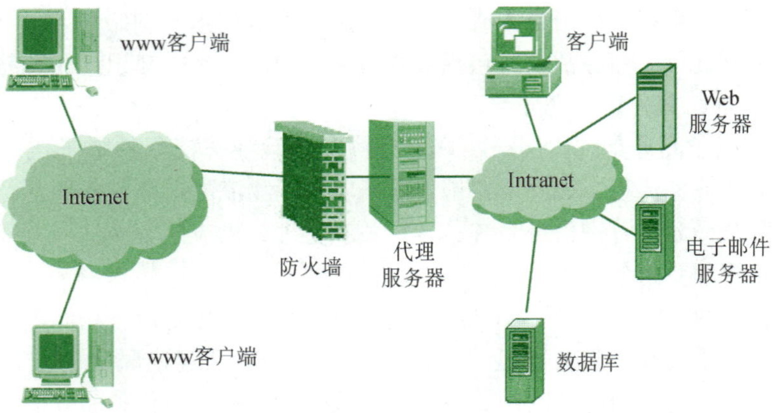

图 1－1　企业内部网与因特网连接部分

（3）电子商务应用系统。电子商务的具体应用表现在如下三个方面：

①售前服务。指利用网上主页和电子邮件在全球范围内做广告宣传，客户也可借助网上检索工具迅速地找到所需要的商品信息。

②售中服务。指帮助企业完成与客户之间的网上订购、咨询洽谈、网上支付和数字化产品（如软件、音像制品）的试用、试听等商务过程。

③售后服务。主要包括给予客户提供技术支持，排除技术故障，解决产品使用中的问题，传递产品改进或升级的信息，接收客户的反馈信息等。

任务实施

步骤一　初识电子商务网站

（一）电子商务网站

电子商务是未来企业主要的商业运营方式，而建立网站是企业通向电子商务的第一步。同时，网络是企业进行形象宣传、产品展示推广、与客户沟通、信息互动的阵地，建立自己的网站有利于企业树立自己的网上品牌，对企业的长远发展、企业文化、企业品牌建设都有非常重要的意义。

1. 电子商务网站是指通过网站展示商品信息，实现电子交易，并通过网络开展与商务活动有关的各种售前和售后服务，全面实现电子商务功能的网站。简单地说就是为实现电子商务功能而建设的网站。

2. 电子商务网站一般包括企业简介、产品介绍、服务内容、价格信息、联系方式、网上订单等基本内容。另外，电子商务网站还提供会员注册、详细的商品服务信息、信息搜索查询、订单确认、付款方式、相关帮助等方案。

（二）电子商务网站的特点

电子商务网站除了一般网站所共有的一些特点外，还有如下特点：

1. 商务性。这是电子商务网站最基本的特点，即提供买卖交易的服务、手段和机会。网上购物提供了一种客户所需要的方便途径。因而，电子商务对任何规模的企业而言，都是一种机遇。就商务性而言，电子商务可以扩展市场，增加客户数量；通过互联网信息连至数据库，企业能记录下每次访问、销售和购货动态以及顾客对产品的偏爱，通过这些系统数据来获知顾客的需求。

2. 服务性。在电子商务环境中，顾客不再像以往那样忠实地只做某些邻近商店的老客户，他们也不再仅仅将目光集中在最低价格上，因而服务质量在某种意义上已成为商务活动的关键问题。现在互联网上许多企业都能为客户提供完善的服务，而万维网在提高这种服务质量中充当了催化剂的角色。电子商务提供的客户服务具有一个明显的特征——方便。

3. 集成性。电子商务网站是电子商务的表现形式，使用了大量新技术。同时，它在事务处理方面还具有整体性和统一性。它能规范事务处理的工作流程，将人工操作和电子信息集成为一个不可分割的整体。这样不仅有效地提高了人力和物力的利用，也提高了系统运行的严密性。

4. 可扩展型。要使电子商务正常运作，必须确保其可扩展性。互联网上有数以万计的顾客，而传输过程中却不时出现高峰状况。如果一家企业原来设计每天可受理 100 万人次访问，若因不具有可扩展的系统而导致系统的阻塞，客户访问速度将急剧下降。对于电子商务来说，可扩展的系统才是稳定的系统。如果出现高峰状况时能及时扩展，就可使系统阻塞的可能性大为下降。

5. 安全性。对于顾客而言，无论网上的商品多么具有吸引力，如果对交易的安全性缺乏把握，他们根本就不敢在网上进行买卖。企业和企业之间的交易同样如此。因此，在电子商务中，安全性是必须考虑的核心问题，它要求网络能提供一种端到端的安全解决方案，包括加密技术、数字签名、SET 等。

6. 协调性。商务活动是一种协调过程，需要雇员和顾客，生产方、供货方以及合作伙伴间的协调。为了提高效率，许多组织都提供了交互式的协议，电子商务活动可以在这些协议的基础上进行。

（三）电子商务网站的功能

电子商务网站的功能关系到电子商务业务能否具体实现，电子商务网站功能的设计是电子商务实施与运作的关键环节，是电子商务应用系统构建的前提。一般来说，电子商务网站主要有以下三大功能：

1. 宣传企业形象。企业建立自己的商务网站并打造与树立企业形象，是企业利用网络媒体开展业务的最基本的出发点。企业在电子商务网站中可通过自己的 Web 服务器和网络主页（HomePage）及电子邮件（E－mail）在全球范围同时做广告宣传，在 Internet 上宣传企业形象和发布各种商品信息，用户使用网络浏览器可以迅速找到所需的商品信息。因为传统宣传方法的时效性限制，企业充分地利用网站来宣传自己的产品。一般做法是：企业将所要展示的产品放在网上，通过互联网详尽展示，包括产品图片、功能、特点，甚至包括产品的使用手册，然后对企业的网站进行全面推广，借助网络无地域限制的特点，低廉的投入换来巨大的广告效应。

2. 网上交易。交易功能是电子商务中重要的一环，整个交易过程中将涉及人、财、物多个方面，企业和企业、企业和客户及企业内部等各方面的协调和管理。因此，交易功能是涉及商务活动全过程的管理。网上交易在技术上是通过网上交互进行的厂商或者大型零售商在网页上面提供有关商品的详细信息，并且附有订购信息处理手段，让用户与厂商直接进行交互，当用户提交完订购单后，系统会回复确认信息，以保证订购信息的确定。

3. 实时服务。服务功能是电子商务网站的一项重要功能，商家可以很方便地通过网络随时搜集客户意见，解决买家出现的问题，对大宗商品的维修可以很方便地派人上门实施现场服务。若出现了售后问题，买家可以上网投诉，网上报修，电子商务的服务功能给消费者带来了极大的方便。

步骤二　细分电子商务网站

在建设电子商务网站时，先要了解电子商务网站的分类，以便根据网站的不同类型选择合适的类型，有的放矢、快速建设。

（一）按照电子商务的目的和业务功能分类

1. 基本型商务网站。这种类型商务网站建立的目的是通过网络媒体和电子商务的基本手段进行公司宣传和客户服务，适合于小型企业。其特点是：网站构建的价格低廉，只具备基本的商务网站功能。该类型商务网站可以搭建在公众的多媒体网络基础平台上，外包给专门公司来搭建比自己建设还要便宜。

2. 宣传型商务网站。这种类型商务网站建立的目的是通过宣传产品和服务项目，发布企业的动态信息，提升企业的形象，扩大品牌影响，拓展海内外市场，适合于各类企业，特别是已有外贸业务或意欲开拓外贸业务的企业。其特点是：具备基本的网站功能，突出企业宣传效果。一般是将网站构建在具有很高知名度和很强伸展性的网络基础平台上，以便在未来的商务运作中借助先进的开发工具和增加应用系统模块，升级为客户服务型或完全电子商务运作型网站。

3. 客户服务型商务网站。这种类型商务网站建立的目的是通过宣传公司形象与产品，达到与客户实时沟通及为产品或服务提供技术支持的效果，从而降低成本、提高工作效果，适合于各类企业。其特点是：以企业宣传和客户服务为主要的功能。可以将网站构建在具有很高知名度和很强伸展性的网络基础平台上，如果有条件，也可以自己构建网络平台和电子商务基础平台，该类网站通过简单的改造即可以升级为完全电子商务运作型网站。

4. 完全电子商务运作型网站。这种类型商务网站建立的目的是通过网站公司整体形象与推广产品及服务，实现网上客户服务和产品在线销售，并着力实现网上客户服务和产品在线销售，从而直接为企业创造效益，提高企业的竞争力，适合于各类有条件的企业。其特点是：具备完全的电子商务功能，并突出公司形象宣传、客户服务和电子商务功能。

（二）按照电子商务的参与主体分类

1. B2B 电子商务网站。B2B（Business To Business）电子商务网站就是参与交易的主体都是企业的电子商务网站，除了在线交易和产品展示外，B2B 的业务更重要的意义在于企业内部网通过 B2B 网站与客户紧密结合起来。通过网络的快速反应，为客户提供更好的服务，从而促进企业的业务发展，如阿里巴巴、慧聪网、中国制造网。

2. B2C 电子商务网站。B2C（Business To Customer）表示商业机构对消费者的电子商务活动。这种形式的电子商务一般以网络零售业为主，主要借助于 Internet 开展在线销售活动，如京东商城、淘宝商城、苏宁易购。

3. C2C 电子商务网站。C2C（Customer To Customer）电子商务网站是参与交易的主体都是个人的电子商务网站，如淘宝网、拍拍网。

（三）按照构建网站的主体分类

1. 行业电子商务网站。是指以行业机构为主体构建一个大型的电子商务网站，旨在为行业内的企业和部门进行电子化贸易提供信息发布、商品交易、客户交流等活动平台，如中国钢铁网、中国鲜花网。

2. 企业电子商务网站。是指以企业为构建主体，旨在为企业的产品和服务提供商务平台（有不同的层次），如联想、海尔。

3. 政府电子商务网站。是指以政府机构为构建主体来实现电子商务活动，为政府面向企业和个人等的税收、公共服务提供网络化交互平台。该类型的电子商务网站在国际化商务交流中发挥着重要作用，为政府税收和政府公共服务提供网络化交流的平台，也叫电子政务，如中国税务网“http：//www. ctax. org. cn”。

4. 服务机构电子商务网站。是指以服务机构为构建主体，包括商业服务机构、金融服务机构、邮政服务机构、家政服务机构、娱乐服务机构等的电子商务网站等，如 12306. cn。

（四）按照站点拥有者的职能分类

1. 生产型商务网站。这类商务网站是由生产产品和提供服务的企业来提供，旨在推广、宣传其产品和服务，实现在线采购、在线产品销售和在线技术支持等商务功能。作为最简单的商务网站形式，企业可以在自己网站的产品页面上附上订单，浏览者如果对产品比较满意，可直接在页面上下订单，然后汇款，企业付款，完成整个销售过程。这种商务网站页面比较实用，主要特点是信息量大，并提供大额订单。生产型企业要在网上实现在线销售，必须与传统的经营模式紧密结合，分析市场定位，调查用户需求，制定合适的电子商务发展战略，设计相应的电子商务应用系统架构。在此基础上设计好企业商务网站页面，并使用户界面良好、操作简便。

2. 流通型商务网站。这种类型的商务网站是由流通企业建立，旨在宣传和推广其销售的产品与服务，使顾客更好地了解产品的性能和用途，促使顾客进行在线购买。这种商务网站着重于对产品和服务的全面介绍，较好地展示产品的外观与功能，页面制作都十分精美，动感十足，很容易吸引浏览者。流通企业要在网络上实现在线销售，也必须与传统的商业模式紧密结合，在做好充分的研究、分析与电子商务构架设计的基础上，设计与构建商务网站的页面，并充分利用网络的优越性，为客户提供丰富的商品、便利的操作流程和友好的交流平台。

步骤三　认识典型的电子商务网站

（一）阿里巴巴

阿里巴巴（http：//china. alibaba. com）是典型的 B2B 电子商务网站，是全球电子商务领域内最知名的网上交易市场和商人社区，已经融合了 B2B、C2C、搜索引擎和门户，为数千万网商提供海量商机信息和便捷安全的在线交易市场。阿里巴巴旗下有淘宝、一淘、天猫、聚划算、阿里国际业务、阿里小企业业务和阿里云七大事业群。其首页如图 1－2 所示。

图 1－2 阿里巴巴网

（二）中国制造网

中国制造网（http：//cn. made－in－china. com）是典型的 B2B 电子商务网站，汇集产品制造商名录，提供内贸供求信息、贸易服务，是国内生产供应商、制造商与采购商沟通的贸易 B2B 平台。中国制造网独有的“Made in China”域名对中外商家而言非常直观形象，具有很强的亲和力和知名度，其信息平台和优质商业服务更为中国对内对外贸易的发展提供了强有力的支持，为中国企业特别是中小企业的发展做出了贡献，可自行上网查看其网页。

（三）京东商城

京东商城（http：//www. jd. com）是典型的 B2C 电子商务网站，是中国 B2C 市场最大的 3C（3C 是计算机 Computer、通讯 Communication 和消费电子产品 Consumer Electronic 三类电子产品的简称）网购专业平台，无论在访问量、点击率、销售量以及业内知名度和影响力上，都在国内 3C 网购平台中首屈一指，是中国电子商务领域最受消费者欢迎和最具影响力的电子商务网站之一。京东商城网站包括在线销售家电、数码通讯、电脑、家居百货、服装服饰、母婴、图书、食品、在线旅游等 12 大类数万个品牌百万种优质商品。首页如图 1－3 所示。

图 1－3　京东商城网

（四）当当网

当当网（http：//www. dangang. com）是典型的 B2C 电子商务网站，是全球最大的中文网上图书音像商城，也是中国第一家完全基于线上业务、在美国上市的 B2C 网上商城。当当已从早期的网上卖书拓展到网上卖各品类百货，包括图书音像、美妆、家居、母婴、服装和 3C 数码等几十个大类，其中在库图书、音像商品超过 80 万种，百货 50 余万种。目前，母婴、美妆、服装、家居家纺是当当着力发展的四大目标品类，除图书以外，其中当当婴童已经是中国最大线上商店，美妆则是中国排名前五的线上店。首页如图 1－4 所示。

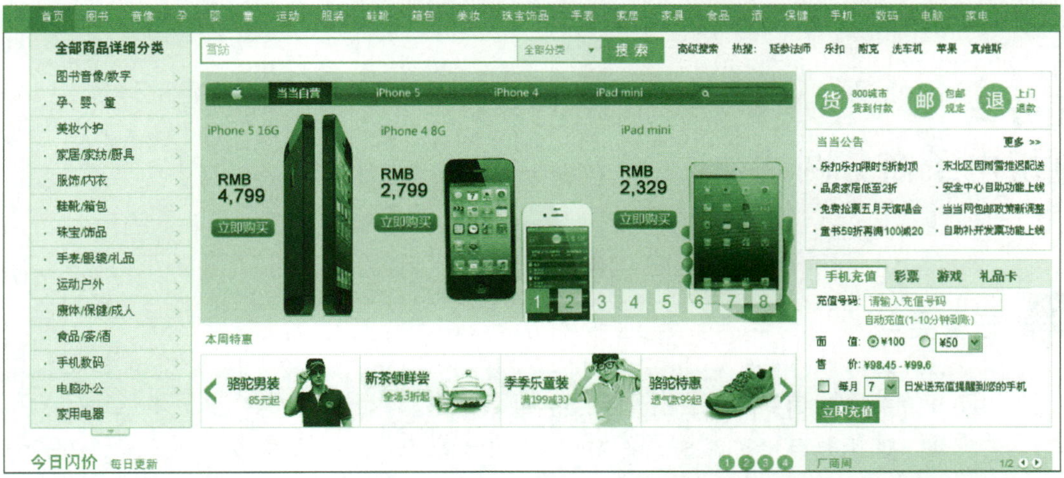

图 1－4　当当网

（五）淘宝网

淘宝网（http：//www. taobao. com）是典型的 C2C 电子商务网站，是亚太最大的网络零售商圈，致力打造全球领先网络零售商圈，由阿里巴巴集团在 2003 年 5 月 10 日投资创立。

淘宝网从诞生之日起，以其非凡的创意和对客户的深度了解迅速占有国内 C2C 市场份额，已超过 C2C 市场 80% 份额成长为亚洲最大购物网站，全球三大网络购物平台之一。随着淘宝网规模的扩大和用户数量的增加，淘宝也从单一的 C2C 网络集市变成了包括 C2C、团购、分销、拍卖等多种电子商务模式在内的综合性零售商圈，已经成为世界范围的电子商务交易平台之一。2013 年 11 月 11 日，淘宝单日交易额突破 350 亿元。淘宝网现在业务跨越 C2C（淘宝网）、B2C（淘宝商城）两大部分。首页如图 1－5 所示。

图 1－5 淘宝网

任务 2
剖析电子商务网站

任务要点

◆ **关 键 词：** 网站设计流程、网站信息结构。

◆ **理论要点：** 了解电子商务网站的设计原则、基本要求和设计流程，能剖析电子商务网站的信息结构。

◆ **实践要点：** 通过学习电子商务网站的设计原则、基本要求和设计流程，以及电子商务网站的信息结构，能独立设计一个电子商务网站。

任务情境

张家豪对电子商务与电子商务网站的基础知识简单回顾后，根据电子商务网站设计的原则、要求和设计流程，并进一步分析电子商务网站的栏目、内容及信息结构，为接下来具体的电子商务网站规划设计做准备。

任务分析

本次任务的目标是通过学习电子商务网站的设计原则、要求，分析典型电子商务网站的结构设置和设计流程，确定网站的体系结构。针对以上内容，张家豪主要有以下问题需要解决：

◆熟悉电子商务网站的设计原则

◆了解电子商务网站的设计流程

◆确定电子商务网站的信息结构

任务实施

步骤一 熟悉电子商务网站的设计原则

（一）电子商务网站的设计原则

为实现电子商务网站商务功能最大化的目标，给访问者提供方便、实用的信息服务，在设计该平台时，必须遵守以下几个原则：

1. 可靠性、先进性和安全性原则。可靠性、先进性和安全性是网站设计原则的第一要素，是网站建设能否成功的首要因素。只有满足第一要素的前提下才有可能往其他方向发展，往深度方向发展。

（1）可靠性指的是该平台正常运作后，由于面对的是全球 Internet 用户，因此系统应能够提供 365 天、全天 24 小时不间断运作能力，为用户提供高度可靠的运行保障。

（2）先进性指的是以最先进的观点和设计思路，为用户设计出先进性的网站系统，设计方案将立足先进技术，使项目具备国内乃至国际领先的水平。服务器和网络方面以优化通信流量、提高系统的管理性和安全性为重点。先进性又体现在网站信息内容上的新、精、专，要有特色。例如，公司营销特色、产品特色、售后服务特色等，必须站在消费者的观点上考虑问题。

（3）安全性指的是网站在 Internet 上执行的任何程序或提供的任何服务都是安全的、有保障的。我们知道 Internet 是一个标准开放的、交互式的网络，在网上进行各种商务活动，随时可能面对黑客的攻击、病毒的侵袭等，因此，确保网上信息流通的系统安全十分重要。安全不仅是一个技术问题，还涉及系统的管理、法律法规的保障等。因此，必须做到保障系统数据和信息安全，为业务及商务提供安全环境。

2. 开放性、标准性和可扩展性原则。开放性、标准型和可扩展性是网站设计原则的第二要素，是网站建设开发工作好坏和规范化的关键。

（1）开放性和标准性指的是所有应用程序及接口具有统一的标准，使程序和系统具备优异的可移植性。企业网上平台的设计应当严格遵守国际标准，在还没有形成标准的新领域内积极倡导标准的形成，为促进地区国际贸易打下坚实的基础。

（2）可扩展性指的是根据实际业务量的扩大而扩大的能力。我们知道 Internet 具有巨大的商务潜能，没有人可能确切预计系统的最终访问量和最佳的商务运行模式。例如，在 2011 年 6 月 1 日正式上线的 12306 网站最初只是在高铁、动车上进行尝试，没有遇到春节这样巨大访问量的经验，因此，从上线开始只要在春节购票高峰期就会出现瘫痪情况。因此，系统设计的原则之一是可扩展能力，以适应新业务的发展。

3. 服务性、便捷性和交互性原则。服务性、便捷性和交互性是网站设计原则的第三要素，是网站吸引新用户留住老用户的必要条件。

（1）服务性是指网站为用户提供各种各样的服务，这时刻体现着以用户为中心的服务思想，以为用户提供最好的服务为网站的设计思路。以人为本、实现个性化服务是当代电子商务网站营销的最基本要求。

（2）便捷性是指网站中各种各样的功能和服务是最为方便快捷的。网站所提供的各种功能和服务应尽可能适应不同年龄、不同性别、不同知识层次的受众需求。

（3）交互性是指网站中的各种各样的功能完全是以友好的对话形式出现的，极大地改善企业的办事效率和形象。

4. 美观性、实用性和宣传性原则。美观性、实用性和宣传性是网站设计原则的第四要素，是网站留住新老顾客、吸引受众群眼球的重要因素。

（1）美观性是指良好的视觉效果、美观大方的色彩搭配、赏心悦目的风格，使人感觉进入网站就好像进入自己的幸福港湾、美好的家园一样轻松自如。这与网站强大的功能同等重要，它可以突出企业文化特色和定位。

（2）实用性是指网站所提供的各项信息、服务等内容要做到实用，真正能够使网站为客户带来方便。

（3）宣传性是指网站提供各种宣传企业的功能，使之成为企业自身宣传的重要载体。

（二）电子商务网站的基本要求

电子商务网站是企业实施电子商务的基础设施和信息平台。不同的电子商务网站会有不同的服务对象和建设要求，而作为一个电子商务网站，首先要满足以下一些基本要求：

1. 界面友好，实用方便。电子商务网站的具体建设目的可能各有不同，但也不外乎是为商务网站服务的网站，所以有操作方便、符合人们操作和浏览习惯的首要要求。电子商务网站必须注意让使用者能方便快速地找到想要找的东西，以尽量少的次数找到需要的内容。把重要的、用户关心的信息放在最醒目的位置上；提供站内搜索引擎，以方便信息的浏览查阅；在重要的操作步骤和用户可能会产生疑惑的地方设置醒目的提示或说明。

2. 访问速度快。如果页面访问速度过慢，往往会让人失去耐心，继而失去下次继续访问网站的兴趣，所以电子商务网站应具有较快的访问速度，一般应在用户发出请求后的 5 秒之内有所反馈。

3. 兼容性。在电子商务网站设计时就要考虑到访问网站的客户端可能会有不同配置的情况。比如，可能用户显示器的分辨率是 1024 × 768，有的可能更大或更小；用户的浏览器上安装的插件可能会禁用某些 JavaScript 功能，有的用户可能会禁用 cookie 等，对于这些可能会出现的情况都应采取措施，确保不同用户访问网站时都能正常使用。

4. 可扩充性。电子商务网站建设往往是一个循序渐进的过程，随着企业自身、信息化技术及市场需求的发展，对网站的要求会有所不同，因此在设计网站时，要充分考虑网站的可扩充性，选择开放的、有良好兼容性的电子商务软件和技术。

5. 较高的安全性。电子商务网站上的商业数据要加强安全保护，从硬件设施、软件配置上确保其安全性。同时在网站运行时，也应注意对数据安全维护的要求，做到定期升级病毒库、及时安装服务补丁、对重要的数据进行加密存放、Web 服务器和数据库服务器要设置安全策略、合理分配用户权限、对网站内容和数据进行定期备份等。

6. 注重保护个人信息。为提供更有针对性的服务，越来越多的电子商务网站都会使用技术手段来搜集用户个人信息、消费习惯等。网站对搜集到的个人信息应确保其只在用户授权的范围内使用，并且保护用户个人信息的隐秘性。

步骤二　了解电子商务网站设计流程

（一）规划电子商务网站

1. 确定网站构建的目标。企业根据其经营发展战略，确定电子商务网站的战略目标，确定电子商务网站的模式和商务模型，从而为电子商务网站定位，确定网站类型、业务领域、服务对象等。

（1）确定网站的类型。对于一个企业，建立电子商务网站只是企业电子商务系统的一个部分或者是技术手段之一，所以网站的规划与网站的目标定位应在电子商务系统规划的基础上进行，应与企业的经营战略一致。根据企业的经营发展战略，确定网站的发展策略，据此，企业进一步确定网站的电子商务模式。

（2）确定网站的业务领域。在确定网站类型后，网站目标定位就需要进一步具体，确定经营的产品和服务领域。

（3）确定网站的服务对象。确定网站的类型与业务领域后，在此基础之上就能够确定网站的服务对象，即访问网站的消费者、客户、合作伙伴或其他用户。

2. 需求分析。在此阶段应进行详细的调查，包括公司内部以及行业竞争对手的情况，以获取充分资料。确定网站建设的目的，并分析欲建设的电子商务网站的作用，在信息处理方法方面的需求，为系统设计提供基础。

3. 确定网站建设的主题。网站制作前，要确定网站的主题，即明确做一个关于什么内容的网站。根据已经确定的主题，确定网站的名字，再根据网站的名字注册网站的域名，同时申请网站的空间。

4. 网站功能定位。商务网站的功能定位源于对市场的调研和把握。在确定建立网站目标的基础上，根据市场调研的结果及企业经营的需要和发展规划确定具体功能和所要达到的目标。

5. 确定网站的技术解决方案。根据当前信息技术发展状况和本企业的实际情况规划网站的软、硬件平台和解决方案。技术解决方案的确定，直接决定着网站建设的人员配备、资源配备问题。具体包括以下几点。

（1）服务器的选用。网站的制作完成后，要上传到互联网服务器上，才能被互联网用户浏览。互联网服务器有很多种，在规划阶段首先应该确定服务器的类型；之后才能进行服务器平台选型，以及开发技术选型、数据库选型等工作。服务器的选用有两种方法：一是采用自建服务器；二是租用虚拟主机。

（2）服务器平台选型。用什么语言进行开发，首先要知道服务器操作系统类型，即服务器平台选型问题。在网站规划阶段，必须明确服务器平台类型，才能确定开发技术，即选择了什么样的服务器操作系统，决定了什么样的网络开发环境才能与之更好地配合，最终建设好电子商务网站。

（3）开发技术选型。这是使用何种技术进行开发的问题。更简单地说，就是选择什么软件环境来开发电子商务网站，开发环境要与服务器平台选型相配合，才能达到最理想的效果。

（4）数据库选型。网站大量使用数据库管理页面内容，数据库的优劣直接决定网站的安全性。数据库选型就是解决采用何种数据库系统的问题，只有确定了数据库系统的类型，才能开始建立数据库，网站的编程工作才能正式开始。

（二）设计电子商务网站

网站设计包括网站策划和网站具体设计两方面的内容，这是网站建设成功与否的基础和关键。网站的设计确定了网站的目标、定位，决定了网站的功能、信息结构、后台处理功能，从设计上保障网站的安全性，系统地确定网站维护升级的方法和能力、技术实现方法等。因此，网站设计的系统性、完善性和全面性是网站建设成败的关键所在。

（三）开发电子商务网站

网站开发包括网站的建立、维护与升级等过程。网站的开发过程包含两方面的工作：网站初始开发、网站维护性开发。

1. 网站初始开发。网站初始开发是指从开始按照网站设计要求实施网站到完成网站对外发布之间的处理过程。该过程与传统的软件开发过程相同，也包括实现、测试、文档、发布四个步骤，只是每个步骤的内容及实现方法与软件开发过程的相应步骤不完全相同。

（1）实现是指根据网站设计文档，组建网络；组建各类服务器系统；使用网站开发工具及相关编程语言，编制页面及代码程序；实现 Web 数据库系统；根据信息结构的设计要求组织网站上需要展示的信息；根据安全设计要求实现网站的安全保障；根据设计需求实现安全认证、电子支付等功能。

（2）测试是对初始建立的网站进行多方面的测试，包括网络功能及性能测试、服务器功能及性能测试、各电子商务软件模块的测试及系统整体功能、性能等测试。

（3）文档主要包括系统的开发文档，侧重功能描述及各模块间接口的描述。

（4）发布是指网站对外发布，用户可使用浏览器通过 Internet 访问电子商务网站。

2. 网站维护性开发。网站初始开发完成之后所要开展的工作就是网站日常维护。网站日常维护不仅包括对网站正常运行的维护、管理性工作，更主要的是对网站内容的更新、修改方面的网站建设。维护性网站开发过程如下：

实现→测试→发布→信息筛选→再评估→实现（循环）

维护性网站开发过程是一个周期性、循环的过程。但它并不是真正意义上的周期，在实施的过程中可以从任意一点切入。

步骤三　确定网站信息结构

一个电子商务网站应该包括哪些信息内容，具备什么样的功能，以及采取何种表现形式，并没有统一的模式。不同形式的网站及其内容、实现的功能、经营方式、建站方式、投资规模也各不相同。因此，网站信息结构的设计完全基于网站的目标、内容和功能。此外，还有一些如页面风格、方便浏览等方面的次要因素也影响着网站结构的设计。网站的信息结构设计内容包括网站栏目设计、网站内容设计、网站目录结构设计、网站链接结构设计、网站导航设计。

（一）选择网站栏目

确定网站定位后，就应该着手网站的具体业务内容的表现，表现在网站的网页上就是可以提供的栏目。在网站定位后，先进行栏目设计，才能够使后继的开发对网站的内容层次有一个清晰的了解。栏目设计的基本任务是使内容紧扣主题，要确定哪些是必需的栏目，哪些是重点栏目。网站栏目设计一定要确定栏目数量及每个栏目的主题。

根据建立网站的目的和网站的形式来设计网站的具体栏目和各类栏目的内容，以达到吸引访问者，为客户提供满意服务并取得最大效益的目标。

对于不同的网站，其必需的栏目是不一样的，这通常与网站的性质有关。

1. 网上商城常用栏目。网上商城是最典型的电子商务网站，一般都包含我要买、我要卖、热门促销、商品展示、分类导航、购物车、帮助、行业市场、商业社区、行业资讯、公告栏等。所有栏目中以分类导航、商业展示占用幅面最大。

2. 工业企业常用栏目。工业企业电子商务网站主要以宣传企业文化、展示企业产品、实施企业服务为主要目的，一般有首页、关于我们、企业简介、企业文化、经营理念、发展历程、资质荣誉、企业动态、新闻中心、业内动态、产品展示、产品系列、下载中心、技术支持、售后技术支持、客户留言、招聘信息、联系我们、会员登录、会员注册等栏目。

3. 学校类网站栏目。学校类的网站一般包括学校介绍、校园聚焦、校园风光、教育教学、教工园地、资源平台、学生园地、互动交流等内容。

4. 医院网站栏目。医院类网站一般有医院概况、新闻动态、环境设备、名医荟萃、专科介绍、就医指南、专家门诊、网上挂号、医疗保健、在线咨询等。

（二）充实网站内容

企业建立网站就是为了表现和获取一定的信息内容，网站就是根据这些内容来开展电子商务的，而用户访问网站的主要目的就是想发现、并进一步获取自己感兴趣的信息，要提高电子商务网站的访问率，增加企业的效益，就必须在信息内容上多下工夫，信息内容要新、精、专，要有特色，否则建立的就可能是一个失败的企业电子商务网站，不能提高企业的效益。

（三）设计网站目录结构

一个网站由大量的图片、网页、数据库等文件组成，小的网站有几十个文件，而大的网站则有数百上千个文件。无论在自己的计算机上建设网站，还是制作完成后传到服务器上发布大量文件的网站，都要建立目录、分类有序存放。网站目录是指建立网站时创建的目录，目录结构的好坏，对于站点本身的维护、未来的扩充和移植有着重要的影响。否则不但网站查找费时费力，而且网站读取速度会越来越慢。

网站目录结构的设计是一个容易忽略的问题，很多网站目录都是未经规划，便随意建立起来的。目录结构是否合理，对网站的创建效率会产生较大影响，但更主要的是对未来网站的性能、网站的维护及扩展产生很大的影响。为了方便日后维护及扩充升级，网站的目录建设，必须在网站建设之初按标准进行，不得随意建立目录，更不得随意存放文件。

网站的目录结构是网站文件在网站服务器上的目录存放结构。网站的目录结构决定了如何在服务器的硬盘上更好地储存网页、图片、Flash、CSS、各种脚本语言文件和数据库等网站资源。

（四）整合网站链接结构

网站链接结构描述的是网站的逻辑结构，指的是网站页面之间互相链接的关系。好的网站逻辑结构应让用户通过最少的点击次数，找到需要查找的信息。对于一个电子商务网站，由于内容丰富、容量巨大，就必须注意逻辑连接结构设计的合理性。

网站的逻辑链接结构主要有三种基本形式：线性结构、层次链接结构、星状链接结构。

1. 线性结构。是将多个网页按照一定的先后次序连接起来，访问者只能按设计的网络顺序依次访问，如图 1 –6 所示。

图 1 –6　网页的线性链接结构

线性结构可用来制作一些前后阅读顺序要求的内容，如“用户注册”的功能：先让用户进入服务协议的阅读页，用户要同意服务协议并单击“下一步”按钮，进入下一个选择用户名的页面，用户填写好用户名后再单击“下一步”，程序判断用户选择的用户名是否可以注册，如果可以注册，则进入填写注册信息的页面，否则提示用户选择另一个用户名。

在简单线性结构的基础上，如果某网页上增加选项，则演变成带选择的线性结构，如图 1 –7 和图 1 –8 所示。

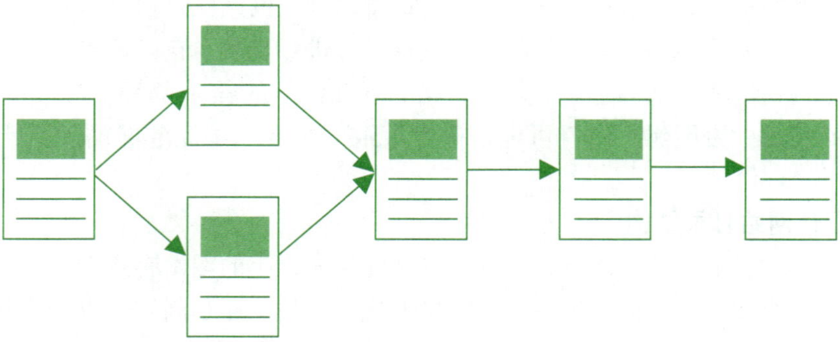

图 1 –7　带选择的线性链接结构 1

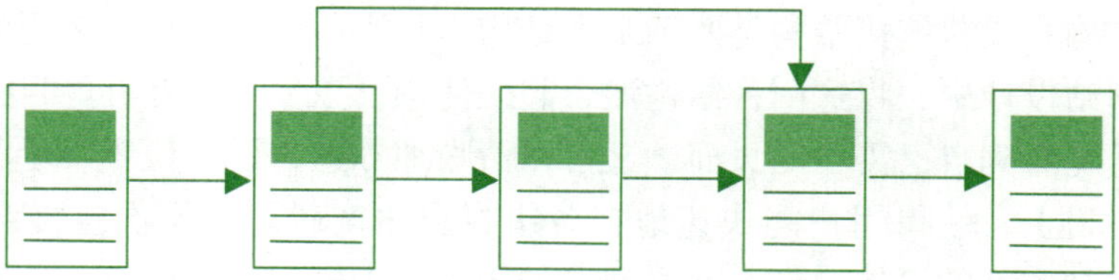

图 1－8 带选择的线性链接结构 2

2. 层次链接结构。首页链接到一级栏目页，一级栏目页链接到二级栏目页，访问者只能一级一级地进入，一级一级地推出，如图 1－9 所示。层次链接结构使得用户访问时能很明确地知道自己所在的位置，但同时也使在栏目之间跳转变得比较麻烦，浏览效率较低，因为从一个栏目下的子页面到另一个栏目下的子页面，必须返回首页后才能再进入。内容较少的站点可以采用层次链接结构。

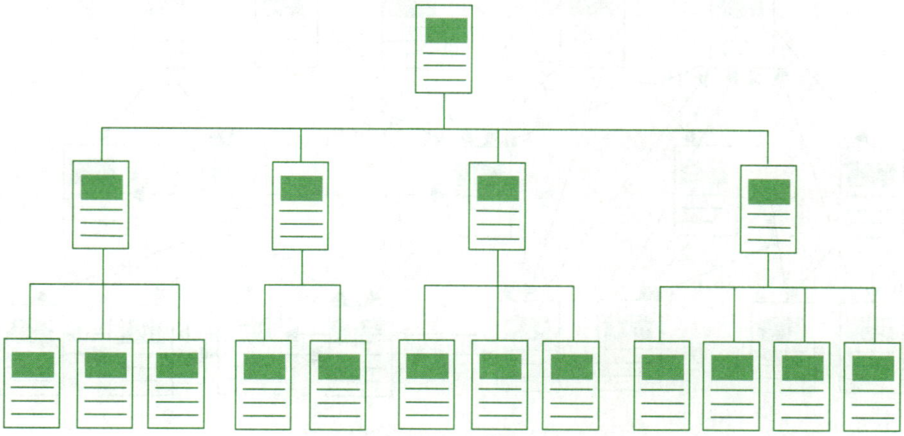

图 1－9 页面的层次链接结构

3. 星状链接结构。在各个页面上都做了一些常用的链接，用户能快速地在不同栏目、不同页面之间跳转，如图 1－10 所示。设置一个共同的连接枢纽，使所有的页面都可以通过所有的枢纽保持链接，也就是说，链接枢纽是所有页面的入口。各种网站都有这种链接结构，因为其浏览方便，随时可以切换到自己想看的页面。

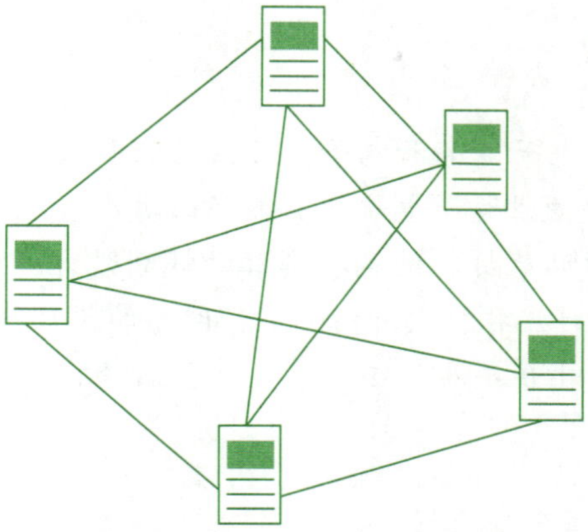

图 1－10 网页的星状链接结构

层次链接结构和星状链接结构是两种基本结构，是当前网站设计最常用的模式，而一般认为，最好在网站设计中，将这两种结构混合起来使用，以便达到互补的目的，这样浏览者即可以方便快速地看到自己需要的页面，又可以清晰地知道自己的位置。星状链接结构常用在首页、一级栏目上，使得用户能快速地在各级栏目之间跳转；层次链接结构往往用在二级、三级栏目及其内部的具体内容页面之间，如图 1－11 所示。这种方式兼有层次链接和星状链接结构的优势，在结构清晰的同时又能大大提高浏览速度。当然，链接方式应根据实际情况灵活运用，以求最佳效果。

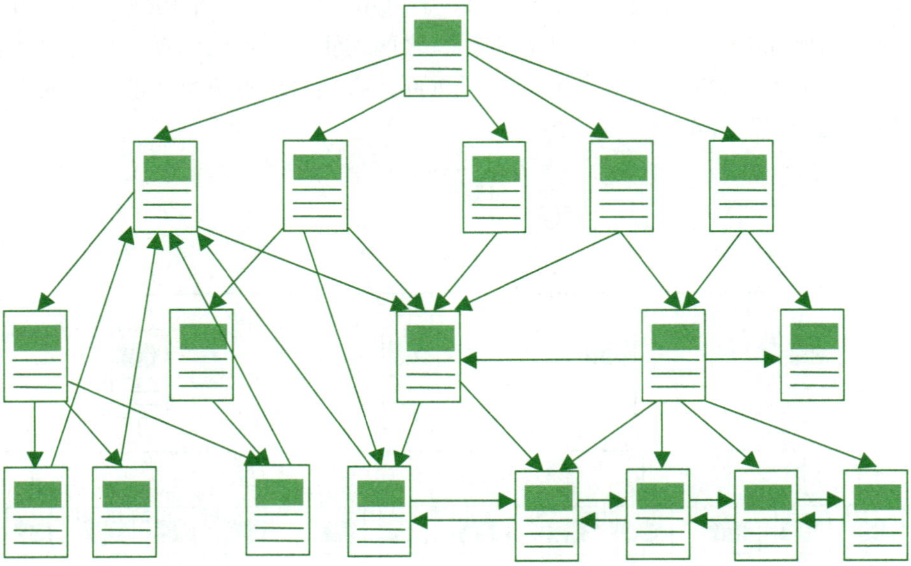

图 1－11　网页的混合链接结构

（五）设置网站导航

设计一个良好的信息导航系统对于一个成功的电子商务网站是非常必要的，它能够带领网站的浏览者穿梭于网站的各个页面，帮助访问者快速找到自己所需的商品或服务信息。

项目小结

本项目介绍了电子商务和电子商务网站的基础知识，通过对不同类型的电子商务网站分析，详细讲述了电子商务网站的类型和组成，并归纳总结了各个网站的特点。通过对网站栏目、结构、内容的规划设计，介绍了不同类型电子商务网站的设计原则和设计流程，同时指明了在网站的设计阶段要注意的一些常见问题，使用户在规划和设计开发网站之前，能够全面分析，并且在实际制作时能够规范操作。

实战强化

1. 通过在互联网查找并浏览五个不同类型的电子商务网站，分析各个网站的结构和特点。

2. 调研一个未开发电子商务网站的公司，分析如下问题：

（1）当前有无建立电子商务网站的必要（能否节约成本、提升自动化和服务能力等）？

（2）所建立电子商务网站的定位是什么？

（3）在电子商务网站上能开展哪些业务？

（4）采用什么样的商业模式来取得电子商务的优势？

（5）电子商务网站如何构建才能满足电子商务流程的需要？

思考与练习

1. 简述电子商务、电子商务系统的概念。
2. 简述电子商务网站的概念、特点与功能。
3. 电子商务网站信息结构包括哪些内容？
4. 电子商务网站内容设计的原则有哪些？
5. 简述电子商务网站目录结构设计的原则与步骤。
6. 简述电子商务网站的逻辑链接结构的基本形式。
7. 简述电子商务网站导航栏的表现形式。
8. 简述电子商务网站的建设过程。

项目二
2 电子商务网站规划与设计

一个电子商务网站是由许多网页链接在一起组成的，因而网站系统具有结构复杂与强动态变化的特点。为了建立一个便于浏览、功能强大的电子商务网站，在建站之前需要进行详细规划。通过本项目内容的学习，学生应掌握如何在建站前，通过对电子商务网站的需求调研和可行性分析，做出合理的规划与设计，从而为电子商务网站的建设提供指导。

知识目标：

□ 能描述客户的需求分析及网站的可行性分析

□ 理解电子商务网站的系统模块结构化的设计方法

□ 掌握电子商务网站内容、版式、风格、导航及目录的设计原则和方法

□ 理解电子商务网站开发工具的使用

技能目标：

□ 能针对不同的客户进行网站的需求分析

□ 能对电子商务网站进行技术可行性、经济可行性、管理可行性分析

□ 能结合网站需求进行网站内容、版式、风格、导航及目录的设计

任务1
分析电子商务网站建设需求

任务要点

◆ **关 键 词：** 客户需求、可行性分析。
◆ **理论要点：** 了解客户的需求分析方法，掌握电子商务网站技术可行性、经济可行性、管理可行性分析的方法。
◆ **实践要点：** 能够分析客户的需求，并对电子商务网站进行各方面的可行性分析。

任务情境

接到工作任务后，张家豪首先要与用户进行充分的交流与沟通，明确用户建设网站的目的和具体要求，全面搜集和整理用户提供的各种资料，然后认真分析和充分理解用户的意图。并与用户所在部门及管理人员进行访谈，以充分了解用户的理想目标、功能要求、管理方式等。还可以请用户提供他们所喜欢的网站实例，并在此基础上结合网站技术特点，提出网站设计方案，与用户反复商讨，得到用户认可。

任务分析

需求分析的任务是确定企业电子商务网站系统的综合要求。在规划与设计一个电子商务网站时，首先遇到的问题是网站主题定位，即将要建设的网站是什么类型或题材的网站，企业电子商务网站必须提供什么功能、内容才能满足企业需求。在进行电子商务网站建设之前，就应当进行企业电子商务网站的客户需求分析，即在充分了解本企业客户的业务流程、所处环境、企业规模、行业状况的基础上，分析客户表面的和内在的各种需求。针对以上内容，张家豪主要有以下问题需要解决：

◆编写客户需求说明书
◆撰写网站可行性报告

知识准备

（一）客户需求分析

需求分析的基本任务是准确定义电子商务网站建设的目标。参照客户的需求分析，企业就可以了解客户及潜在客户各方面的要求，如信息内容、信息表示方式、信息反馈方式等，并可以据此为客户提供最新、最有价值的信息。

面对拥有不同知识层面的客户时，项目的负责人对用户需求的理解程度，在很大程度上决定了此类网站开发项目的成败。为了更好地了解、分析、明确用户需求，并且能够准确、清晰地以文档的形式表达给参与项目开发的每个成员，保证项目开发过程按照满足用户需求为目的的正确开发方向进行，网站开发项目负责人需要面对以下问题：

1. 确定人员与职责。需求分析活动其实本来就是一个和客户交流，正确引导客户能够将自己的实际需求用较为适当的技术语言进行表达，以明确项目目的的过程。这个过程中同时包含了对要建立的网站基本功能和模块的确立和策划活动，项目小组每个成员、客户都要参与。

2. 用户调查。在需求分析的过程中，往往有很多不明确的用户需求，这个时候项目负责人需要调查用户的实际情况，明确用户需求。一个比较理想化的用户调查活动需要用户的充分配合，而且还有可能需要对调查对象进行必要的培训，所以调查的时间、地点、参加人员、调查内容等，都需要项目负责人和用户共同制定。

3. 市场调研。通过市场调研活动，清晰地分析相似网站的性能和运行情况，可以帮助项目负责人更加清楚地构想出自己开发的网站的大体架构。在总结同类网站优势和缺点的同时，项目开发人员可以博采众长开发出更加优秀的网站。但是，由于实际时间、经费、公司能力所限，市场调研覆盖的范围势必会有一定的局限性，因此在调研市场同类网站的时候，应尽可能调研到所有比较出名和优秀的同类网站，将调研得到的资料进行分类汇总。

4. 需求说明书。在进行了前期的需求调研分析之后，要编写需求说明书，它主要面向网站开发及设计人员。需求说明书是整个网站构建的依据，后续工作都要以它为指导进行相应的开发，在完成所要求的基础功能模块的同时，可以做一定的扩展，但不能偏离需求说明书既定的网站开发方向。

（二）电子商务网站的可行性

在创建网站之前需要对网站进行可行性分析，了解是否已具备制作电子商务网站所需要的人力、技术、资金和信息等资源条件。电子商务网站实施的可行性分析主要包括技术可行性分析、经济可行性分析和管理可行性分析三个方面。

1. 技术可行性分析。根据现有的技术条件，分析规划所提出的目标、要求能否达到，以及所选用的技术方案是否具有一定的先进性。需要综合考虑硬件和软件的性能要求、能源及环境条件、辅助设备及配件条件方面。

2. 经济可行性分析。经济可行性分析是指对将开发的项目进行投入成本估算和获取效益评估，即分析网站建设所带来的经济效益是否超过开发和维护网站所需要的费用。

（1）网站费用。一般包括设备费、开发费、运行费、维护费、培训费等。其中的运行费还包括网站或服务器与 Internet 的接入费等。

（2）网站收益。网站收益有直接收益和间接收益两个方面。直接收益的网站一般指有偿服务的网站，通过运行后逐步产生效益。间接收益一般包括网站的建设和运行使企业工作效率的提高，企业管理水平的提升，节省人力资源和减轻业务人员的工作负担，及时给领导者提供决策支持信息和提高企业综合素质，以及网站为企业树立新的形象等社会效益。

3. 管理可行性分析。企业电子商务网站的开发建设需要有一定的环境支持，否则不仅会影响网站作用的发挥，甚至会造成网站制作过程夭折。

企业的主管和各级管理人员应该意识到，信息系统的建设符合企业长远利益，会使企业的信息化管理和信息应用水平提高到新的层次，从而提高企业的素质、增强企业竞争力。只有在合理的管理体制、科学的管理办法和程序，以及完整、准确的原始数据基础上，才能有效地建立信息系统。

任务实施

步骤一 编写客户需求说明书

（一）公司简介

天津爱特米诺电子有限公司坐落于中国国家级高新区——天津新技术产业园区，是一家专注于数字化智能家居产品和智能酒店产品研发、生产的高科技企业，拥有现代化的研发中心、电子洁净厂房及自动化生产设备。作为专业的家居智能化、酒店智能化产品的制造商，爱特米诺电子为全球用户提供别墅、公寓、酒店等领域的先进产品、技术及服务。

公司拥有行业内最具活力和创造力的研发团队，公司的核心力量从 2004 年起就参与到了中国家居智能化及酒店智能化领域的技术创新和研发的进程中。其软硬件研发、产品及销售管理团队有着 10 年以上的行业经验，专注于为客户提供高性价比的智能化产品和专业的解决方案。

（二）建设电子商务网站目的

在互联网高速发展的今天，各个企业开始建设电子商务网站，大力推广和宣传自身的产品、服务、理念，让更多的人知道公司的产品和服务。为使公司在生产和销售中处于有利的竞争地位，建立并完善企业网站成为首要任务。企业通过网站能够展示形象、信息发布、业务拓展，可以及时了解客户的反馈意见，与客户建立起一对一的沟通方式，使公司在服务质量和服务水平上迈上一个新台阶。

（三）网站要体现的内容

公司简介、不同类型智能产品的介绍、新产品的展示和体验、公司的发展动态、公司的联系方式等。

（四）电子商务网站定位

宣传爱特米诺公司产品，扩大销路，对外展示企业的形象，提高公司知名度。

（五）电子商务网站类型

宣传为主的静态企业门户网站，作为企业公共关系的重要窗口，宣传企业的最新动态和经营状况。

步骤二 撰写电子商务网站建设的可行性报告

（一）题目：可行性分析报告

（二）项目名称：天津爱特米诺电子有限公司网站

（三）项目负责人：张家豪

（四）编写人员：张家豪

（五）项目背景

天津爱特米诺电子有限公司是智慧家居全国第一家。爱特米诺业务领域包含：安全报警、安全防范、新风系统、湿度控制、洁净系统、吸尘系统、水家装、恒温恒湿系统、中央空调、中央采暖、音乐环境、智能灯光、家庭无线网络、智能家居控制等。

互联网技术的不断革新与发展为全球经济带来了新的变化，现代网络生活已经遍布每个家庭，也改变了整个商业竞争的格局。爱特米诺已经深深意识到信息时代企业运作已从以技术和产品为中心的商业模式转变到了以顾客和市场为中心的商业模式上来，依靠互联网，利用其交互性、实时性的特点，为用户增加服务内容、提高服务质量，即时与客户沟通交流以提高客户的满意度和忠诚度。

（六）项目前景

1. 对爱特米诺品牌进行深度宣传。
2. 与客户建立方便快捷的沟通方式。
3. 使更多的潜在客户了解公司，并最终选择公司的服务。
4. 使爱特米诺公司提供更加完善的售后服务体系。
5. 通过网站的逐步完善，使爱特米诺公司内部管理及服务信息化。

（七）项目目标

爱特米诺是客户安全、健康、舒适、智能和低碳生活和工作环境的保障，爱特米诺为客户创造更高价值。以新科技带来新动力，用智慧家居改变生活。爱特米诺的核心就是创意、整体解决和优质服务。通过网站平台的建立，体现公司的特色，宣传公司的服务项目、服务宗旨和公司文化。

（八）网站建设投入

爱特米诺公司网站从前期筹划到开发后的后期运营，需要产生的费用包括如下六个方面：

（1）网络空间租赁；

（2）网站制作费用；

（3）网站维护费；

（4）市场推广费用；

（5）信息搜集投入；

（6）搜索引擎竞价排名。

（九）网站效益分析

中国互联网协会旗下 DCCI 互联网数据中心 2013 年 1 月 18 日发布的《中国互联网调查报告》显示：2012 年中国互联网用户规模达 5. 38 亿人，互联网普及率 39. 9%，由此可见我国网络用户庞大，潜在的广告效益会很大。

在品牌宣传方面，对于企业品牌和产品形象的宣传，品牌价值、客户价值的提升，网站的辐射能力要大大超过传统媒体的宣传和市场推广活动。

在成本控制方面，公司网站对于传统经营模式弱点起到补充和完善作用。例如，由于网络的特性，可以使得企业的广告宣传费用、销售成本、管理费用等大大降低，而且公司网站可以一天24小时、一年365天不停地运作，客户可以在任何时间登录网站，了解公司的最新动态和相应服务项目，电子商务网站对公司的宣传作用显著，影响深远。

（十）系统的构架

贯彻以客户为中心，为客户提供更多、更好的服务内容，随时随地为客户服务的思想，同时扩大天津爱特米诺电子有限公司在本地知名度。网站结构以服务内容和产品信息为主，突出网站的互动性，让客户和服务商更方便地随时了解各种动态变化。页面色彩选择上采用象征科技环保的绿色元素作为主色调，可以使客户在浏览时加深对网站的印象，页面新潮而不花哨，操作方便有亲切感。

任务2
规划设计电子商务网站

任务要点

- **关 键 词：** 设计内容、版式、风格、导航栏、目录。
- **理论要点：** 了解电子商务网站的内容、版面布局、风格、导航栏和目录的概念及作用，掌握不同类型电子商务网站的设计方法和注意事项。
- **实践要点：** 能够对典型的电子商务网站进行各方面的详细设计。

任务情境

经过精心设计的网站规划方案最终要通过网页表现出来，制作网页是将网站规划付诸实施的主要任务。在制作网页前要考虑到网站的风格和功能，要根据所建网站的特点做充分准备，使网站的基本格调符合用户的要求，网站的功能满足用户的使用需求，网站的外观设计能吸引浏览者的兴趣。因此，必须对将要制作的电子商务网站进行具体的设计。

任务分析

网站规划所形成的文档虽然已经包含网站的各个方面，但离最终的详细设计还有一定的距离，需要在制作电子商务网站之前，进行详细的设计。针对以上内容，张家豪需要从以下五方面进行网站设计：

◆设计网站内容

◆设计网站版式

◆设计网站风格
◆设计网站导航栏
◆设计网站目录

任务实施

步骤一　设计网站内容

1. 网站内容是对网站架构的具体描述，是网站设计规划结果的具体体现。由于访问者在浏览网页时，所想的就是如何获得对自己有利的信息，所以企业在具体设计网页内容时，就应当充分仔细考虑到这一点，在宣传自己的同时，不要忘记为访问者开设“电子信息”、“留言本”或“网上调查表”以及有奖活动等可以搜集客户信息的栏目。

2. 一个优秀的电子商务网站应当包含下列的一些内容：

（1）企业基本情况介绍。这是一个基本的项目。在这里可以向访问者介绍企业的历史和现状，企业所处的行业，企业的目标、经营范围以及企业向访问者的问候等。如果企业有分支机构或者全国性的营销网络，那么也就应当同时列出这些机构的具体地点、功能以及联系方式。

（2）列出企业产品和服务。

（3）考虑到网站的主题、目标和功能需求。

（4）设置能为访问者服务的栏目。

3. 最后根据网站内容设计和网站栏目设置形成直观的网站结构图，如图 2－1 所示。

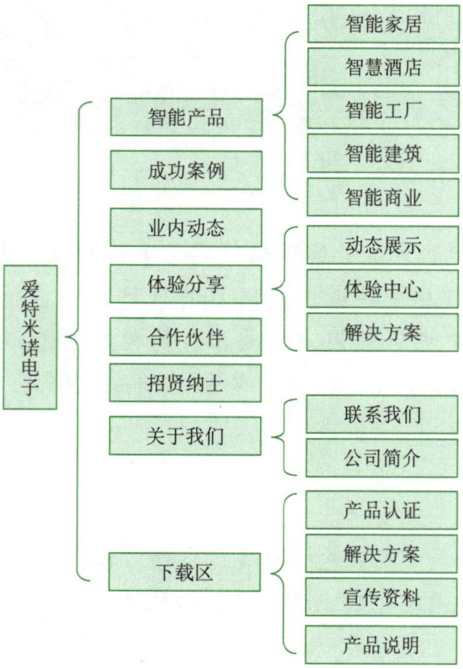

图 2－1　网站结构图

步骤二 设计网站版式

（一）版面设计方法

网页版面设计的方法和技巧要注意以下几点：

1. 版面简洁。简洁是网页版面设计的最重要原则。网页设计的主要目的是进行信息的交流，因此使浏览者方便使用信息是十分重要的。尽管浏览者可能会被美丽的图片和精致的动画所吸引，但只有当网页的内容易于访问，并且有一定的使用价值时，他们才会经常性地访问。例如，海尔（见图2-2）、百度（见图2-3）等网站的页面就非常简洁、高效。

图2-2 海尔网站

图2-3 百度网站

2. 确定主色调。一个网站应该有自己的主色调，并体现在每一个网页中。颜色过于繁多的网页会使浏览者感到厌烦。一般来说，网页的颜色搭配最好不超过5种，以其中一种为主色调，居主导地位，其他色彩只是作为衬托和点缀。张家豪为爱特米诺公司网站制定的主色调为绿色，象征着科技与环保。

3. 设置合适的字体。网页字体的选择一般不要超过3种，因为字体太多就会显得杂乱。另外，字号尽量不要太大，这样可以给浏览者提供更多的信息。不停闪烁的文字也最好不要使用，因为它会给浏览者带来不舒服的感觉。需要注意的是，标题的字体应尽可能比正文大一些，颜色也应有所区别。

4. 优化视觉效果。视觉效果对网页来说非常重要，它主要体现在网页结构与排版上。经过对许多成功网页的分析发现，除了网页上面的标题部分和下面的结尾部分，网页中间的主体部分一般都采用1∶2、2∶1或1∶2∶1的结构。例如，“中国财政经济出版社”网站（见图2－4）的页面，是最流行、最常见的网页结构方式，这种模式可以有条理地组织网页的信息。当然只要能够合理地组织信息、方便交流，也可以采用其他更为灵活多样的结构方式。

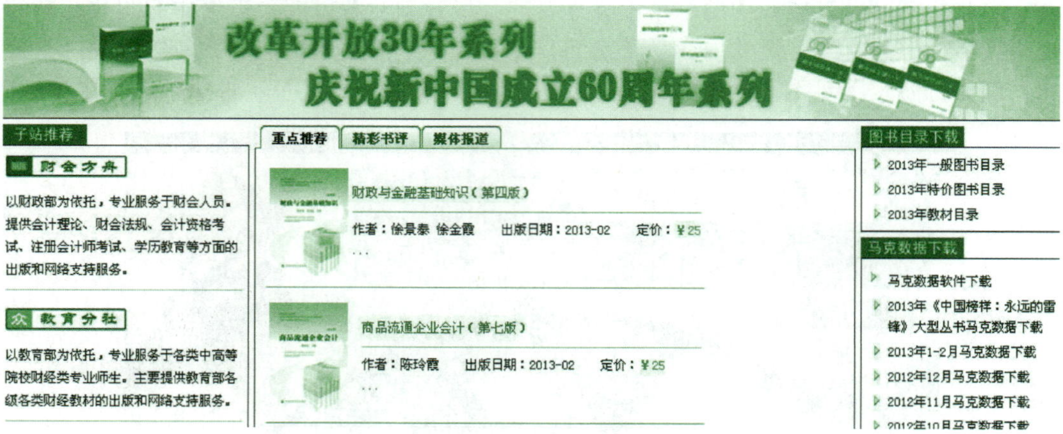

图2－4 中国财政经济出版社网站

（二）版面布局原则

网页布局类似于杂志的排版。网页版面既有文字，又有图片，可能还有动画等。文字和图片需要同时展示给用户，如果只是将它们简单地罗列在一个页面上，往往会使网页显得杂乱无章。因此，必须根据用户需要，将它们按照一定的次序进行合理布局和编排，将其组成一个有机的整体展示给用户。网页布局一般应遵循以下原则：

1. 和谐统一。网页的整体布局在网页设计上占据主要位置，起着主导作用。和谐统一的整体布局，能全面地展现出设计者的思想，传统的方法是使用对称的形式，通过空间、文字和图形的相互作用建立整体的均衡状态。但是，对称均衡有时候会使页面显得呆板。可以在对称均衡中辅助设计一些新颖的文字和图案，体现强烈的紧张感和运动感。

2. 主次分明。网站设计要突出网站的主题，将网站的主要部分放在上面居中以及偏左的位置，次要部分放置到其他位置，使网页展现清晰的条理性，更好地突出主题，主次分明，达到最佳的显示效果。

3. 简洁大方。整个布局不要过于花哨，要进行简约的布局，在内容安排上要恰当地留些空白，适当地运用空格，通过改变字间距和行间距等来制造变化的效果。在对称性上既要使用对称美，也要兼顾非对称美。在色彩和形态的使用上可以适当使用对比，如黑白对比、圆形与方形对比等，以形成鲜明的视觉效果。

4. 图文并茂。文字和图像具有相互补充的视觉关系，如果页面上的图像太多，缺少文字，就会降低页面的信息容量；而如果页面上的文字太多，则会显得沉闷，缺乏生气。因此，理想的效果是使图像与文字合理搭配，互为衬托，这样既能使页面变得活跃，又使页面有丰富的内容。

（三）版面布局形式

常用的版面布局形式有如下五种：

1. “T”形结构布局。所谓“T”形结构，是指页面顶部为横幅区，是网站标志 + 广告条，接下来页面分为左、右两个部分，左侧为分类导航等信息，右侧为活动或产品推荐。整体效果类似英文字母“T”，所以称之为“T”形布局。这是页面布局设计中用得最广泛的一种方式，如图 2 - 5“中资源”网站所示。

图 2 - 5　中资源网站

这种布局的优点是页面结构清晰，主次分明，布局易于操作。

缺点是过于呆板，如果细节色彩上不注意，很容易让人“看之无味”。

2. “国”形布局。“国”形布局又称为“同”形布局，是一些大型网站喜欢使用的布局类型。页面顶部是一横条，横条左部设置网站标志，右部是横条广告，横条下部是水平放置的主导航栏。导航栏下方分为左中右三栏，左边一般放置内容导航、二级栏目、注册登录、搜索引擎等；右边一般放置动态新闻、热点内容、友情链接等；中间显示网页的主体内容；页面的最下方是一横条状菜单或广告，也可以是网站的一些基本信息、联系方式、版权声明等。

这种布局通常用于主页设计，主要优点是页面容纳的内容多，信息量大。例如，天津中际公司采用的就是“国”形布局结构（见图 2 - 6）。

3. “口”形布局。“口”形布局是一种比较形象的说法，是指页面上方与下方各有一个通栏的模块，中间部分采用三栏的形式，左侧为分类导航或产品推荐，中间放置较大的轮播图，右侧为公告或者文字链接，如“天津聚鑫公司”网站（见图 2 - 7）。

这种布局的优点是充分利用版面，信息量大，缺点是页面拥挤，不够灵活。

图 2－6　天津中际公司网站

图 2－7　天津聚鑫公司网站

4. "三"形布局。"三"形布局是指页面布局时，多以通栏的海报或者利用 Banner 将陈列区隔开。特点是页面上横向两条色块，将页面整体分割为四部分，色块中大多放置广告条，如"网易军事"（见图 2－8）。

这种布局的优点是布局简单、陈列清晰，缺点是页面稍显单调。

图 2－8　网易军事网站

5. “POP”布局。“POP”引自广告术语，该种布局是指页面像一张宣传海报，以一张精美图片作为页面的设计中心，常用于时尚品牌和商家促销，如“POP136”网站（见图 2－9）。

这种布局的优点是界面漂亮、吸引人，缺点是页面打开的速度相对比较慢。

图 2－9　POP163 网站

总之，页面设计的关键在于如何开拓思维、进行创意化布局，不可为了个性而做，要在注重用户体验的前提下进行布局创意。

通过以上学习和分析，张家豪为爱特米诺设计网站布局如图 2－10 所示。

<table>
<tr><td colspan="2">Logo</td><td colspan="7">爱特米诺电子</td></tr>
<tr><td>首次</td><td>智能产品</td><td>成功案例</td><td>业内动态</td><td>体验与分享</td><td>合作伙伴</td><td>关于我们</td><td>招贤纳士</td><td>下载区</td></tr>
<tr><td colspan="9">Banner（宣传广告）</td></tr>
<tr><td colspan="9">业内动态</td></tr>
<tr><td colspan="9">产品展示</td></tr>
<tr><td colspan="3">快速链接</td><td colspan="3">体验馆</td><td colspan="3">动态展示</td></tr>
<tr><td colspan="9">案例展示</td></tr>
<tr><td colspan="9">网站备案</td></tr>
</table>

图 2－10　网站结构图

步骤三　设计网站风格

风格（Style）是指网站的整体形象给浏览者的综合感受。这个“整体形象”包括网站的 CI（标志、色彩、字体、标语）、版面布局、浏览方式、交互性、文字、语气、内容价值、存在意义等诸多因素。例如，我们觉得新浪网是平易近人的（见图 2－11），迪斯尼是生动活泼的（见图 2－12）。这些都是网站给人们留下的不同风格印象。

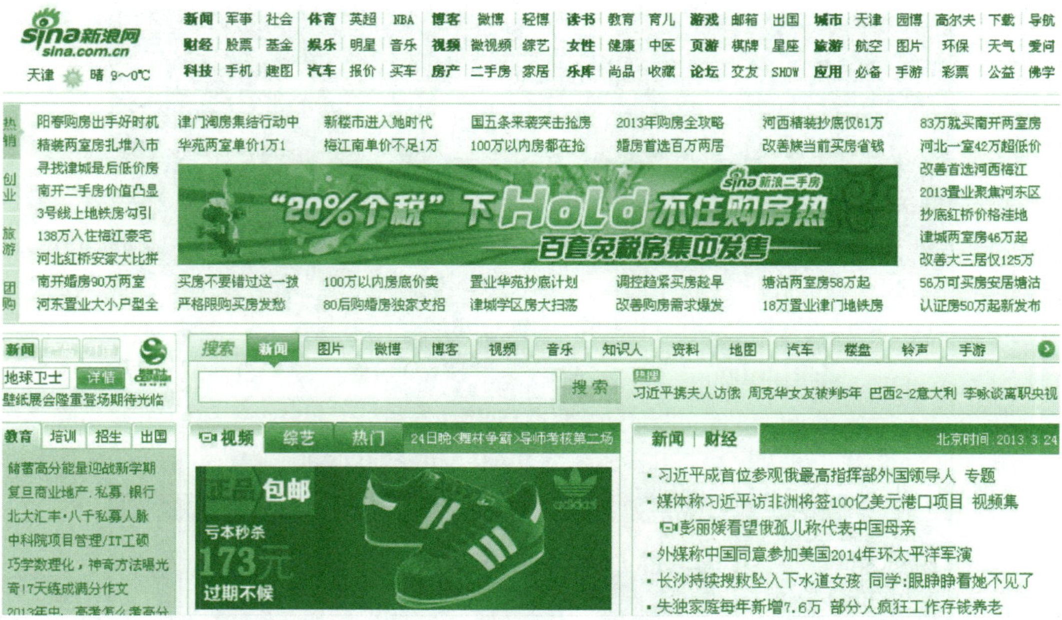
sina新浪网
sina.com.cn
"20%个税"下Hold不住购房热
百套免税房集中发售
包邮
173元
过期不候
新闻 | 财经
习近平成首位参观俄最高指挥部外国领导人 专题
媒体称习近平访非洲将签100亿美元港口项目 视频集
彭丽媛看望俄孤儿称代表中国母亲
外媒称中国同意参加美国2014年环太平洋军演
长沙持续搜救坠入下水道女孩 同学:眼睁睁看她不见了
失独家庭每年新增7.6万 部分人疯狂工作存钱养老

图 2－11　新浪网主页

图 2－12 迪斯尼网站网页

网站的风格具体体现在如下五个方面：

1. 美工设计。美工设计应与企业整体风格一致，符合企业形象规范，要注意网页色彩、图片的选用及版面规划，保持网页的整体一致性。在新技术的应用上要考虑主要目标访问群体的分布地域、年龄阶层、网络速度、阅读习惯等。对于不同性质的行业，应体现出不同的网站风格。一般情况下，政府部门的网站风格应该庄重沉稳，文化教育部门的网站应该高雅大方，娱乐行业的网站可以生动活泼，商务网站可贴近民俗，而个人网站则可以更多地结合内容和设计者的兴趣，充分彰显个性。

2. 名字。名字要能体现一定的内涵，能给浏览者更多的视觉冲击和空间想象力，并且要容易记忆、有特色，尽量与企业的名称相符。知名网站的名字如搜狐、阿里巴巴等。

3. Logo（标志）。网站标志可以是英文字母、汉字，也可以是符号、图案等。标志的设计创意应当来自网站的名称和内容。最常用和最简单的方式是用自己网站的英文名称做标志，采用不同的字体或字母的变形、组合等方式就可以了。例如，新浪网用英文字母 sina 和眼睛图案作为 logo（见图 2－13），体现出了网站敏锐和动感的特色。将 Logo 放在每个页面最突出且一致的位置，如同商标一样，见到就能联想到网站、联想到企业。

sina新浪网
sina.com.cn

图 2－13 新浪网 logo

4. 确定主色调。网站给人的第一印象来自视觉的感受，确定网站的主色调是很重要的。一方面要能体现企业形象，另一方面要有自己的特点，便于与其他公司的网站区分开。具体应用时，要以主色调为中心，按照其明度变化产生不同的色彩。主色调要广泛应用于网站的标志、标题、主菜单和背景色块，使网站给人以整体、统一的印象。建议使用 CSS 样式技术，对整个站点内的页面风格进行统一控制。

5. 使用合适字体。为了体现网站的特有风格和与众不同，可以根据需要，选择一些特别的字体。各种字体大都有自己不同的风格，如宋体端庄、黑体凝重、楷体淡雅、隶书飘逸等。

例如，古诗词鉴赏的网站，使用隶书就显得古色古香，很容易使读者进入诗词所表达的文化意境（见图 2－14）；而介绍书法作品的网站，标题文字使用手写体则很贴切（见图 2－15）。

图 2－14　古诗词网

图 2－15　书法家网

温馨提示

如果要使用 Windows 系统非默认的字体，则需要用图片的形式来展现。因为如果浏览者的计算机里没有安装这种字体，浏览器会以默认的字体显示，这样显示效果和原来差别很大，无法展现出设计者精心设计的风格。

步骤四　设计导航栏

网站的导航是网站内容架构的体现，导航是否合理是网站易用性评价和用户体验的重要指标之一。为了更好地提升用户体验，更好地对用户进行引导，导航设计的科学性成为网站框架构成的重中之重。导航分以下四种：

（一）顶部水平栏导航

1. 顶部水平栏导航是当前两种最流行的网站导航菜单设计模式之一。它最常用于网站的主导航菜单，且最通常地放在网站所有页面的网站头的直接上方或直接下方，如“奥康商城”网站（见图 2－16）。顶部水平栏导航设计模式有时伴随着下拉菜单，当鼠标移到某个项上时弹出二级子导航项。

图 2－16 奥康商城

2. 顶部水平栏导航的导航项是文字链接、按钮形状，或者选项卡形状，水平栏导航通常直接放在邻近网站 logo 的地方。

3. 顶部水平栏导航的缺点就是它限制了可以包含的链接数。对于有非常复杂的信息结构且有很多模块组成的网站来说，如果没有子导航的话，对于访问者来说，浏览全面的信息会非常不方便。

4. 顶部水平栏导航对于只需要在主要导航中显示 5～10 个导航项的网站来说是非常好的，这也是单列布局网站的主导航的唯一选择（除了通常用于二级导航系统的底部导航）。当它与下拉子导航结合时，这种设计模式可以支持更多的链接。

（二）竖直/侧边栏导航

1. 侧边栏导航的导航项被排列在一个单列，一项在一项的上面。它经常在左上角的列上，在主内容区之前，如雅虎网站（见图 2－17）。侧边栏导航设计模式随处可见，几乎存在于各类网站上，这有可能是因为竖直导航是当前最通用的模式之一，可以适应数量很多的链接。由于访问者习惯从左到右进行阅读，所以左边的竖直导航栏比右边的竖直导航表现要好。

2. 侧边栏导航的一般使用文字链接作为导航项，有时包含图标，很少使用选项卡，导航菜单经常含有很多链接。

3. 竖直/侧边栏导航缺点是当竖直菜单太长时，有时可能将用户淹没。设计导航时，可以尝试限制引入的链接数，也可以使用飞出式子导航菜单以提供网站的更多信息。

4. 竖直导航适用于几乎所有种类的网站，尤其适合有一堆主导航链接的网站。它可以与子导航菜单一起使用，也可以单独使用。它经常用于包含很多链接的网站主导航。侧边栏导航可以集成在几乎任何种类的多列布局中。

（三）面包屑导航

1. 面包屑导航的名字来源于 Hansel 和 Gretel 的故事，他们在沿途播撒面包屑以找到回家的路，这可以告诉你在网站的当前位置。这是二级导航的一种形式，辅助网站的主导航系统，如“51cto”网站（见图 2－18）。

图 2－17 雅虎网站

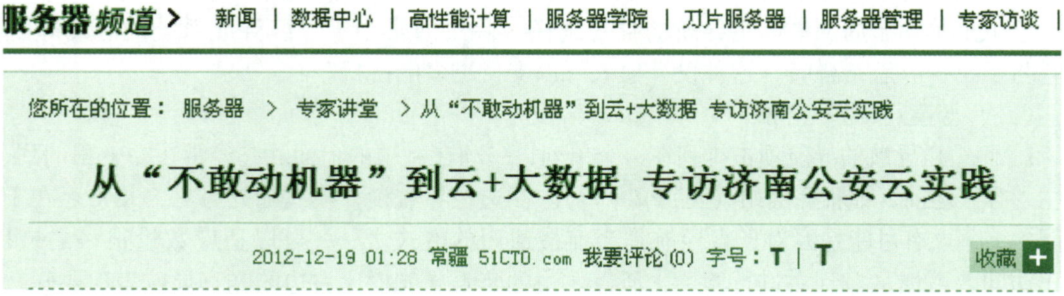

图 2－18 51cto 网站

2. 面包屑导航的一般格式是水平文字链接列表，通常在两项中间伴随着左箭头以指示层及关系，如图 2－19 所示，它从不用于主导航。

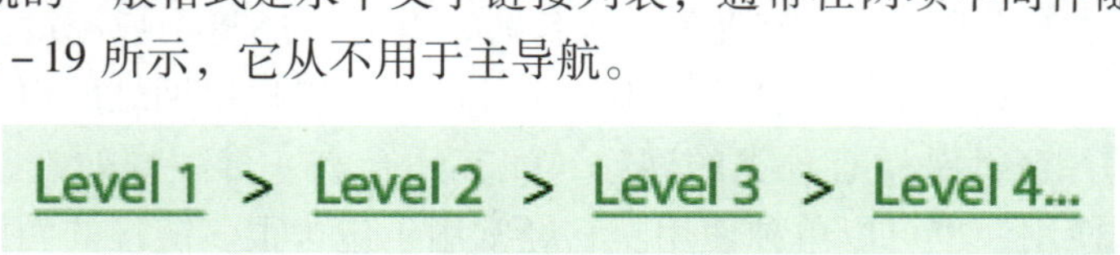

图 2－19 层级关系

3. 面包屑导航不适于浅导航网站，当网站没有清晰的层次和分类时，使用它也可能产生混乱。

4. 面包屑导航最适用于具有清晰章节和多层次分类内容的网站。它们可以帮助访客了解到当前自己在整站中所处的位置。如果访客希望返回到某一级，它们只需要点击相应的面包屑导航项。

（四）出式菜单和下拉菜单导航

1. 出式菜单和下拉菜单是构建强大的导航系统的好方法。它使得网站整体上看起来很整洁，而且使得深层章节很容易被访问，如“天津中际”网站导航（见图2-20）。这种菜单式导航通常结合水平、竖直或是选项卡导航一起使用，作为网站主导航系统的一部分。

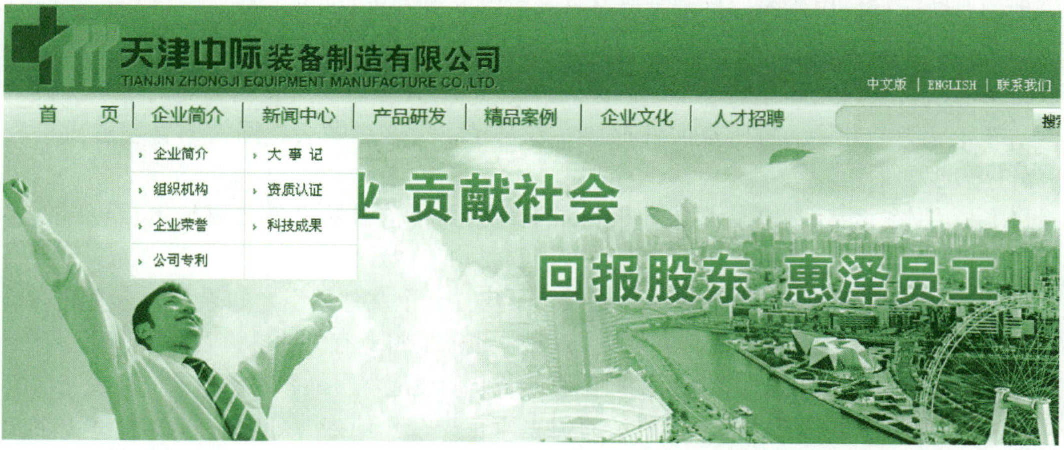

图2-20　天津中际导航

2. 出式菜单和下拉菜单导航常用于多级信息结构，使用JavaScript和CSS来隐藏和显示菜单，显示在菜单中的链接是主菜单项的子项，菜单通常在鼠标悬停在上面时被激活，而有时候也可能是鼠标点击时激活。

3. 出式菜单和下拉菜单导航在移动设备上非常难用，所以要确保网站移动样式表处理了这种情况。一般需要在主导航链接边上放置一些标识（通常是箭头图标），不然访客可能不知道哪里有包含子导航项的下拉或出式菜单，因此使用这些标识是非常重要的。

4. 如果想在视觉上隐藏很大的或很复杂的导航层次，出式菜单和下拉菜单是很好的选择，可以用来显示子页面和局部导航，并且不需要用户首先点击打开新的页面。

正确的网站导航要做到便于用户的理解和使用，让用户对网站形成正确的空间感和方向感，不管浏览到网站的哪一个页面，都会很清楚自己所在的位置。

温馨提示

导航设计禁忌

- 不要使用移动的图片，因为不容易找到可点击的区域，移动的图片常会使浏览者产生挫折感；
- 不要设置把导航藏起来，只有当鼠标停留在相应位置才会出现，这样仿佛很酷，但是人们更喜欢可以直接看到的选择。
- 忌讳导航没有文字提示，目前国内较多企业网站喜欢使用图片或flash来构筑站点的导航，从视觉角度上讲这样做显得更别致更醒目一些，但它对提高网站易用性没有好处。

步骤五 设计网站目录

（一）网站目录结构创建原则

网站目录结构创建的原则是以最少的层次提供最清晰简便的访问结构。为了确保网站文件管理的有效运行，构建网站目录时要充分考虑以下六方面的问题：

1. 不要将所有文件都存放在根目录下。根目录是指 DNS 域名服务器指向的索引文件的存放目录。根目录只允许存放 index. html 和 main. html 文件，以及其他必需的系统文件。有的网站开发者为了方便，将所有文件都放在根目录下，这样做会给网站的管理造成不利影响，具体表现如下：

（1）文件管理混乱。文件都放在根目录下，会弄不清哪些文件需要编辑和更新，哪些无用的文件可以删除，哪些是相关联的文件，会影响工作效率。

（2）上传速度慢。服务器一般都会为根目录建立一个文件索引。如果将所有文件都放在根目录下，那么即使只上传更新一个文件，服务器也需要将所有文件再检索一遍，建立新的索引文件。很明显，文件量越大，等待的时间就越长，所以应尽可能减少根目录的存放文件数。

2. 按栏目内容建立子目录。子目录的建立应首先按功能内容建立。每个主要功能（主菜单）应建立一个相应的独立目录，如爱特米诺公司网站可以按智能产品、成功案例、业内动态、体验分享、合作伙伴、关于我们、招贤纳士和下载区来建立相应的目录，并且以各栏目汉语拼音的首字母来命名，如图 2－21 所示。其他的次要目录，需要经常更新的，可以建立独立的子目录，而一些相关性强、不需要经常更新的栏目，如联系方式和公司简介等，可以合并放在一个统一的目录下。

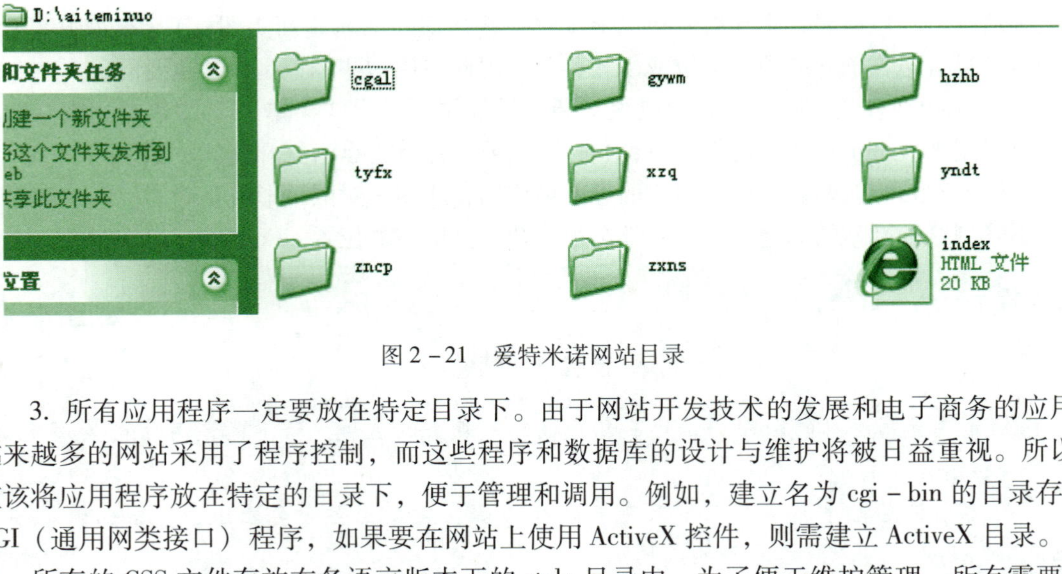

图 2－21 爱特米诺网站目录

3. 所有应用程序一定要放在特定目录下。由于网站开发技术的发展和电子商务的应用，越来越多的网站采用了程序控制，而这些程序和数据库的设计与维护将被日益重视。所以，应该将应用程序放在特定的目录下，便于管理和调用。例如，建立名为 cgi－bin 的目录存放 CGI（通用网类接口）程序，如果要在网站上使用 ActiveX 控件，则需建立 ActiveX 目录。此外，所有的 CSS 文件存放在各语言版本下的 style 目录中。为了便于维护管理，所有需要下载的内容也最好放在一个目录下。

4. 在每个主栏目内部建立独立的 images 目录。一般来说，站点根目录下都有一个 images 目录。刚开始进行网站制作时，人们习惯将所有的图片都存放在这个目录里。可是后来发现很不方便，当需要将某个栏目打包下载，或者将某个栏目删除时，图片的管理相当麻烦。经过实践发现，为每一个栏目建立一个独立的 images 目录是最方便管理的，而目录下的 images 目录只是用来存放首页和一些次要栏目的图片。

5. 目录的层次不要太深。原则上目录结构越简单越好，最好不要超过三层，这是为了维护管理方便。如果设计的网站庞大，所有文件夹全部放在根目录下会造成混乱。所以应根据类型划分子目录。

6. 网站文件名和目录名命名要规范。网站文件和目录命名的原则是以最少的字母达到最容易理解的意义，具体应做到以下三点：(1) 不要使用中文目录名和文件名，尽量使用意义明确的目录名；(2) 菜单、图片名称等按英语翻译为名称，不要使用过长的名称；(3) 目录和文件的名称要区分大小写，尽量用小写字母命名，不要在文件名中使用空格和特殊符号。

（二）张家豪为爱特米诺网站设计文件目录（见图 2－22）

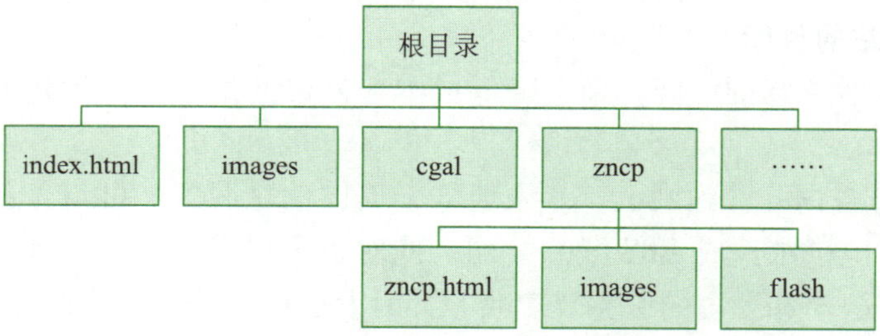

图 2－22　爱特米诺文件结构

任务 3
撰写网站策划书

任务要点

- **关 键 词：** 网站、策划、进程。
- **理论要点：** 了解电子商务网站策划书包含的内容，掌握电子商务网站策划书的书写规范。
- **实践要点：** 通过对公司的调研和需求分析，结合公司的性质，规划、设计公司的电子商务网站，撰写电子商务网站策划书。

任务情境

通过充分的调查与研究分析，确定了网站建设的基本目标和主要任务，规划并设计了网站的功能模块，在结束了一系列的前期工作后，为了保证后续网站制作工作的顺利开展，张家豪需要把网站制作过程中涉及的部分制订一份详细的计划，并开始着手撰写爱特米诺公司网站策划书。

任务分析

撰写网站策划书时，应该着重从访问者的角度来考虑问题，网站策划书的撰写应该尽可能地涵盖网站规划中的各个方面：前期调研分析，建站目的及功能定位，网站技术解决方案，网站内容规划，网页设计，网站测试，网站发布与推广，网站维护，网站建设日程表，费用明细等。

任务实施

爱特米诺公司网站策划书

（一）建立网站的目标

1. 网络可以减少交易的中间环节，降低成本。公司网站还可以扩建成为网上销售和售前售后咨询服务中心。

2. 公司将信息咨询开设到网上，专人值守，提供信息服务。可与外部建立信息交流渠道，客户能够通过电子邮件或 BBS 联系公司，同时也可以发表意见。如此一来，客户就能全面和客观地了解公司和公司的服务及产品。又因为是直接对话，具有增进感情的作用。

3. 网站本身就是广告，一些公司在网上建立自己的网页，或者开设自己的网站，把公司信息集中起来，分类分栏，方便浏览。

（二）公司建立网站的优势

1. 网站可提供每天 24 小时的产品宣传服务，降低广告宣传费用，让客户快捷地找到公司资料。

2. 公司可以更好地与供应商、销售渠道和合作伙伴沟通与交流，随时获取和发布商业信息，寻找潜在客户，促成贸易。

3. 公司未来可以在网上出售商品，降低销售费用。

4. 公司可以改善内部组织结构和管理体系，提高工作效率，及时更新产品，以适应市场变化。

（三）网站设计与制作

1. 网站功能模块。

（1）爱特米诺公司网站包含如下功能模块：智能产品、成功案例、业内动态、体验与分享、合作伙伴、关于我们、招贤纳士、下载区。

（2）在“智能产品”模块下包含如下子栏目：智能家居、智能灯控、智慧酒店和智能工厂。

（3）在“体验与分享”模块中包含如下子栏目：动态展示、体验中心、解决方案。

（4）在“关于我们”模块下包含如下子栏目：公司简介、联系我们。

（5）在“下载区”模块下包含如下子栏目：产品认证、解决方案下载、宣传资料下载、产品说明书。

2. 首页创意。采用动画制作软件 Flash cs5 及图像处理软件 Photoshop cs5，将枯燥、呆板的网页广告设计成精美绝伦的动画广告，让浏览者在欣赏动画的同时潜移默化地传递商品信息。

3. 导航栏。采用顶部水平导航栏，并配以出式菜单，清晰明了、简洁实用。

4. 语言选择。根据公司的长期发展规划，公司在未来将与国际接轨，会面向更多的国外客户，所以在语言上选择中文和英语两种语言版本。

5. 网站特色。

（1）根据本公司的企业特性，配合网站的整体风格，对每个系列的产品进行重新网上包装设计，通过 Flash 动画，详细展示产品，务求展现本公司产品是最高品位的高档品牌形象。

（2）网上实时产品三维体验，动态展示智能产品的高科技特色。

（3）将同客户有关的重要产品资料放在网站中，供客户下载，这样可以使网站得到更广泛的宣传，也可以解决客户网速慢、浏览不方便的情况出现。

6. 设计规范。

（1）网页美工设计与公司整体形象一致，符合公司 CI 规范。同时注意网页主色调、图片的应用及版面策划，保持网页的整体一致性。

（2）在新技术的采用上考虑主要目标访问群体的分布地域、年龄阶层、网络速度、阅读习惯等。

（3）制订网页改版计划，如半年到一年时间进行较大规模改版等。

7. 主页设计。主页包括页头、页中和页尾三个模块。

（1）页头包括网站名称（Logo）、广告条（Banner）、导航等版块。页头用来标示网站和体现网站主题。它可以用公司的名称、标语、徽号或图像集中、概括地反映公司的经营理念和服务定位。导航提供了对关键页面的简捷链接，其超链接或图标应明确地表明网站其他页面上载有的信息，用户能够通过这样一个简单的功能化的界面，迅速地到达他们所需信息的其他页面上。

（2）页中包括公告与新闻、产品推荐、广告条、搜索、友情链接等版块。在首页上预告即将有新资料推出，可吸引用户再次来浏览网站。为保持网站的新鲜感，应时刻确保主页提供的是最新信息，可以在页头以大字标题宣布新消息，也可以定期改变主页上的图像，或更改主页的样式。

（3）页尾包括版权与联络信息、计数器等版块。在首页上标示一句简短的版权声明，然后用链接方法带出另一个载有详细使用条款的页面，这样可以避免首页的杂乱。在页面的底部设计简单的电子邮件链接，可使用户与负责因特网站点或负责网上反馈信息的有关人员迅速取得联系，使公司获得因特网站点外的信息反馈。所以在设计网页的时候要考虑怎么将网站好的一面体现给自己的用户，要从许多细节上入手，给人以好的可以信赖的形象。

（四）网站开发

（1）主题定位。爱特米诺公司网站定位为电子商务宣传型网站，页面精美、主题鲜明。

（2）页面制作。网站包括个性化设计栏目 8 个，子栏目 13 个，采用设计精美模板。

（3）美工设计。设计公司网站 Logo、Banner 各 1 个，Flash 动态产品展示效果 1 个。

（4）应用系统。为网站添加新闻发布系统，网站统计系统，QQ 在线服务系统。

（5）工作周期。网站设计制作需 20 个工作日。

（五）网站发布和推广

（1）网站域名。为爱特米诺公司网站申请国际顶级域名 1 个（. com、. cn 等），并为网站申请免费域名 1 个（二级域名）。

（2）网站空间。根据公司性质和网站的特点，为爱特米诺公司网站采用虚拟主机的方式，申请注册 1000MB 高速虚拟主机空间，并为公司在 8U 网站申请 200M 免费空间。

（3）网站推广。为爱特米诺公司网站进行推广，包括在 Baidu 搜索引擎进行登录、与相关网站交换链接、发送电子邮件、注册论坛和博客进行推广和在分类信息网站进行发布信息。

（六）网站安全

网站发布后的虚拟机服务器提供相应安全功能，包括定期每周备份一次数据、千兆硬件防 DDOS 攻击防火墙和 7×24 小时网络运行监控。

（七）售后服务

（1）为爱特米诺公司网站在不改变页面风格和增加页面的情况下免费维护一年。第 2 年及以后费用为 700 元/年（包含国际域名 1 个 + 1000Mb 虚拟主机 + 免费维护 + 技术支持 + 每周数据备份）。

（2）在工作时间提供电话技术支持，24 小时提供 QQ 技术支持。

（3）免费代办工信部网站 ICP 备案（公司网站需提供营业执照号；个人网站需提供个人身份证号）。

项目小结

在介绍网站设计的一般流程基础上，对爱特米诺公司网站规划进行了详细介绍。主要包括网站类别的确定、网站主题和风格的定位、网站内容的确定以及网站版面布局的设计。本项目讲述了需求分析的整体过程、需求分析时需要注意的事项，并编写完成网站的需求及可行性分析报告。还讲述了网站的总体设计，其中包括网站 CI 形象设计、网站的内容设计和总体结构，并确定了爱特米诺公司网站的风格和创意。根据以上内容撰写了网站策划书，对后续网站开发制作起到指导和参考的作用。

本项目的重点内容是网站的需求分析和总体设计的方法，其定位和设计决定了网站最终的效果。

实战强化

大连市秀莲服装有限公司成立于 2002 年，是以生产中高档西服、团体职业装、企业制服及工矿企业工作服为主的专业服装公司。现拥有员工 60 多人，拥有全套进口制作及整烫设备，技术力量雄厚，并通过了 ISO9001 质量管理体系认证。

在经营上，公司坚持以行业服装、团体服装的承制为业务发展的基础。公司先后承制了大连市工商银行、农业银行、卫生局、滨海养殖场，以及众多大型企事业单位的工服。用料精良、板型新颖、做工精细的服装，受到了普遍的好评。

创品牌、求突破是公司经营的长远目标，公司越来越深刻地认识到行业服装也在向精品化、高档化、名品化方向发展。一个服饰企业实力再强，在市场上没有知名度，发展便要受阻。如今随着互联网的高速发展和广泛应用，网络的宣传效应已经非常显著。因此，公司决定在品牌广告宣传方面增加投入力度。决定开发制作公司的电子商务网站，以此来宣传自己公司的品牌。

现需要撰写一份秀莲服装公司网站的策划书，需要完成以下任务：

1. 写一份较为完整的需求分析书。
2. 设计主要栏目及二级子栏目。
3. 为这个网站做一些风格和创意的构思。
4. 以树状链接结构方式，画出网站的栏目结构图。
5. 建立相应的文件及文件夹。

思考与练习

1. 简述网站设计流程。
2. 网页布局一般应遵循的原则是什么？常见的版面布局有哪几种？
3. 搜索三个不同主题的网站，分析搜索到的三个网站各是什么布局？
4. 分析上题搜索到三个网站各自的配色方案特征是什么，表达了什么思想？
5. 什么是网站的主题和风格？简述有风格的网站与普通网站的主要区别。
6. 网站内容设计应遵循哪些原则？
7. 以本学校的校园网站为例，简述网站策划书的撰写要点。
8. 假设为自己班级规划设计一个宣传型网站，网站的主题栏目应如何划分？

3 项目三 商品图片的搜集与处理

电子商务网站中，除了文字外，还需要许多生动活泼的多媒体商品展示，包括图片、动画、影片及音效等，它们是网站中不可或缺的重要角色。Photoshop 软件是 Adobe 公司旗下最为出名的图像处理软件之一，功能强大，集图像扫描、编辑修改、图像制作、广告创意等功能于一体，是目前市面上应用最广泛的图片处理软件。本项目中我们学习如何运用各种方法搜集图片，并使用 Photoshop cs5 来处理建设网站所需的图片。

知识目标：

□ 能描述搜集商品图片的方法

□ 能够描述使用 Photoshop 软件对商品图片进行抠图、修整及调整色彩的方法

□ 了解对网页文字以及特效进行处理的方法。

技能目标：

□ 能够利用互联网及外部设备搜集商品图片

□ 能够熟练使用 Photoshop 工具对图片进行形状、样式及色彩的处理

□ 能够结合需求对文字进行图形化处理

□ 能对商品图片进行特效及优化处理

任务 1
搜集商品图片

任务要点

- **关 键 词：**搜集、下载、扫描、截取。
- **理论要点：**互联网下载图片、扫描仪扫描图片、视频截取图片，搜集图片的具体方法。
- **实践要点：**学会对商品图片进行搜集。

任务情境

接下来张家豪就要采集网站的素材了，具体的搜集和处理方法，在本任务中会详细介绍。

任务分析

本次任务主要学习利用多种途径来获得图片，张家豪需要解决以下问题：

◆通过摄影实拍得到图片

◆使用扫描仪进行图片扫描

◆通过视频截取图像

◆通过互联网搜索下载图片

◆分类整理图片素材

知识准备

获取素材图片的方法：

（一）数码照相机实拍

获得商品图片最直接也是最简便的方法就是通过数码照相机实拍得到物体图像。数码照相机分为价格便宜、使用方便的卡片机和价格较高、对焦快速准确的单反相机。前者手动性能较差，画质一般；后者画质好，一般用于专业摄影。对于用于电子商务网站的图片，两种类型的相机均可，一些服装类商品或是细节较多的商品为得到高质量展示效果，选择专业单反相机可以得到很好的景深效果，增加图片的吸引力。当然利用普通卡片机，也可以通过后期软件的处理达到较好的效果。

（二）扫描仪扫描

利用扫描仪搜集图片具有一定的局限性，仅限于现有的平面图片，如照片、画册等，通过扫描仪可以获得清晰的图像。

（三）互联网下载及搜索

根据任务要求即自己想象中所要达到的最终画面效果，在相关的图像素材网站进行图片的搜索，或者通过网站进行图片版权的购买，最终实现图片搜集的目的。

掌握搜索引擎中图片的搜索方法，理解搜索中的“关键字”的含义。根据任务的需求在搜索引擎中进行关键字输入，明确所需图片的大小与分辨率，选择适合任务的图片，点击鼠标右键“图片另存为”进行保存，选择相应的文件夹保存其中。

通过搜索引擎进行搜索是搜集图片的一个快捷方法，它的优点是：利用搜索引擎可以搜到不同类型的图片，我们可以选择更好的图片进行应用，而且在搜索过程中也会潜移默化地进行图片之间的比较，这样可以培养艺术审美能力，久而久之，在以后的图片搜索中可以搜索到艺术效果更好的图片。

任务实施

步骤一　通过摄影实拍得到图片

（一）摄影的条件

1. 适合的光线。拍商业产品（如购物网站上的照片）并不需要多昂贵的摄影器材，重要的是合适的光线。在适当的环境下，普通的相机就可以拍出适合使用的高质量的照片。

2. 摄影静物箱。如图 3－1 所示是一个简易的静物箱，在摄影器材店就可以买到。图中只用了一支灯，也可以根据需要（主要视产品的反光强度而定）在一左一右放两支灯，甚至可以在顶部和背部再增加两支辅助灯。

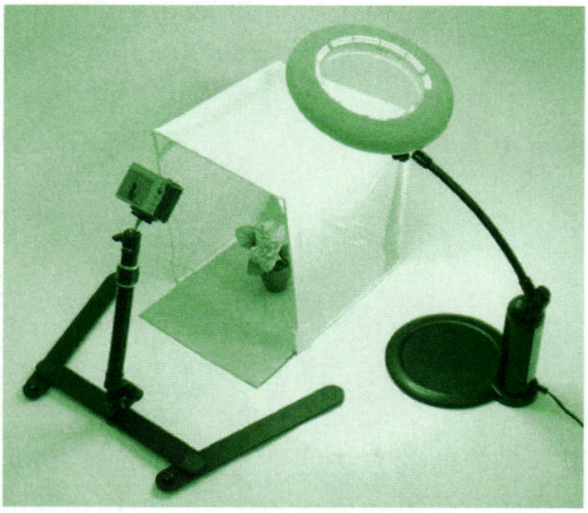

图 3－1　摄影静物箱

（二）灯的选择

1. 节能灯：在选择用灯的时候，最重要的是色温。一般质量较好的节能灯，色温在 5000K 或 5500K 就能满足需要。

2. 闪光灯：相机其实是最不重要的器材，不过最好选择有手动功能的。如果使用闪光灯，还需要有热靴能够安装引闪器。拍摄时，可按以下原则设置参数：快门低于 1/200s；

光圈在 f/8 或 f/11 左右；感光度为 ISO100；闪光灯白平衡。

（三）不同商品材质的体现

利用照相机得到物体图像，除了得到真实的成像以外，还要体现不同商品的独特质感，让观者能够清晰辨认出商品的材质。对不同质感的商品表现方法也不同，在拍摄的时候可以利用不同的道具。

1. 利用反光板。一些带有金属质感的商品在拍照时由于自身材质的原因很容易照成黑色，这时在被摄物前适当角度摆一块银色反光板，金属倒映了银色正好还原了金属质感，还顺便给被摄物补光提高了被摄物正面的亮度，一举两得。

2. 适当调焦。拍摄商品时为突出质感，最基本的方法就是适当增加反差与对比度，轻微拉大光比，以及适当的锐化，都可以不同程度地增加质感，拍摄时也一定要做到合焦准确，避免手抖造成模糊。

步骤二　使用扫描仪进行图片扫描

（一）扫描前的注意事项

使用扫描仪扫描图片是一种相对比较简便的方法，但有以下几点注意事项：

1. 扫描前的准备。在使用扫描仪之前，首先应尽量选择在平坦、整洁、稳定的地方，以免影响扫描图片的效果。

2. 原稿的要求。鉴于扫描仪本身的局限性，扫描后所得到的图像总会或多或少出现失真或变形的现象，所以我们要想得到高质量图片，一定要尽量选择品质出色、像素高的原稿图像进行扫描；图片放置时要使扫描仪上的指示箭头与扫描对象的一个角对齐，图片的正面向下放平。

（二）确定分辨率和图像类型

1. 确定使用多大的分辨率。根据用户的实际应用需求决定扫描时使用多大的分辨率，若想获得清晰的效果，就需要较高分辨率来获取较多的图像细节。通常情况下，用于网页的图片分辨率在 72dpi 左右即可；如若是用于印刷出版的图片，这就需要分辨率达到 300dpi 以上；

2. 扫描时选择正确的图像类型。（1）如果图像是单色的，扫描时选用线条图像类型；（2）如果是黑白照片，扫描时选择灰度图像类型；（3）如果希望利用黑白打印机输出彩色图像，那么扫描时同样选择灰度图像类型。

（三）调整偏差图像

在用扫描仪扫描图像时，不可能一下子就得到完美的扫描文件，针对在扫描时产生的偏差，我们可以进行以下相应的处理。

1. 针对曝光不准的图片。一些曝光不准的图像往往没有丰富的细节，且缺乏层次感，对此我们可以在扫描仪上拖动亮度和对比度滑动条上的滑块来调整这一类图片的亮度和对比度，使图像的亮度和对比度适中，弥补图像的不足。

2. 针对有偏色的图片。扫描时为保证图片不偏色可以利用色彩平衡选项来改变图像的整体色调，除非图像偏色严重需要对图像进行手动调整以外，通常情况下选择“自动色彩平衡”选项让软件自动校正即可。

3. 缺乏层次。如果图像不够精细，缺乏层次，扫描时要调整伽玛值。伽玛值影响图形中间值的色调或中间层次的灰度。通过调整伽玛值可以改变图像中间色调灰阶的亮度值，以增加图像的中间层次，而不会对暗部和亮部的层次有太大的影响。扫描仪上的伽玛值选项默认值为1，调整范围在9.99～0.01之间。输入的数值越大，中间色调的范围将越大，反之越小。

4. 构图不理想。针对一些构图不理想的图像，可以在扫描时根据实际需要，通过选取扫描范围对原图进行合理剪裁，校正歪斜的图像，以便于对其进行艺术再处理。

步骤三　通过视频截取图像

在扫描和摄影不能满足图片的使用要求时，我们还可以通过视频截取获得想要的图片，下面介绍几种常用软件的视频截图方法。

（一）利用暴风影音来截取视频图像

1. 设置操作：打开暴风影音，在视频区单击右键选择“高级选项”，在弹出的对话框中选择“热键设置”选项卡，找到“截屏”或“快速截屏”，对其进行设置。选择“截图设置”选项卡，设置好保存路径，最后点击“确定”完成设置。

2. 截取操作：在暴风影音中打开要截取图像的视频文件，在需要截取图像的片段中按下快捷键“F5”，屏幕会显示“截图成功”的字样，这样图像就成功地被截取并保存，然后到相应储存目录中去查看即可。

（二）QQ软件的截图功能

1. 腾讯QQ聊天软件截图。QQ是大家最常用的网聊软件，对其截图工具也比较熟悉，具体操作方法很方便：运行QQ聊天软件，在需要截屏时按下对话框中屏幕截图工具，或按住键盘快捷键“Ctrl + Alt + A”，然后拖拽鼠标在需要截屏的图像区域拉出选框即可。

2. 利用QQ影音来截取视频图像。打开QQ影音并播放想要截取的视频文件，在窗口右下角单击影音工具箱，在打开的菜单中选择截图，这时屏幕会显示“截图成功，可直接粘贴”的字样，并显示图片储存的位置，找到相应的路径查看即可。

以上视频的图像截取方法仅供参考，还有许多获取视频片段图像的方法，大家可以在实际应用中多去尝试、体会和学习。

步骤四　通过互联网搜索下载图片

设计并制作网站需要大量的商品图片以及配图，不是所有的图片都要亲自绘制，有些素材图片可以在相关网站进行图片的搜索并下载，或者通过网站进行图片版权的购买也可以快速得到所需图片。

步骤五　分类整理图片素材

1. 建立新文件夹。在搜集到适合应用的图片之后，需要进行文件夹的建立，按照易于统筹管理的方法建立，并命名相应文件夹，便于查找与使用。

2. 将搜集到的图片保存到已建立的相关文件夹中。

相关链接

以上获取图片的方法不是在每个网站制作中都需逐一应用，而是根据实际情况选择应用其中的一种或几种。

做一做

尝试利用相机和反光板拍摄金属质感的商品，注意质感的表现，如图3－2所示。

图3－2　金属质感商品

任务2
修整商品图片

任务要点

- **关 键 词：** 选区工具、抠图、修补、混合模式
- **理论要点：** 各种套索工具、魔术棒工具的使用，以及选区建立、修改和调整，认识各种抠图工具和修补工具。
- **实践要点：** 能够将想要的部分图像抠出并修整图像瑕疵。

任务情境

张家豪在制作网站之前，需要对网站的商品图片素材进行处理，包括抠图及修整图片瑕疵，接下来让我们一起学习吧。

任务分析

本次任务主要是学习怎样对搜集的素材图片中有用的部分进行抠图处理以及修整瑕疵，针对这一内容，张家豪主要需要解决以下问题：

◆普通商品的抠图

◆毛发类商品的抠图

◆去除多余图像

知识准备

（一）认识 Photoshop cs5 基本操作界面

下面来认识一下 Photoshop cs5 基本操作界面中的各主要组成部分（见图 3－3）。

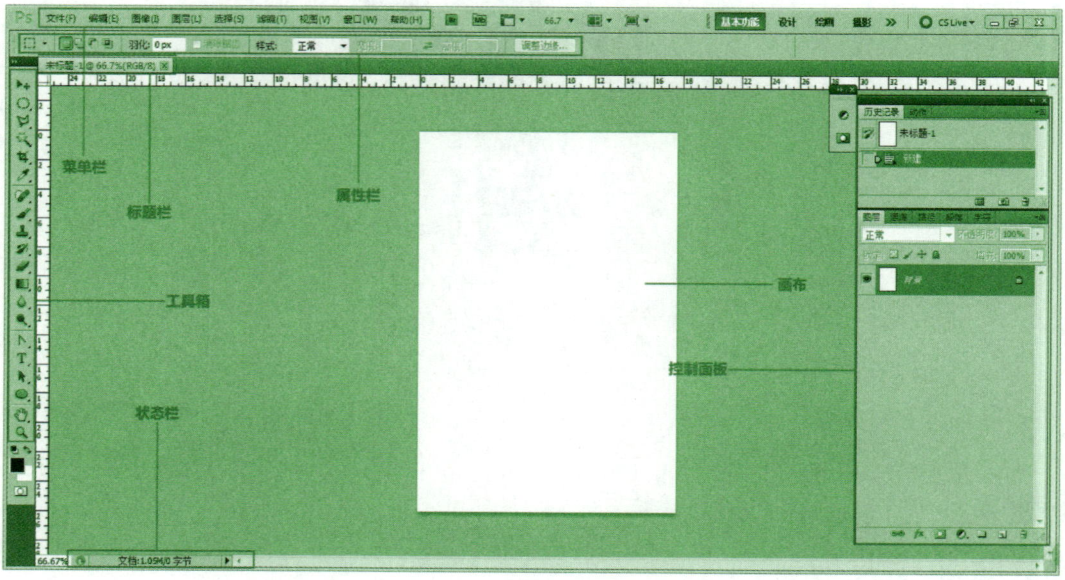

图 3－3 Photoshop cs5 基本操作界面

1. 菜单栏。菜单栏中包含了“文件”、“编辑”、“图像”、“图层”、“选择”、“滤镜”、“视图”、“窗口”和“帮助”共 9 个菜单选项。每一个菜单中又包含了不同的选择命令。

- “文件”菜单中包含的命令主要是对文件的属性进行调整和控制。
- “编辑”菜单中的命令用于对文件或者是文件中的元素进行编辑，如复制、粘贴、剪切等最基本的命令以及文件的预设管理等。
- “图像”菜单中包含的命令主要用于对画面中的图像元素进行颜色或者尺寸的调整，这些命令是照片色彩调整中最为常用的。
- “图层”菜单中的命令主要是用于图层间的设置与修改，其中一些主要命令在图层面板中也有包括。
- “滤镜”菜单中包含软件中的各种滤镜，用于创造一些特殊图像效果。
- “帮助”菜单中包含了软件信息以及提供一些针对初学者的帮助文件，对软件操作有问题时可以打开帮助文件进行参考。

2. 标题栏。用于提供打开文件的基本信息，如文件名、缩放比例、颜色模式等，单击可拖动、放大文件窗口。

3. 属性栏。选中某个工具后，属性栏就会随之改变成相应工具的属性设置选项，可更改参数，以设置相应的选项。

4. 画布。用于显示图像文件，是 Photoshop cs5 进行图像处理的主要工作区。

5. 控制面板。软件共有 14 个面板，可通过菜单栏中【窗口—显示】来显示不同的面板。按 Tab 键，自动隐藏命令面板，属性栏和工具箱，再次按键，显示以上组件。按 Shift + Tab，隐藏控制面板，保留工具箱。

6. 状态栏。位于主窗口底部，由多个部分组成，单击黑色小三角选择选项，可显示文档大小、文档尺寸、当前工具、暂存盘大小等信息。

7. 工具箱。工具箱中的工具可用来选择、编辑处理或是放大缩小图像。单击可选中工具或移动光标到该工具上，属性栏会显示该工具的属性。个别工具的右下角有一个黑色小三角形符号，表示该工具下菜单中存在一个工具组，包括若干个相关工具。

（二）认识抠图工具

1. 剪裁工具：用于对图片进行自由裁切或按固定比例裁切。

2. 套索工具：主要用于选取一些不规则形状的图像。

3. 多边形套索工具：用于选择多边形的图像。

4. 磁性套索工具：用于选择外轮廓比较清晰的图像。

5. 魔术棒工具：选择颜色相同或相近的像素，其工具属性栏中有一些与选框工具相同的选项，如创建、增加、选区等，还有一个很重要的选项“容差”。其取值在 0 ~ 255 之间，数值越大，表示可允许的相邻像素之间的相似度越小，选择的范围就越大；反之，范围就越小。

（三）了解建立选区的方法

1. 快速选择建立选区。

（1）魔术棒工具：选择颜色相同或相近的像素，其工具属性栏中有一些与选框工具相同的选项，如创建、增加、选区等，还有一个很重要的选项“容差”。其取值在 0 ~ 255 之间，数值越大，表示可允许的相邻像素之间的相似度越小，选择的范围就越大；反之，范围就越小。

（2）使用菜单命令创建选区：在图像中创建一块选区后，通过执行【选择—选区相似】命令，可将与所选范围相近似的像素全部选中。

（3）色彩范围：适用于图像和背景色色差明显且背景色单一，可通过颜色吸管吸取背景色快速建立选区。

2. 选区的调整。

（1）选区的反选：在某个创建好的选区中想选择该选区以外的部分时，就可以利用这个命令来编辑我们想处理的部分。选区反选的操作步骤：创建好选区后，执行【选择→反向】。

（2）选区的拉伸：若想对选区进行拉伸，可在建立选区后按住 Ctrl + T 自由变换。

3. 选区的修改。

（1）选区的羽化：使图像的边缘柔化，形成较为自然的效果（使图像的边缘产生过渡的效果）。

（2）消除锯齿：使有曲线的选区边缘平滑。

（3）选区的变换：改变选区的大小比例和旋转角度。

（4）选区的移动：将选区移动到其他位置，将光标移到选区内，当光标图示改变后按住鼠标左键拖动即可。

任务实施

步骤一　普通商品的抠图

1. 调整背景大小。

（1）新建文件，设置大小为 36cm × 26cm，分辨率为 72 像素/英寸，色彩模式为 RGB，背景为白色。

（2）打开地球背景素材图片，用移动工具移到新建的文件中，按住 Ctrl + T 调整图像的大小及位置（见图 3 – 4）。

图 3 – 4　地球背景图片

2. 抠出手机图像。

（1）打开另一商品图片手机，选择磁性套索工具，为了精确选中图像，在属性栏中调整“频率”数值为 60，然后沿着手机的边缘一点一点将其选中（见图 3 – 5）。

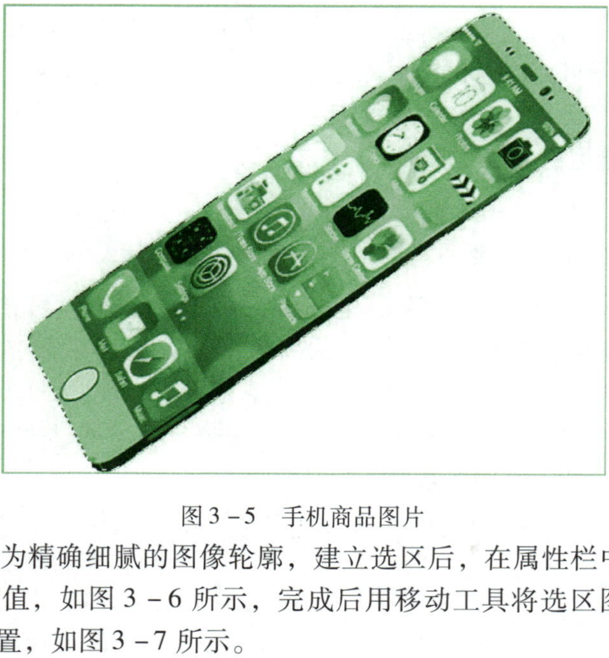

图 3 – 5　手机商品图片

（2）为了得到更为精确细腻的图像轮廓，建立选区后，在属性栏中单击“调整边缘”，适当增大“平滑”数值，如图 3 – 6 所示，完成后用移动工具将选区图像拖入到背景文件中，调整其大小和位置，如图 3 – 7 所示。

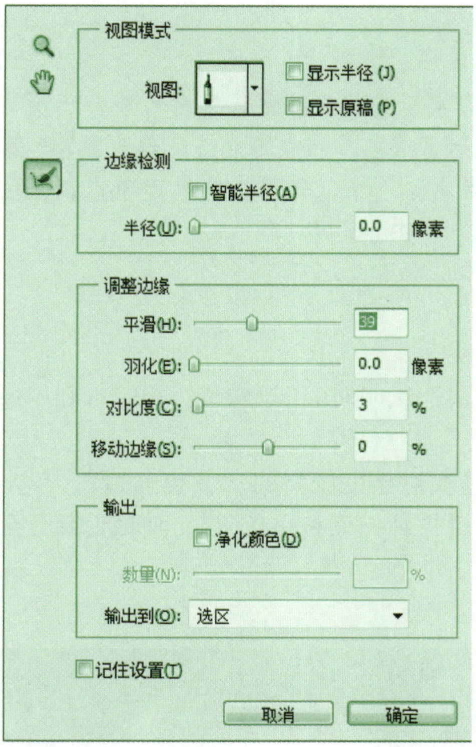

图 3－6　调整边缘设置

图 3－7　将图像移到相应图像背景中

（3）选择吸管工具，在图片地球的投影处吸取颜色，选择柔边画笔，新建图层绘制手机的投影，将不透明度降为 85%，得到效果如图 3－8 所示。

图 3－8　最终效果图

相关链接

按 Ctrl + T 键为自由变换的快捷键；用磁性套索工具创建图像选区时可能会出现许多小节点，如果图像边缘模糊不清或颜色太相近时，有些节点就不能按正确的图像边缘行走，这时，可按住 Delete 键删除，点一下节点删除一个，若想全部删除节点，按住 Esc 键退出即可完成。

步骤二　毛发类商品的抠图

1. 在通道中载入选区。针对一些毛发类的商品图片，抠图相对麻烦，这时可利用通道对比度选取图像。

（1）打开素材“毛绒玩具”，在通道面板中选取对比度较高的“蓝色通道”，单击右键，复制通道，执行【图像→调整→反相】，执行【图像→调整→色阶】，使绒毛部分全部变白，如图 3－9、图 3－10 所示。

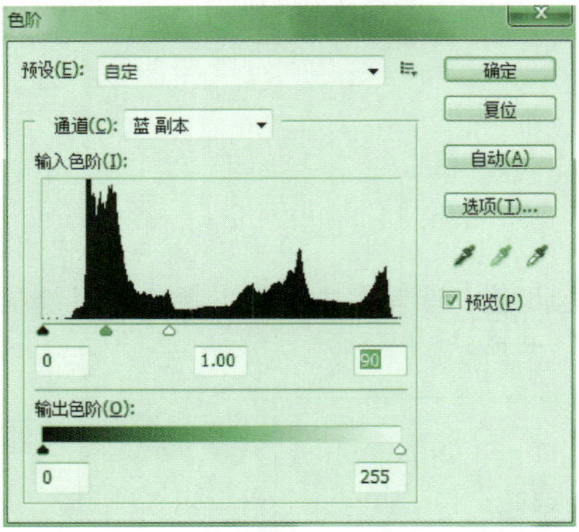

图 3－9　色阶设置参考

图 3－10　反相效果图

（2）按住 Ctrl 键，同时单击蓝色通道副本的图层缩略图，载入选区，回到 RGB 图层，Ctrl + J 复制出选取图像，得到图层 2，隐藏其他图层，如图 3－11 所示。

图 3－11　隐藏其他图层效果图

图 3－12　选取部分图像

2. 调整未选中的图像。

（1）玩具的绒毛部分已经选取出来，而其他部分还未选取，选择磁性套索工具，在图层 1 上将没选中的图像大致选取出来，按住 Ctrl + J 复制选取图像，得到图层，如图 3 – 12 所示。

（2）隐藏图层 1，按住 Ctrl 键单击图层 3 的缩略图，载入选区，将选区反向，选择柔边橡皮在图层 2 上将桌子和多余的背景擦除，将背景填充为浅蓝色，得到效果如图 3 – 13 所示。

图 3 – 13　最终效果图

图 3 – 14　效果图

想一想

利用毛绒玩具抠图案例中所涉及的知识，将玩具置换到礼品盒图像中，注意玩具与礼品盒间的投影关系，完成效果如图 3 – 14 所示。

步骤三　去除图片上的多余图像

（一）隔离不修饰的图像

打开女靴素材图片，选择磁性套索工具，将靴子选中，按住快捷键 Ctrl + Shift + I 反选，如图 3 – 15 所示。

图 3 – 15　建立选区

（二）去除多余图像

1. 选择仿制图章工具，在右侧平桌面与立面衔接处建立仿制点，在左侧相框处进行防制，如图 3 – 16 所示，利用仿制图章工具将相框去除。

2. 通过仿制图章工具建立仿制点，将背景其他不需要的图像自然地去除掉，得到效果如图 3 – 17所示。

图 3-16　建立仿制点

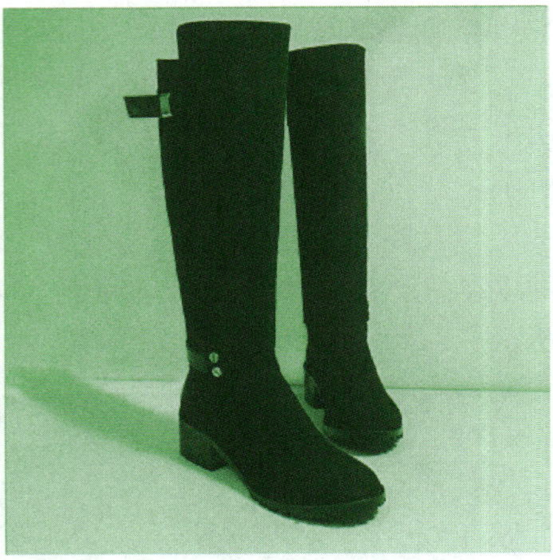

图 3-17　最终效果图

3. 选择模糊工具，在其属性栏中将强度值设为40%，对图像背景进行模糊以突出鞋子，最后按住 Ctrl + D 取消选区，完成效果制作。

任务 3
调整商品图片的色彩

任务要点

- **关 键 词：** 色彩平衡、色相饱和度、色彩模式、色阶、曲线。
- **理论要点：** 图像色彩调整的相关知识，掌握处理图像色彩的具体操作。
- **实践要点：** 能够变换图像色彩。

任务情境

掌握了对网站素材图片基本的修整处理之后，张家豪就要开始新的学习，学会调整处理图像的色彩，使图片素材呈现最佳的色彩效果。图像色彩的调整尤其适用于一些购物网站上同款不同色的商品，那么具体的色彩调整步骤，让我们同张家豪一起学习吧。

任务分析

本次任务的主要目的是对修整后的照片进行色彩处理，得到色彩适宜的图像效果。张家豪需要掌握的知识点有：

◆更换图片商品的颜色

◆调整商品图片的色彩与亮度

知识准备

了解各种色彩模式及相关调整方法：

（一）图像的色彩模式

1. 图像的色彩模式即表达图像色彩信息的方式。在 Photoshop 软件中常用的色彩模式有以下几种：

（1）黑白模式：图像由纯黑与纯白两种颜色构成，没有浓淡的变化，也称为位图模式。

（2）灰度模式：图像由 256 种灰色色阶构成，由于有 256 种灰色调，所以能够表现出浓淡的变化。

（3）RGB 色彩模式：图像中所有的色彩是由红色（Red）、绿色（Green）、蓝色（Blue）三种基本颜色（通常被称为“三原色”）依据不同强度比例混合而成。

（4）CMYK 模式：图像中所有的色彩由青色（Cyan）、洋红色（Magenta）、黄色（Yellow）、黑色（Black）四种颜色依据不同强度比例印刷于纸张上混合而成的色彩，因此，CMYK 模式主要用于印刷上，也称为印刷色。

2. 图像色彩模式的转换：为了在不同场合正确输出图像，有时需要把图像从一种模式转换为另一种模式。通过执行【图像→模式】子菜单中的命令来实现颜色模式的转换。

3. 色彩平衡：调整图像的整体色彩偏向。

（二）色彩相关调整

1. 色阶：图像的色彩丰满度和精细度是由色阶决定的。色阶指亮度，和颜色无关。最亮的是白色，最暗的是黑色。执行【图像→调整→色阶】命令，会弹出色阶的对话框，如图 3 - 18 所示，“输入色阶”用于显示当前的数值，可用其来增加图像的对比度；“输出色阶”用于显示将要输出的数值，可用其来降低图像的对比度。

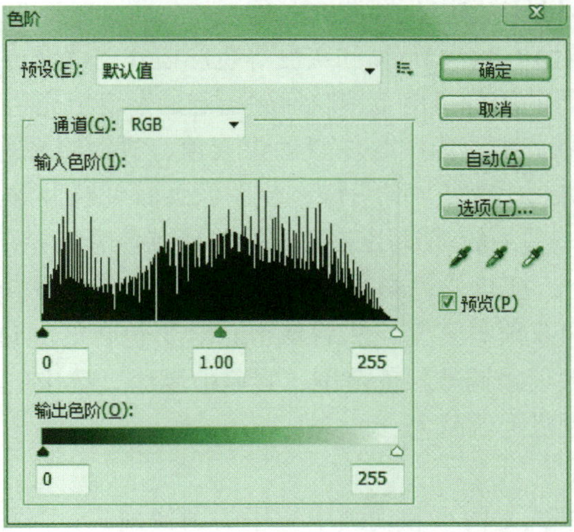

图 3 - 18　色阶图

2. 曲线：用来调整图像的色调范围。但与色阶不同的是，色阶命令只能调整亮部、暗部和中间灰部，而曲线命令可以调整灰度曲线中的任何一点。执行【图像→调整→曲线】命令，会弹出如图 3－19 所示的曲线对话框，横轴表示图像原有的亮度值，纵轴表示新的亮度值。

3. 亮度/对比度：亮度是指整个画面的明亮程度；对比度是指图像中色彩的反差程度；这个命令可以粗略调整图像的明亮程度和颜色的对比度。

4. 色相/饱和度：执行【图像→调整→色相/饱和度】命令，弹出对话框如图 3－20 所示，相应按钮和数值框可分别控制图像的色相——即色彩的相貌，如红、黄等；饱和度——即色彩的纯度、鲜灰程度；明度——即色彩的明暗程度。

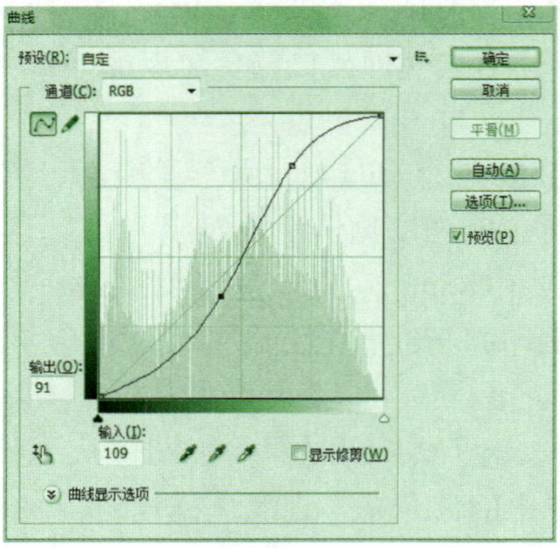

图 3－19　曲线

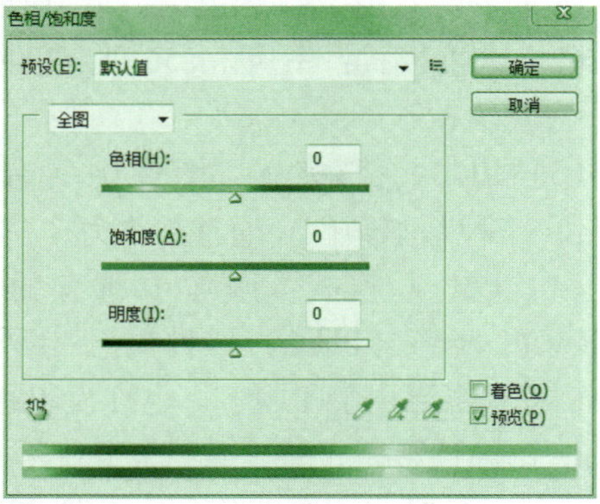

图 3－20　色相/饱和度设置

（三）颜色相关处理

1. 去色：使图像中所有颜色的饱和度成为 0，即将所有颜色转化为灰度值，结果会使彩色图看起来是灰度图，但不会改变图像原有的色彩模式。

2. 替换颜色：可以替换图像中某区域的颜色。

3. 可选颜色：可以对 RGB、CMYK 和灰度等色彩模式的图像进行分通道校色。

4. 渐变映射：将相等的图像灰度范围映射到指定的渐变填充色上。

5. 色调均化：可重新分配图像中各像素的像素值，进而将图像太暗的部分修正，并自动将图像中的色彩亮度与对比重新均匀分配，使图像画面更趋明亮。

6. 色彩范围：色彩范围一般都是用来抠选均匀且有色彩反差的图像，具体操作：执行【选择→色彩范围】命令，打开“色彩范围”对话框，在“选择”中选取“取样颜色”工具；将取样工具放在图像或预览区上，然后单击，对要包含的颜色进行取样，使用“颜色容差”滑块或输入一个数值来调整颜色范围，容差值越小，选中的颜色范围就越小；反之，容差值越大，选中的颜色范围就越大。

（四）特殊色彩效果

1. 索引色：索引色模式是网页和动画中常用的图像模式，当彩色图像转换为索引色模式图像后变成近 256 种颜色。

2. 反相：该命令用于产生原图的负片效果，当执行［图像→调整→反相］命令后，白色就会变成黑色。其他的像素点也取其对应值（新像素值 =255 - 原像素值）。

任务实施

步骤一　更换图片商品的颜色

网站需要展示同一款式裙子的不同颜色效果，如重新拍摄需耗费大量的人力物力。通过以下操作，我们可以将绿色的裙子换成同款紫色的，这样做既省时又省力。

（一）处理背景色彩

1. 新建文件，设置大小为 24cm × 34cm，分辨率为 72 像素/英寸，色彩模式为 RGB。

2. 打开裙子素材图片，用移动工具将其拖入到新文件中。选择磁性套索工具，沿着绿裙子的边缘建立锚点，将绿裙子大致选出，建立选区，接着执行【选择→反选】命令，再执行【图像→调整→去色】命令，将反选部分图像变成灰色，如图 3 - 21 所示。

（二）调整部分图像色彩

1. 执行【选择→色彩范围】命令，单击裙子的高光部分，将容差值调为 107，建立裙子的高光部分选区。

2. 执行【图像→调整→色相/饱和度】命令：色相为 155，饱和度为 29，明度为 2（以调整为准），使其变成如图 3 - 22 所示

图 3 - 21　背景去色

图 3 - 22　调整高光部位色彩

3. 用同样的方式，执行【选择→色彩范围】命令，单击裙子的中间色调部分，执行【图像→调整→色相/饱和度】命令：色相为86，饱和度为42，明度为2（以调整为准），使其变成如图3-23所示。

4. 再执行【选择→色彩范围】命令，单击裙子的阴影部分，形成选区后，执行【图像→调整→渐变映射】命令，在弹出的对话框中单击色条，再在渐变编辑器中选择蓝红黄色渐变，得到如图3-24所示的渐变效果。

图3-23 调整中间调色彩

图3-24 渐变映射后的效果

更换商品颜色主要适用于不同颜色的同一商品，特别是服装类商品。学会这项操作，可以节省大量拍照和后期修整图片的时间。

步骤二 调整商品图片的色彩与亮度

（一）调整图片的亮度

打开红酒素材图片，执行【图像→调整→曲线】，设置参数如图3-25所示，执行【图像→调整→色阶】，对亮部进行提亮，设置参数如图3-26所示。

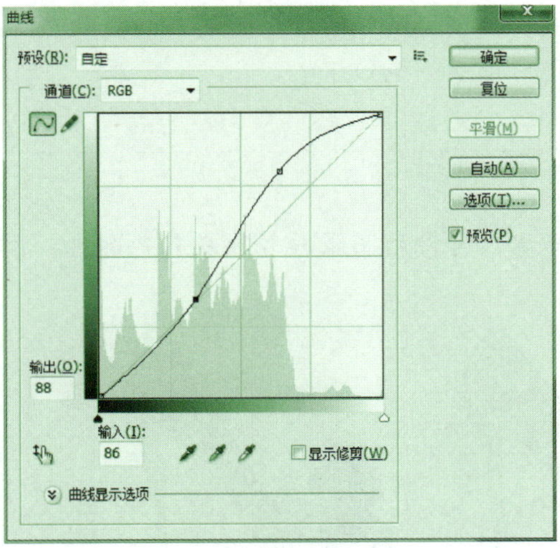

图 3－25　设置曲线参数

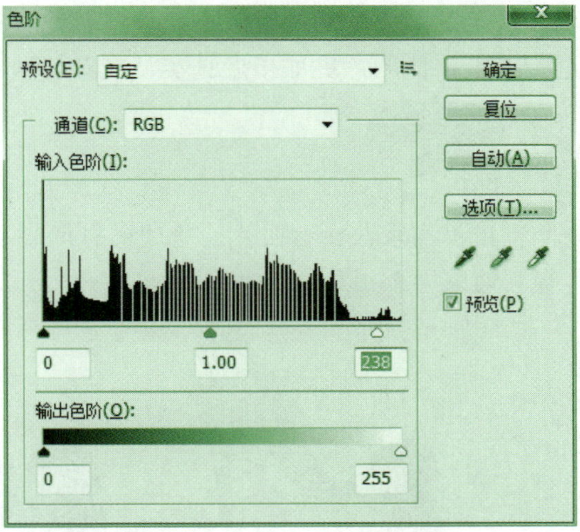

图 3－26　设置色阶参数

（二）调整图片的亮度色彩对比

1. 执行【图像→调整→照片滤镜】，选择“冷却滤镜（80）”，在弹出的对话框中设置浓度为 20%，得到效果如图 3－27 所示。

2. 选择磁性套索工具，沿着葡萄的边缘建立选区，执行【图像→调整→色相饱和度】，设置色相值为＋104，饱和度为＋46，得到效果如图 3－28 所示。

3. 选择磁性套索工具，选取瓶口金色部分，执行【图像→调整→照片滤镜】，选择“加温滤镜（85）”，浓度值为 60%，选择“黄色”，浓度值为 67%，取消选区，得到效果如图 3－29 所示。

图 3－27　图像亮度调整

图 3－28　色相饱和度调整

图 3－29　最终效果图

对于商品图片的调整远不止颜色、色彩和亮度，需根据网站设计设想的不同对商品图片进行调整，使图片更加接近真实，或者与网站整体和谐统一的效果。

想一想

根据高跟鞋素材图片，通过色彩调整相关知识，将粉色高跟鞋替换成其他颜色，所得到的效果如图 3－30 所示。

图 3－30 高跟鞋

任务 4 处理网页文本

任务要点

- **关 键 词：** 文字、画笔、通道、渐变。
- **理论要点：** 掌握文字工具的使用技巧，并能灵活运用画笔工具进行绘制，了解各类渐变工具的不同效果。
- **实践要点：** 学会对网页上的文字进行处理。

任务情境

张家豪已经对 Photoshop 软件的使用技巧有了一定的了解，那么接下来要学习具体的网页文字的处理步骤。

任务分析

本次任务主要针对文字编辑以及文字效果处理的学习，为了使网站设计得更出色，张家豪需要掌握以下几点知识：

◆制作网店水印

◆制作字体 LOGO

◆制作店铺公告

知识准备

在 Photoshop 软件中文字的处理与 Word 文档的处理方式一样，可以在图像上任意编写文字，自由设置文字的大小、字距、行距、颜色、对齐方式等段落属性，并可以重复编辑文字图层。

（一）文字相关处理

1. 文字工具。在 Photoshop 软件中文字工具有四种形式：

（1）T 横排文字工具：用此工具在图像上单击，出现闪动光标后，即可输入文字，单击鼠标拖拉出一个文本框，在文本框中就可输入文字，文本框的宽高决定了每行文字的宽度和行数，不用按 Enter 键便可自动换行，如图 3－31 所示。

文字属性栏中包含了文字大小、颜色、字体等选项，通过对文字属性栏中的各选项的调整，可简单编辑文字格式。如要对文字有复杂格式的调整和修改，如行距、文字样式等，需在“字符/段落面板”上来完成，如图3－32所示。

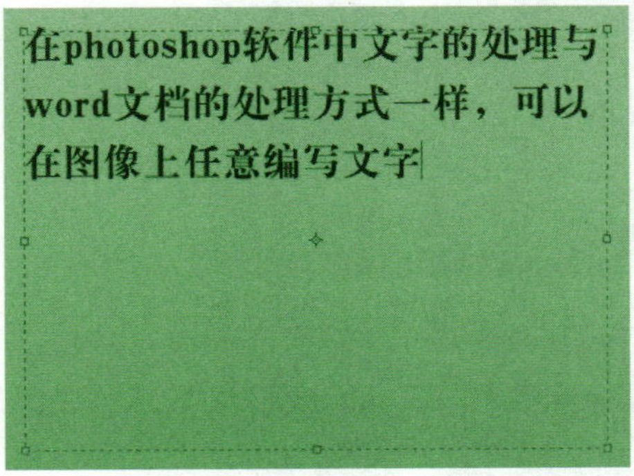

图 3－31 横排文字

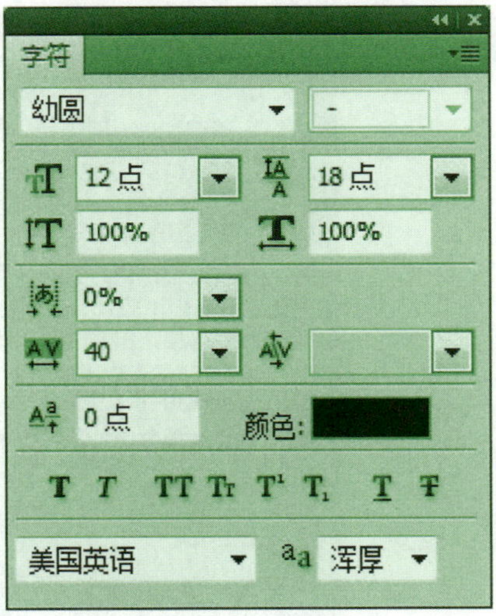

图 3－32 文字属性栏

（2）IT 直排文字工具：与横排文字工具的格式设置及使用一样，不同的是直排文字工具，输入的文字方向是上下垂直排列，在图像上单击，出现闪动光标后，输入文字即可。

（3）横排文字蒙版工具：选择该工具在图像上单击，此时图像会蒙有一层半透明的红色，出现闪动光标后，即可输入文字，完成文字编辑后，图像恢复原来色，文字变成选区，此时就不能对其文字做任何文本属性设置或修改，只能作为图像的选区对待。

（4）直排文字蒙版工具：与上述横排文字蒙版工具的使用方法相同，不同的是输入的文字完成后，出现的选区是上下垂直排列的。

2. 文字的特殊效果。在 Photoshop 软件中，文字可做弯曲变形处理，在文字属性栏中有创建文字变形的图标，可使整段文本产生弯曲变形的效果。单击，在弹出的对话框中选择要变形的样式，可根据想达到的效果来调整弯曲、水平/垂直扭曲的数值，如图 3－33 所示。在学习的过程中，可对各种变形效果进行尝试，变形后的文字可按住 Ctrl 键，对其进行放大缩小，如图 3－34 所示。

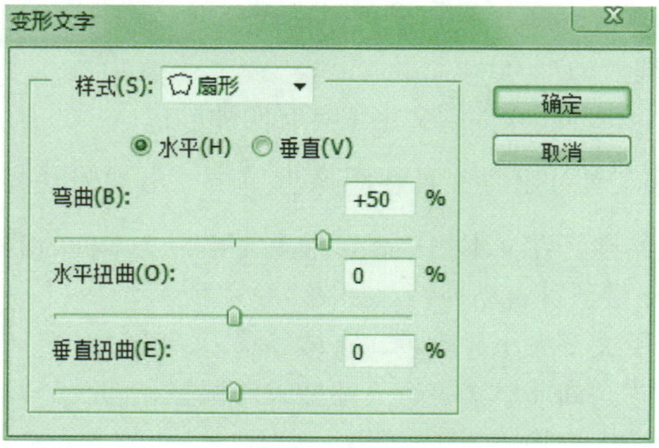

图 3－33　变形文字

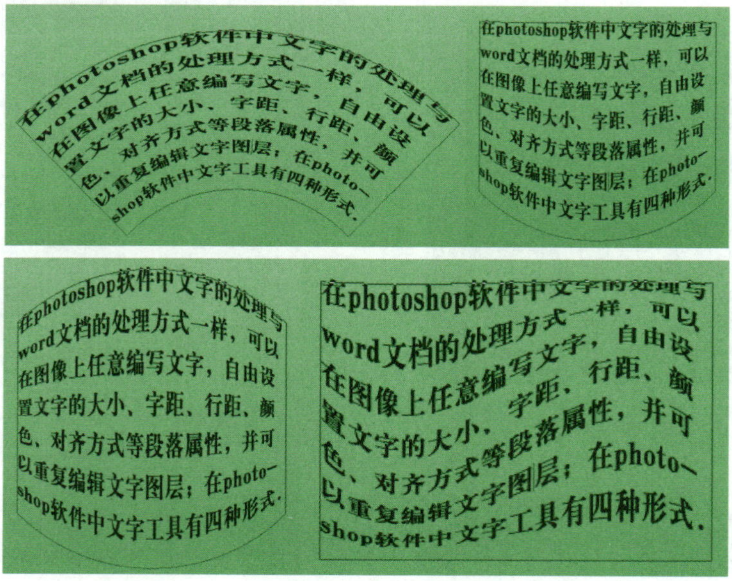

图 3－34　各种弯曲变形效果

（二）画笔工具和渐变工具的使用

1. 画笔工具。

（1）画笔笔刷的样式。在选择任何一种绘图工具或编辑工具时，其属性栏中就会有画笔的下拉列表，如图 3－35 所示。最常见的设置就是“主直径”和“硬度”，一个决定了画笔的大小，一个决定了画笔的边缘过渡效果，硬度值越大，画笔画出的笔画边缘越清晰；反之，硬度值越小，画出的图形边缘越柔和，效果如图 3－36 所示。

图 3－35　画笔属性设置

图 3－36　不同硬度值的不同效果

（2）画笔面板设置。除了对画笔属性栏的简单设置，还可以通过画笔面板对笔刷进行更为详细复杂的设置，具体操作：执行【窗口→画笔】命令后，弹出画笔面板，如图 3－37 所示。对面板左边一排的画笔预设，勾选它们，便会出现对应的不同设置选项。

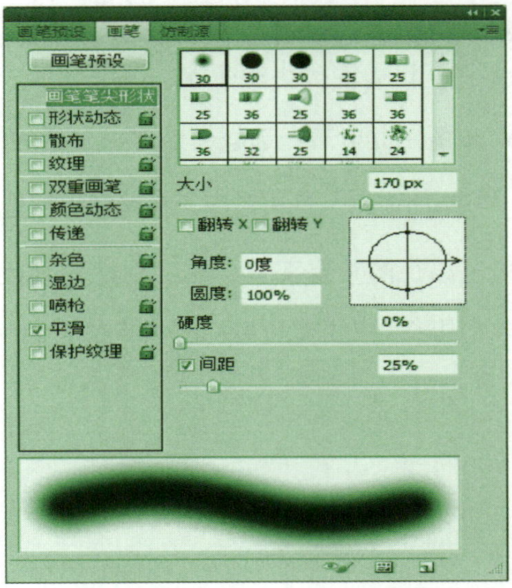

图 3－37　画笔面板

（3）自定义画笔。可以将需要的图案添加到画笔面板中。具体的操作方法很简单，将需要定义的图案用选取圈选，然后执行【编辑→定义画笔预设】命令，这样画笔面板中就会保存有我们自己定义的画笔图案。

2. 渐变工具：主要用于为选区或图像填充渐变色，在其属性栏中有五种不同的渐变方式，效果如图 3－38 所示。

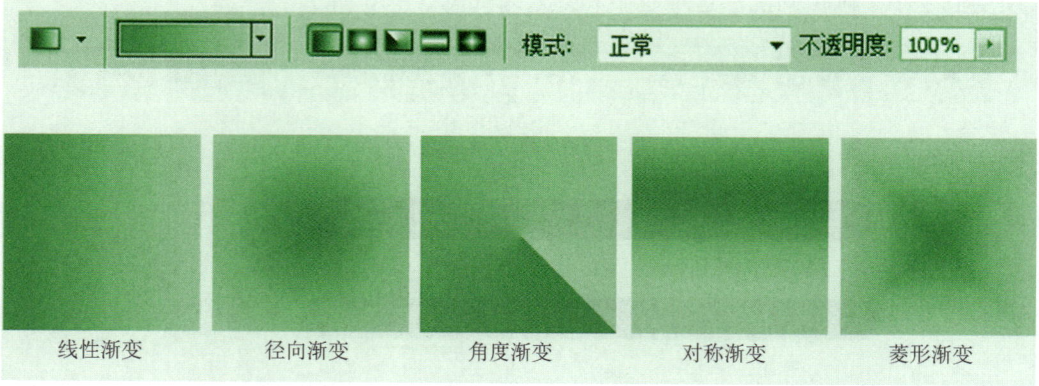

图 3－38　不同的渐变方式

（三）钢笔工具

当面对一些非常复杂的图形的选取时，就可以利用钢笔工具，建立路径，然后转换成选区，描出路径或绘制出我们想要的图形。钢笔工具一共有五个类别，分别是钢笔工具、自由钢笔工具、添加锚点工具、删除锚点工具和转换点工具。

1. 钢笔工具：可以利用钢笔工具，绘制直线、曲线和多种形状的图形。

2. 自由钢笔工具：可以自由绘制路径。如果在绘制的过程中，按住 Alt 键不放，就会绘制出直线路径；若想顺着图像的边缘建立路径，则可在其属性工具栏中勾选“磁性的”，便会像磁性套索工具一样，沿着图像边缘建立。

3. 添加锚点工具：在路径上单击点选就会创建一个新的锚点。

4. 删除锚点工具：与添加锚点工具相对应，在路径上点选一个锚点，就会将其删除。

5. 转换点工具：修整路径的重要工具，在绘制好的路径上，可对角点和平滑点进行转换，达到调整的目的。使用转换点工具可以对平滑点的控制手柄进行单边调整。

任务实施

步骤一　制作网店水印

（一）变换选区

1. 新建文件，设置大小 19×20 厘米，分辨率 72 像素/英寸，色彩模式 RGB，将背景填充为白色。

2. 打开需要添加水印的素材图片，用移动工具将其拖入到新建的文件中，调整合适的位置，选择矩形选框工具，在图像上方背景处建立选区，如图 3－39 所示，同时按住 Ctrl + T 键，向上拉伸变换选区，将空白处补足如图 3－40 所示。

图 3－39　变换选区

图 3－40　选区变换后效果

（二）在图像上输入文字

1. 选择  横排文字工具，前景色为绿色 R103G155B57，输入汉字“本色”，字体为“汉仪大宋简”，字号 41 点，前景色改为 R104G65B34 同样方法输入汉字“茶具”，字体为“汉仪大宋简”，字号 31 点，输入英文大写“BEN－SE”，字号 27 点，调整字体在同一水平线上，效果如图 3－41 所示。

2. 按住 Ctrl 键单击文字“本色”图层缩略图，建立文字选区，将画笔大小调为 1 像素，硬度值为 100%，新建图层，执行【编辑→描边】任务，隐藏“本色”文字图层，得到效果如图 3－42 所示。

图 3－41　文字效果

图 3－42　文字描边效果

3. 将画笔大小改为2像素，硬度100%，选择钢笔工具，在汉字与英文间建立直线路径，单击右键建立描边路径，选择横排文字工具，前景色为灰色，输入网店网址，调整所有文字的位置，得到效果如图3－43所示。

图3－43 最终效果图

步骤二 制作字体Logo

（一）建立径向渐变背景

1. 新建文件，设置大小30×20厘米，分辨率72像素/英寸，色彩模式RGB，背景色为白色。

2. 设置前景颜色为白色和背景颜色为（R109，G217，B253），选择渐变工具，创建一个径向渐变，从中央到边线，得到效果如图3－44所示。

图3－44 径向渐变背景

图3－45 输入文字

（二）处理文字效果

1. 选择横排文字工具，输入英文字体Sample，设定字体为“BrushScriptStd”，大小为200点，颜色为R246，G217，B253，如图3－45所示。

2. 双击字体。设置字体的混合样式，单击投影样式，更改颜色为RGB，距离为0，大小为20像素，如图3－46所示。设置内发光，改变混合模式为叠加，颜色为R246，G214，B244，图案大小为20像素，设置效果如图3－47所示。

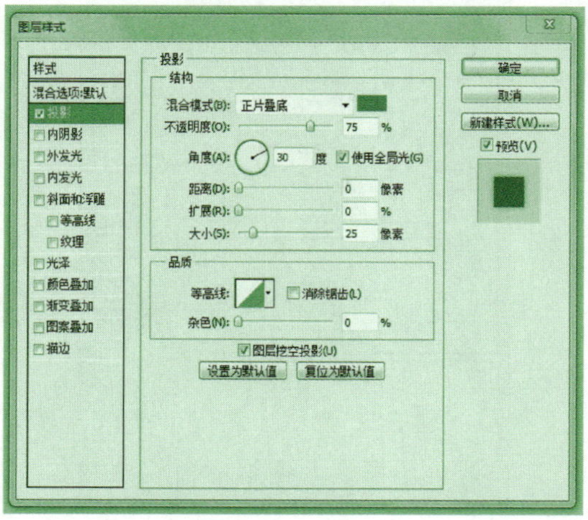

图3－46　投影样式设置

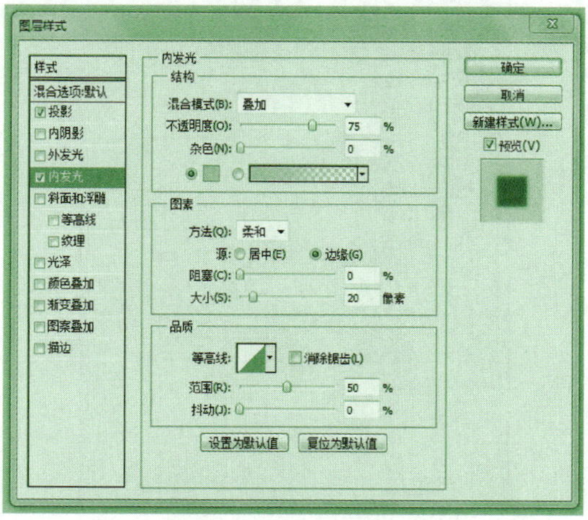

图3－47　内发光样式设置

3. 设置斜面和浮雕，样式为内斜面，深度调为735%，大小为7像素，角度改为120度，阴影模式为正片叠底，颜色改为（R140，G55，B131），设置效果如图3－48所示，字体效果如图3－49所示。

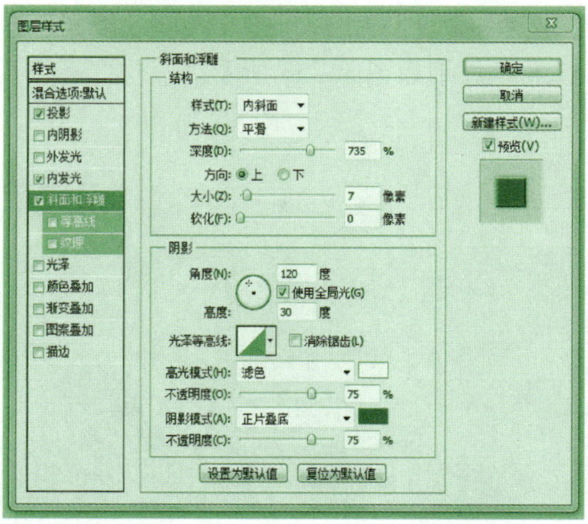

图3－48　斜面和浮雕设置

图3－49　字体效果

（三）添加花瓣图案

1. 单击画笔工具，选择叶子形状的笔刷，在画笔工具属性栏中，单击切换画笔面板，对画笔进行常规设置，如图3－50所示。首先对形状动态设置，大小抖动为100%，最小直径为0%，角度抖动为100%，圆度抖动0%，设置如图3－51所示。

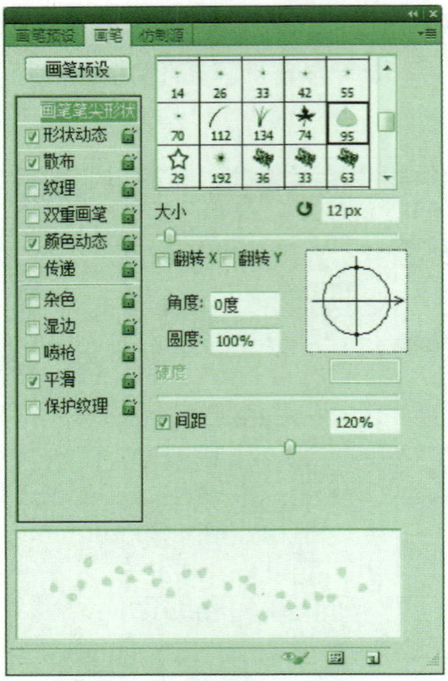

图 3－50　画笔常规设置图

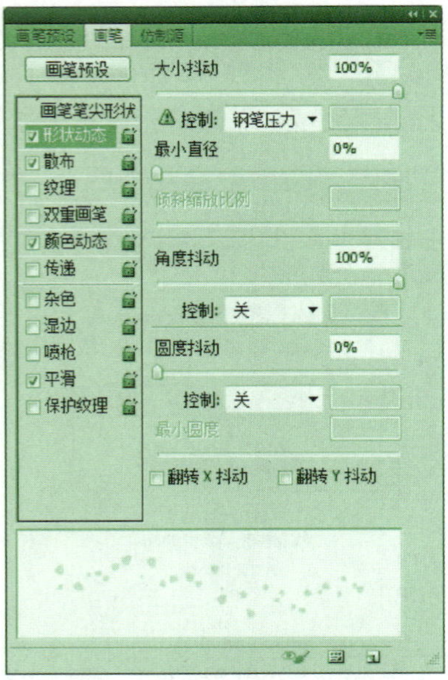

图 3－51　形状动态设置

2. 对散布进行设置，散布值调为 1000%，数量为 1，数量抖动为 0%，设置如图 3－52 所示。颜色动态设置为默认值。

3. 新建一个图层，命名为“叶子”。设置前景颜色为（R93，G142，B253）和背景颜色为（R245，G121，B66）。选择画笔工具，设置画笔大小为 185px，在“叶子”图层上拖动鼠标，将背景色置前，调小画笔大小为 120px，同样在叶子图层上拖动鼠标，使散布的叶子疏密有秩。设置图层的混合模式为正片叠底，按住 Ctrl＋J 复制叶子图层，执行【滤镜→模糊→高斯模糊】模糊半径为 2.5 像素，完成后得到最终效果如图 3－53 所示。

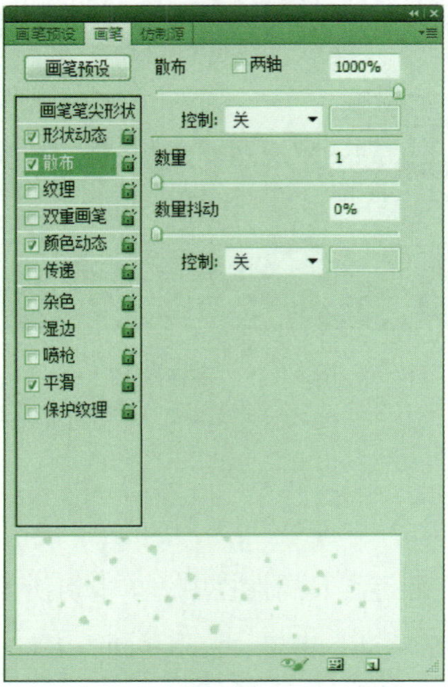

图 3－52　散布设置

图 3－53　叶子画笔

步骤三 制作店铺公告

（一）建立公告背景图形

1. 新建文件，设置大小 26×15 厘米，分辨率 72 像素/英寸，色彩模式 RGB，背景色为白色。

2. 选择自由钢笔工具，绘制如图 3－54 所示的图形，交替使用删减锚点工具或添加锚点工具、转换点工具使路径变平滑，如图 3－55 所示。

图 3－54 自由钢笔绘制图形

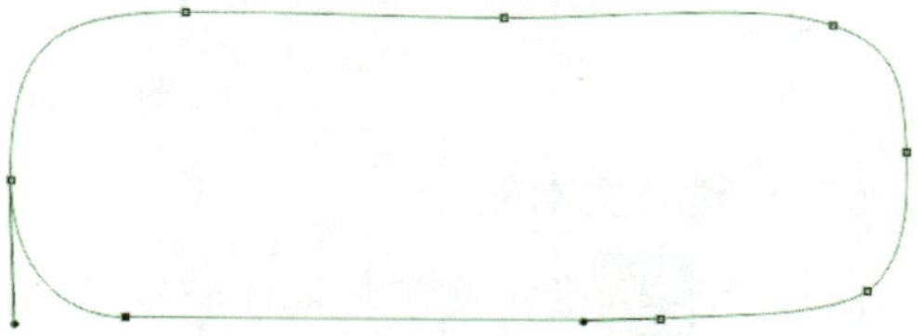

图 3－55 修整后的路径

3. 选择心形画笔工具，画笔大小设为 8 像素，间距为 271%，画笔预设设置如图 3－56 所示，选择钢笔工具，单击右键建立描边路径，得到效果如图 3－57 所示。

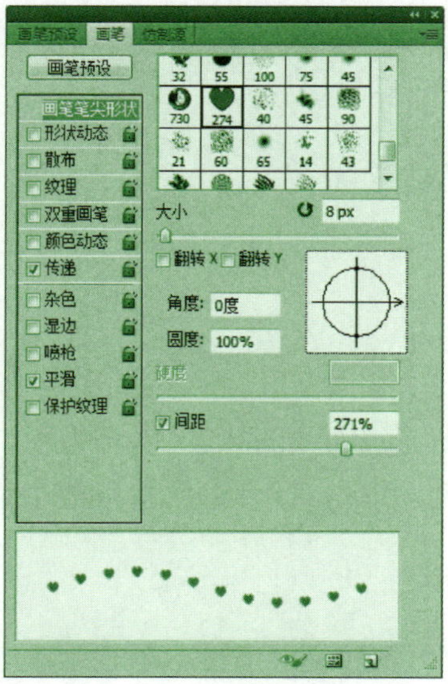

图 3－56 画笔设置参考

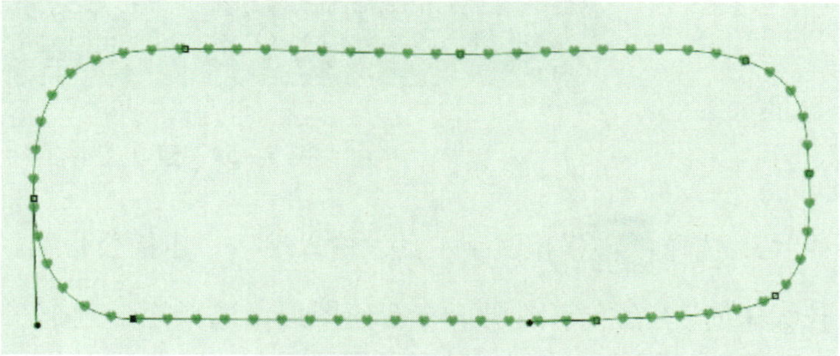

图 3－57 建立描边路径

4. 单击鼠标右键建立选区，将前景色设成淡黄色，背景色设成淡粉色，选择渐变工具，属性栏上选择“线性渐变”，新建图层，在选区内建立渐变，取消选区；调整图层顺序，按住 Ctrl＋T 自由变换，使渐变图层变大，如图 3－58 所示。

图 3 - 58 渐变图层效果

（二）建立文本框

1. 选择 T 横排文字工具，前景色变为黑色，单击鼠标的同时拖动鼠标，建立文本框，输入网店公告的相关内容，调整文本框大小和位置，如图 3 - 59 所示。

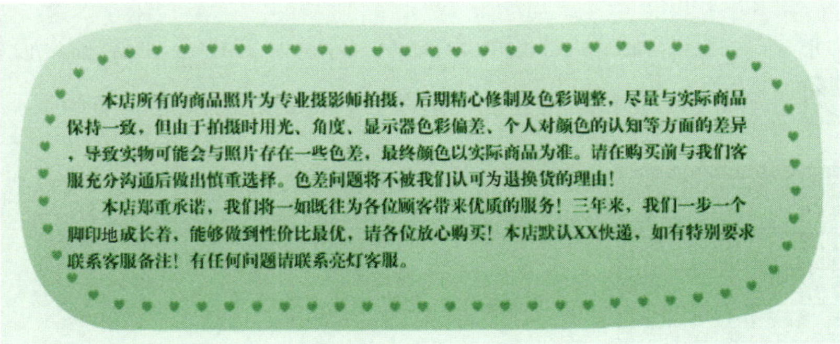
本店所有的商品照片为专业摄影师拍摄，后期精心修制及色彩调整，尽量与实际商品保持一致，但由于拍摄时用光、角度、显示器色彩偏差、个人对颜色的认知等方面的差异，导致实物可能会与照片存在一些色差，最终颜色以实际商品为准。请在购买前与我们客服充分沟通后做出慎重选择。色差问题将不被我们认可为退换货的理由！
本店郑重承诺，我们将一如既往为各位顾客带来优质的服务！三年来，我们一步一个脚印地成长着，能够做到性价比最优，请各位放心购买！本店默认XX快递，如有特别要求联系客服备注！有任何问题请联系亮灯客服。

图 3 - 59 建立文本框

2. 选择 T 横排文字工具，输入汉字“店铺公告”，字体大小 25 点，字体样式为“汉仪大宋简”。在文字图层下方新建图层，选择矩形选框工具，建立矩形选区，填充为粉红色，复制该图层，将副本移到原图层下方，填充颜色为深灰色，按住 Ctrl + T 调整其他小位置，并将透明度将为 70%，如图 3 - 60 所示。

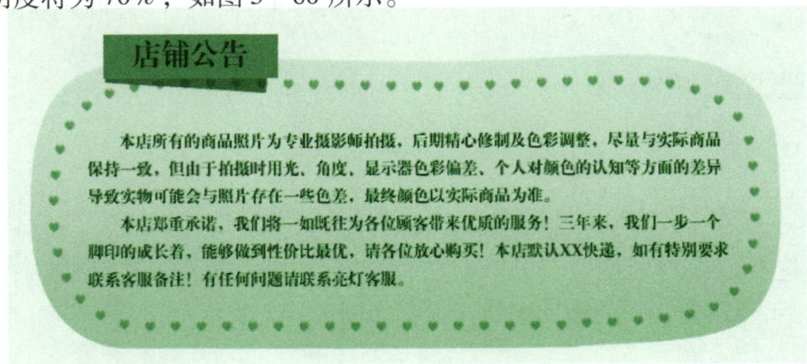
店铺公告
本店所有的商品照片为专业摄影师拍摄，后期精心修制及色彩调整，尽量与实际商品保持一致，但由于拍摄时用光、角度、显示器色彩偏差、个人对颜色的认知等方面的差异导致实物可能会与照片存在一些色差，最终颜色以实际商品为准。
本店郑重承诺，我们将一如既往为各位顾客带来优质的服务！三年来，我们一步一个脚印的成长着，能够做到性价比最优，请各位放心购买！本店默认XX快递，如有特别要求联系客服备注！有任何问题请联系亮灯客服。

图 3 - 60 制作公告牌

3. 对“店铺公告”等相关图层的位置和角度进行适当调整，打开之前搜索到的卡通人物素材，选择磁性套索工具将女孩、兔子、花朵分别选取出来，用移动工具将其拖入到店铺公告的文件中，Ctrl + T 调整各个素材的大小和位置，得到效果如图 3 - 61 所示。

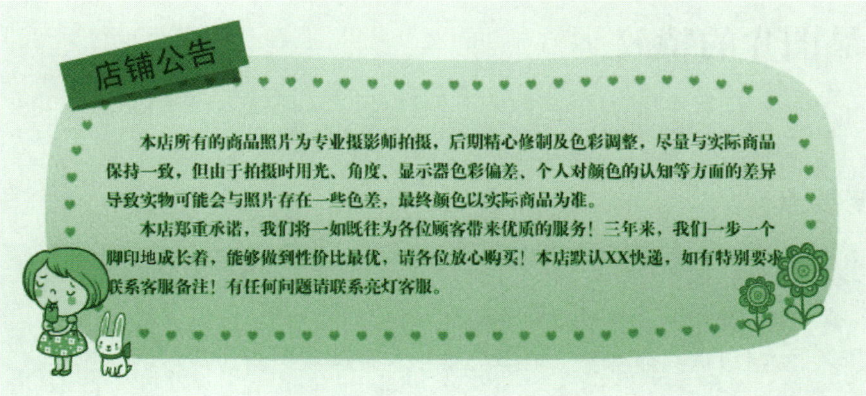
店铺公告
本店所有的商品照片为专业摄影师拍摄，后期精心修制及色彩调整，尽量与实际商品保持一致，但由于拍摄时用光、角度、显示器色彩偏差、个人对颜色的认知等方面的差异导致实物可能会与照片存在一些色差，最终颜色以实际商品为准。
本店郑重承诺，我们将一如既往为各位顾客带来优质的服务！三年来，我们一步一个脚印地成长着，能够做到性价比最优，请各位放心购买！本店默认XX快递，如有特别要求联系客服备注！有任何问题请联系亮灯客服。

图 3 - 61 最终效果图

知识链接

使用钢笔工具绘制路径时，若描绘的路径已经回到原点，当钢笔工具在原点处出现小圆圈，此时点击原点就可创建一个闭合的路径；如果想绘制开放的路径，就需在绘制的过程中按住 Ctrl 键，同时用鼠标单击画面；如果想删除一个锚点，单击选择它，再按住 Delete 键即可。

做一做

利用气球素材图片，做出如图 3 - 62 所示网页宣传的文字效果。

早春新品
2013.2.14 春天&迷醉
New Products for Early Spring

图 3 - 62 效果图

任务 5
设置商品图片的特效

任务要点

- **关 键 词：**滤镜、特效、蒙版。
- **理论要点：**掌握滤镜和蒙版等相关知识，并能够灵活运用。
- **实践要点：**能够给商品图片做出不同特殊效果。

任务情境

在学习了文字编辑和处理的相关知识以后，接下来让我们跟随张家豪一起来了解商品图片效果处理的具体操作步骤吧。

任务分析

本次任务主要是能使商品图片呈现不同的效果，为之后的网站设计奠定基础。根据学过的内容，张家豪需掌握以下几点知识：

◆蒙版的使用

◆滤镜的各个效果

知识准备

（一）蒙版相关知识

1. 蒙版。顾名思义，蒙版即是对图像进行有选择的遮挡，实现对图像部分的处理和保护。蒙版工具的作用就如同喷绘时使用的挡板，将不需要填充的部分挡住，限制色彩的喷溅。

2. 蒙版的遮挡有三种程度：黑色为完全遮挡，灰色为半透明遮挡，白色为完全透明。

（二）滤镜相关知识

Photoshop 软件中，滤镜的通俗说法就是给图片快速添加各种艺术效果的工具集合。它的功能很强大，对图像有非常神奇的作用。

滤镜特效都存在滤镜菜单中，软件自身已做好分类，可以在滤镜的功能表中找到各种滤镜特效，在每个滤镜特效中可以执行一些相关的特效指令。在这里我们简单介绍几种特殊的滤镜特效工具：液化、模糊和风格化。

1. 图像的液化。液化是修饰图像和创建艺术效果的强大工具，可使图像中的任何区域达到各种各样的液化效果。具体的操作方法是：执行【滤镜→液化】，相应的参数操作在弹出的“液化”窗口中调节，如图 3－63 所示。

图 3－63　液化设置框图

液化特效的窗口中左边是工具栏，中间是预览效果图，右边是各种选项的参数设置。工具栏中有十种工具可供使用，各自会产生不同的效果。

2. 模糊滤镜。模糊滤镜主要是使图像中的像素颜色平均化，使图像产生相对柔和的图像效果，模糊滤镜分五种效果。

（1）动感模糊：以某个方向（从 －360°至 ＋360°）和某种强度（1～999）模糊图像，物体在运动状态下的效果。

（2）模糊和进一步模糊：“模糊”可以对图像边缘过于清晰的颜色进行模糊处理，“进一步模糊”滤镜所产生的效果比“模糊”滤镜强 3～4 倍。

（3）径向模糊：对图像以旋转和缩放的方式进行模糊。

（4）高斯模糊：通过设置模糊的半径值来模糊图像。

（5）特殊模糊：对一幅图像进行精细模糊，此模糊能自动寻找图像边缘。

3. 扭曲滤镜。扭曲滤镜主要针对图像进行几何变形，创建三维或其他变形效果。

4. 风格化滤镜。“风格化”滤镜通过置换像素并且查找和增加图像中的对比度，在图像的选区上会产生一种绘画的效果或印象派的艺术风格，可以分为八种不同的风格化效果。

（三）画笔描边滤镜

“画笔描边”滤镜使用不同的画笔和油墨笔触效果产生绘画式或精美艺术的外观。一些滤镜为图像增加颗粒、绘画、杂色、边缘细节或纹理，以得到点画法效果。

任务实施

步骤一 使用蒙版制作墨镜反光效果

（一）选取镜片

1. 新建文件，设置大小 15×13 厘米，分辨率 72 像素/英寸，色彩模式 RGB，背景色填充为白色，打开墨镜素材图片，用移动工具将其拖入到新建文件中，按住 Ctrl＋T 自由变换，调整图片到合适的大小、位置。

2. 新建图层，选择钢笔工具，沿着两片镜片的边缘建立路径，如图 3－64 所示，路径闭合后，按住 Ctrl＋Enter 将路径转变为选区，再按住 Ctrl＋J 复制选区图像到新图层。

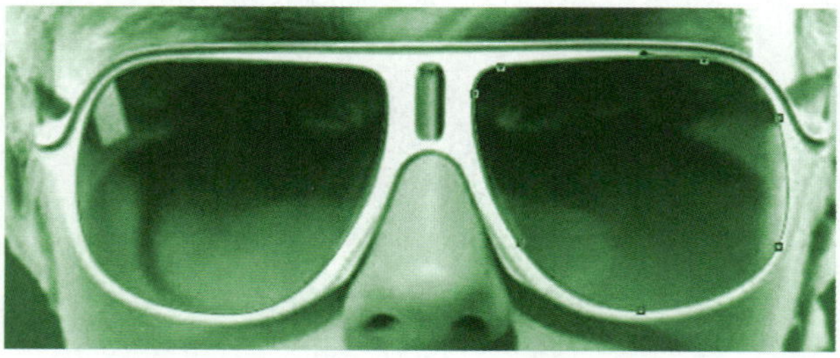

图 3－64 眼镜片边缘建立路径

（二）处理反光效果

1. 打开用作反光效果的别墅素材图片，用移动工具将其拖入到眼镜图像中，并适当缩放，调整其位置，如图 3－65 所示。

2. 选择别墅素材，单击鼠标右键，选择创建剪贴蒙版，在图层面板中将图层混合模式改为滤色，不透明度度降为 40%，得到最终如图 3－66 所示的效果。

图 3－65 素材摆放位置

图 3－66 最终效果

步骤二　使用滤镜液化修饰模特腿型

（一）拉长腿部

1. 新建文件，设置大小 8×18 厘米，分辨率 72 像素/英寸，色彩模式 RGB，背景色填充为白色，打开裤子素材图片，用移动工具将其拖入到新建文件中，按住 Ctrl + T 自由变换，调整图片到合适的大小、位置。

2. 选择矩形选框工具，选取模特腿的部分，如图 3－67 所示，按住 Ctrl + T 对选区进行自由变换，将选区拉长，效果如图 3－68 所示。

（二）利用滤镜液化修饰局部

执行【滤镜→液化】命令，选择  向前变形工具，在大腿和小腿部位向内拖动鼠标，其腿变瘦，注意液化时要使腿部边缘平滑，得到效果如图 3－69 所示。

知识链接

滤镜的使用原则：

1. 滤镜只能应用于当前的可视图层，图像中有选区时，则对选区应用。
2. 滤镜的效果可重复、连续使用，一次只能应用于一个图层上。
3. 位图、索引颜色模式是不能使用滤镜的。
4. 大部分滤镜只对 RGB 模式起作用，不适用于 GMYK、Lab、16 位模式。

图 3－67　选取图像

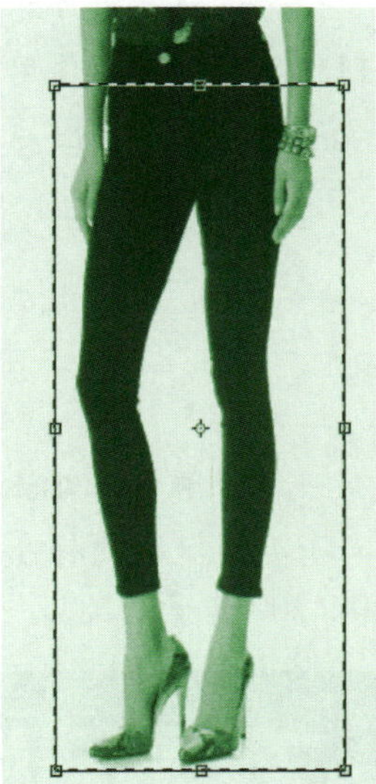

图 3－68　变换选区图像

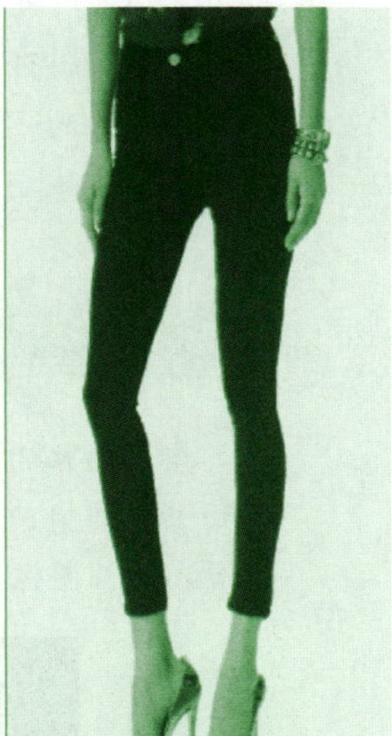

图 3－69　拉长后效果

做一做

仿照效果图，如图 3－70 所示，利用滤镜（液化等）以及色彩调整等相关知识，调整普通人像照片的亮度对比，并将人像的腰变细，眼睛变大，腿变细。

图 3－70 效果图

项目小结

本项目在对网站的需求和总体设计规划的学习基础上，对网站素材的搜集以及商品照片的处理等多个方面进行的详细的介绍。主要包括网站素材图片的瑕疵修整、网站素材图片的色彩处理、网站字体的编排和设计、网站素材的各种效果的设计，并通过各种相关案例，讲述了网站图片处理的各种方法和步骤，这些相关知识对后续网站设计和制作起到指导和参考的作用。

本项目的重点内容是学习网站上商品图片和文字的处理修整方法，为后面的网站设计奠定基础。

实战强化

在对图片的处理方法有一定了解的基础上，我们综合运用 Photoshop 软件的一些知识，利用选框工具、文字工具以及图层样式等相关知识，制作如图 3－86 所示的 banner，图像大小为 540×200 像素，为下一章的网站制作打好基础。

图 3－86 Banner 效果图

思考与练习

一、填空题

1. 在使用 Photoshop 软件中的魔术棒工具时，需要对选项“容差”进行设置，其取值在__________之间，数值越大，表示可允许的相邻像素之间的相似度越小，选择的范围就越大；反之，范围就越小。

2. Photoshop 软件中的各种抠图工具中，__________工具是用于对图片进行自由裁切或按固定比例裁切。

3. 索引色模式是网页上和动画中常用的图像模式，当彩色图像转换为索引色模式图像后变成近__________种颜色。

4. 用磁性套索工具创建图像选区时可能会出现许多小节点，如果图像边缘模糊不清或颜色太相近时，有些节点就不能按正确的图像边缘行走，这时，可按住__________键删除，点一下节点删除一个，若想全部删除节点，按住__________键退出即可完成。

5. 钢笔工具一共有五个类别，分别是__________，__________，__________，__________和__________。

6. 亮度是指整个画面的__________；对比度是指图像中__________；“亮度/对比度”这个命令可以粗略调整图像的__________和__________。

7. 在选择任何一种绘图工具或编辑工具时，其属性栏中最常见的设置就是__________和__________，一个决定了画笔的大小，一个决定了画笔的边缘过渡效果，硬度值越大，画笔画出的笔画边缘越清晰，反之，硬度值越小，画出的图形边缘越柔和。

8. 使用钢笔工具绘制路径时，若描绘的路径已经回到原点，当钢笔工具在原点处出现__________，此时点击原点就可创建一个闭合的路径；如果想绘制开放的路径，就需在绘制的过程中按住__________键，同时用鼠标单击画面。

9. 滤镜的使用原则中，__________和__________是不能使用滤镜的。

10. 大部分滤镜只对__________模式起作用，不适用于 GMYK、Lab、16 位模式。

二、简答题

1. 简述搜集商品图片的方法。
2. 如何利用 Photoshop 软件对采集到的素材图片进行抠图处理？
3. 如何利用 Photoshop 软件给人物素材图片去红眼、去皱纹？
4. 什么是图像的色彩模式？在 Photoshop 软件中常用的色彩模式有哪几种？
5. 简述 Photoshop 软件中的滤镜和蒙版工具功能。

项目四

4 网页广告的设计与制作

网页广告就是在网页上投放的广告。与传统传播媒体广告及户外广告相比，网页广告具有得天独厚的优势，是实施现代营销媒体战略的重要部分。网页是一个全新的广告媒体，速度快、效果又理想，是中小企业宣传企业、推广产品的很好途径。

知识目标：

☐ 能理解网页广告的分类及设计方法

☐ 能描述网站 Logo 及 Banner 的设计原理和规范

☐ 能够描述网页中其他元素的设计规范

技能目标：

☐ 能针对不同网站需求，利用 Photoshop 软件设计、制作 Logo和 Banner

☐ 能够根据客户需求制作其他类型广告

任务 1
设计与制作 Logo

任务要点

- ◆ **关 键 词：** Logo。
- ◆ **理论要点：** 理解网站 Logo 设计的重要性及作用，理解网站 Logo 设计的规范与流程。
- ◆ **实践要点：** 熟悉网站 Logo 设计的操作步骤并能根据客户要求设计并制作网站 Logo。

任务情境

张家豪开始正式着手于网页广告的设计与制作，第一步就是为他的网站设计一个尺寸规范、设计精美，与网站的主题和风格相吻合，既能给网站起到代表宣传的作用又能在众多 Logo 中脱颖而出的网站 Logo。

任务分析

本任务主要包括以下要点：

◆了解 Logo 的概念

◆Logo 的设计原则

◆Logo 的设计形式

◆色彩搭配

知识准备

（一）认识 Logo

Logo 是徽标或者商标的英文说法，对其所代表的公司有识别和推广的作用，网站 Logo 是代表一个网站或网站的一个板块的标志，主要用于与各类网站进行链接或是让其他网站链接。简单地说，Logo 就同企业商标或企业形象标志一样。

作为网站的品牌标识，Logo 首先要与众不同。在一个布满各种 Logo 的友情链接网页中，Logo 的作用就更容易体现出来。此外，Logo 需要在很多场合代言这个网站的品牌。

（二）网站 Logo 的规格

为了便于网络上信息的传播，便于不同的网站使用 Logo 互相制作友情链接，对 Logo 的设计采用统一的国际标准是必要的，目前主要有四种规格：

（1）88×31 像素，互联网上最普遍的 Logo 规格。

（2）120×60 像素，用于一般大小的 Logo 规格。

（3）120×90 像素，用于大型的 Logo 规格。

（4）200×70 像素，这种规格 Logo 也已经出现。

对于网站的 Logo，最好能够设计出同一风格的四种大小不同的版本，以满足不同网站链接的使用及信息传播的需要。

（三）网站 Logo 的设计原则

1. 在大小上符合国际标准，以利于不同网站链接的采用；

2. 设计精美、独特，在一个很小的设计上体现出很高的设计水准，有自己的独到之处；

3. 色彩与网站的整体色调与内容融为一体，符合浏览网站的大多数受众的审美心理；

4. 设计元素在风格上能够体现网站的类型、内容，视觉效果强烈，容易识别，能让用户在看到这个 Logo 时马上联想到网站和网站的内容。

除了上述原则外，网站 Logo 的设计也有一些小技巧可以遵循，概括说来要注意以下几点：保持视觉舒适，讲求线条的流畅，使整体形状美观；用反差、强对比或边框等强调主题；选择恰当的字体，包括中英文的，并且字体、字号都需要反复推敲；注意留白，给人想象空间，特别适用于一些与传统文化相关的中国网站；运用色彩，因为人们对色彩的反应比对形状的反应更为敏锐和直接，更能激发情感。

任务实施

下面我们就来一起进行“爱特米诺电子”的 Logo 设计。这是一家坐落于中国国家级高新区——天津新技术产业园区的高科技企业，专注于数字化智能家居产品和智能酒店产品研发、生产。我们要根据其特色制作一个即将投入使用的 Logo。

步骤一　确定 Logo 创意

设计 Logo 的第一步是明确产品或者网页的主旨，将关键词一一列出。集思广益，开动脑筋，多出一些设计方案和文案方案。这些尝试可以草图的形式保存下来，反复推敲修改，最终从中找到一个或几个切合产品宣传要求、创意独特的方案，进行下一步制作。

鉴于爱特米诺电子的品牌形象，我们多种尝试后决定采用比较简洁的手法，不另外设计复杂的图案，主要对品牌的中英文名字进行字体设计。

颜色采用比较舒服和充满希望的绿色。

步骤二　设计网站 Logo

（一）网站 Logo 的设计形式

作为具有现代互联网特性的 Logo，在设计时应根据网站的名称、主题与内容进行创意设计。为了在较小的空间内实现所有的视觉识别功能，一般是通过特示图案及特示文字的组合，达到对网站的展示、说明，从而引导浏览者的兴趣。

网站 Logo 设计形式的组合方式一般分为如下几方面：

1. 特示图案。属于表象符号，独特、醒目的图案本身易被区分、记忆，通过隐喻、联想、概括、抽象等绘画表现方法表现被标识体，对其理念的表达概括而形象，但与被标识体关联性不够直接，受众容易记忆图案本身，但一旦建立联系，印象较深刻，对被标识体记忆相对持久。所以要求我们要设计出好看又有特色的特示图案形象，对图案 Logo 的面向推广的各种要素都把握得恰到好处。较好的设计，如被咬了一口的苹果（见图 4－1）、搜狐红色的狐狸尾巴（见图 4－2）、耐克简约的钩（见图 4－3）等。相信人们在网站上看见这些 Logo，一定会马上联想到对应的品牌。

图 4－1　苹果手机

图 4－2　搜狐

图 4－3　耐克

2. 特示文字。属于表意符号，在长期的网络传播中，产品名通常会被反复使用。将产品名用一种文字形态经过设计加以统一，涵义明确、直接，与被标识体的联系密切，易于被理解、认知，对所表达的理念也具有说明的作用。

在中国，一个完整的网站 Logo 设计，一般都应考虑至少有中英文双语的形式，要考虑中英文字的色彩、字体、比例和搭配，一般要有图案中文、图案英文、图案中英文及单独的图案、中英文的组合形式。有的还要考虑繁体、其他特定语言版本等。

比如，谷歌、网易等大型的互联网公司的网站 Logo 都采用了特示文字。谷歌使用 Catull 字体，增加了投影和阴影效果，使 Logo 有了三维的感觉，高纯度的几种颜色搭配在一起，不显杂乱，反而使人感受到活泼、愉快（见图 4－4）。

图 4－4　谷歌标志

网易作为中国的主要门户网站之一，虽然标志中也有英文，但相比黑色、方正的英文字体，显然是红色的、具有中国书法特色的繁体“网易”二字更为突出（见图 4－5）。

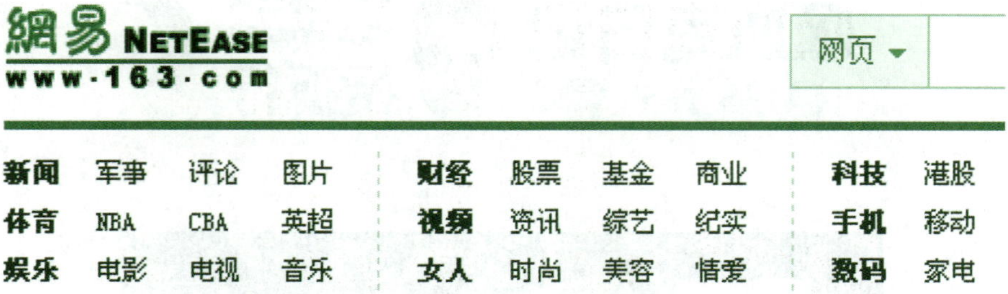

图 4－5　网易

联想品牌定位于“科技创造自由”。这个主题是通过品牌名称和 Logo 同时在文字和视像上体现出来的（见图 4－6）。整个标识采用现代“sans serit”字体，以达到设计简洁和易读的目的。大气的黑色，意味着品牌的专业。

图 4-6 联想

3. 合成文字。这是一种表象表意的综合体现，文字与图案结合的设计，兼顾文字与图案的属性，但每个设计都有所侧重。如果一定要追求两者并重，反而两者影响力都会被弱化。合成文字的综合功能有：(1) 造型后的合成文字，易于读者识别理解；(2) 比较易于给浏览者留下深刻印象并方便记忆。

"百度"这一搜索引擎巨头，名称便来自宋词"众里寻他千百度"（百度公司会议室名为青玉案，即是这首词的词牌）。而"熊掌"图标的想法来源于"猎人巡迹熊爪"的刺激，从而构成百度的搜索概念（见图 4-7）。其 Logo 简单地将中英文文字做了圆角处理，配以"熊掌"图案，显得简洁大方，一目了然。巧合的是，在搜索引擎中，大都有动物形象元素，如 Sohu 的狐、Google 的狗，而百度也顺理成章地称作了"熊"。

图 4-7 百度

(二) 网站 Logo 的色彩搭配

色彩是网站 Logo 的基本要素之一。色彩具有特殊的魅力，可以让平淡无味的东西瞬间变得漂亮起来。信息时代的网络丰富多彩。人们不仅希望通过网络获得所需要的讯息，更希望在这一过程中满足视听享受。色彩作为网页的一种视觉表述语言具有很强烈和直接的表现力。

一个优秀的网站设计作品，设计和配色必定和网站 Logo 有着呼应和联系，所以在最初的网站 Logo 设计过程中，色彩的选择和搭配就显得尤为重要。这就要求设计者不仅需要掌握基本的软件制作技术，还需要掌握造型、配色等设计艺术。

除了网站和品牌自身的特点和设计师的个人喜好外，不同的色彩有着不同的象征意义，给人的心理感受也是不同的。在进行网站 Logo 设计的时候，色彩的设计要有针对性，应该展现出品牌和网站自身的特点。为了能更好地应用色彩来设计网站 Logo，首先应该了解一下色彩的基本概念。

客观世界的色彩千变万化、各不相同，但任何色彩都有色相、明度、纯度三个方面的性质，而且当色彩间发生作用时，除以上三种基本条件外，各种色彩彼此间形成色调，并显现出自己的特性。因此，色相、明度、纯度、色调及色性这五项构成了色彩的要素。

- 色相指色彩的相貌，是区别色彩种类的名称。
- 明度即色彩的深浅差别。
- 纯度又称“饱和度”。某一纯净色加上白或黑，可降低其纯度，或趋于柔和、或趋于沉重。
- 色调指的是画面中总是由具有某种内在联系的各种色彩组成的一个完整统一的整体，形成画面色彩总的趋向。
- 色性指色彩的冷暖倾向。

了解了色彩的基本概念和要素后，对色彩的印象表现就能够更深入地去体会了。

色彩是人体第一视觉语言，具有影响人们心理、唤起人们感情的作用，更能左右人们的感情和行动，这与大部分人的经验与联想有关，人们通过与自然界和社会的接触，逐步形成色彩的概念和联想。

红色是最引人注目的色彩，具有强烈的感染力，象征热情、喜庆、幸福，也象征警觉、危险。红色色感刺激强烈，在网页色彩配合中是使用得最多的。消费者很容易把红色联想成有品位、有价值和有香甜味道的葡萄酒的颜色。同时也多使用在汽车和其他富有个性的品牌中。

小链接：

请上网查阅可口可乐的网站主页。

黄色是阳光的色彩，象征光明、希望、高贵、愉快。黄色在纯色中明度最高，与红色色系的色配合会产生辉煌富丽、热烈喜庆的效果，与蓝色色系的色配合会产生淡雅宁静、柔和清爽的效果。在 Logo 设计中，黄色一般作为小面积的配色使用，是设计师们比较小心的颜色。

蓝色是天空和大海的色彩，象征和平、安静、纯洁、理智，另一方面又有消极、冷淡、保守等意味。蓝色与红、黄等色运用得当，能构成和谐的对比调和关系。

人人网和 Facebook 是国内外两个非常有竞争力的社交网站，它们的网站 Logo 以至整个网站的主色调都是蓝色，使人感到和谐、平稳、理智和安全。同时百度和人人网都采用的是蓝色和红色的色彩搭配。

小链接：

请上网查阅人人网的网站主页。

绿色是植物色彩，象征着平静与安全。绿色和蓝色配合显得柔和宁静，和黄色配合显得明快清新。在很多行业的 Logo 中都可以使用，但如果使用得不够贴切，就容易失去特色，被淹没在网站大量信息之中。

图 4-8 是天津爱特米诺电子有限公司的官方网站，网站 Logo 单独置于网页顶部，背景大片留白，使得绿色的 Logo 也很显眼。结合网站的品牌内容，作为一个电子智能展品公司，最重要的就是安全和新颖。绿色作为 Logo 的底色块，配以白色的较纤细的文字，安全稳妥中不失活力。于整个网站之中，既引人注目又不显得太过突兀。

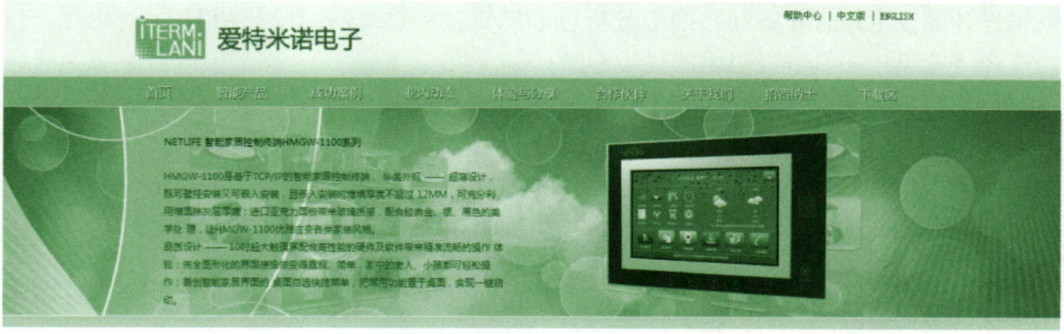

图 4-8　爱特米诺网站

小链接：

请上网查阅橙子网网站主页。

橙色是秋天收获的颜色，鲜艳的橙色比红色更为温暖、华美，是所有色彩中最温暖的色彩。橙色象征快乐、健康、勇敢。

另外很多品牌和网站喜欢在名称用带有“橙”字，同时也会喜欢用橙色作为 Logo 的主色调，同时配以橙子的图形。

紫色象征优美、高贵、尊严，另一方面又有孤独、神秘等意味。深紫色则有沉重、庄严的感觉。在网站 Logo 配色设计中紫色与红色配合显得华丽和谐，与蓝色配合显得华贵低沉，与绿色配合显得热情成熟。紫色深得女性的喜爱，许多化妆品会采用紫色、蓝紫作为 Logo 和网站的主色调。

小链接：

请上网查阅兰蔻和安娜苏的网站主页。

黑色是暗色，极度的暗，象征着力量、稳重，有时又意味着不吉祥和罪恶。在网站 Logo 设计中能和许多色彩构成良好的对比调和关系，也能用做字体的颜色，运用范围广泛。

白色是表示纯粹与洁白的色，象征纯洁、朴素、高雅等。作为非彩色的极色，白色与黑色一样，与所有的色彩构成明快的对比调和关系，与黑色相配，给人一种重量感和稳定感。在 Logo 中，其他颜色的底色，配上白色的文字或图形，也是一种常见的配色方式。

随着科技的发展，一些网站 Logo 选择做一些简单的发光效果，展现品牌科技属性的同时，也不会显得过于凌乱。

小链接：

请上网查阅 IBM 的 Logo。

设计精良的网站除了要有色调构成的整体倾向，还要有和谐统一的色彩倾向，这决定着 Logo 乃至整个网站给浏览者的第一印象。

网站 Logo 中色彩的选择搭配应该是与文字、图像、标志并重的，可以说色彩是设计不可或缺的重要部分。设计师在设计的时候要尊重科学的色彩理论，把艺术美学的规律同现代互联网设计的技术结合在一起，细心分析色彩感觉，用熟练的配色技巧对 Logo 用色进行搭配，这样才能设计出具有吸引力的优质作品。

步骤三 用 Photoshop 软件制作网站 Logo

（一）新建文件

打开 Photoshop cs5 程序，点击“文件”→“新建”按钮，出现新建窗口。

名称：网站名称。

预设：选自定。

宽度：为 200 像素，高度：为 70 像素（Logo 四个版本中的最大尺寸）。

分辨率：填 300 像素。

颜色模式：选 RGB 颜色 8 位通道（网站设计常用颜色）。

背景内容：白色。

点击“确定”按钮，Photoshop cs5 设计制作界面如图 4－9 所示。

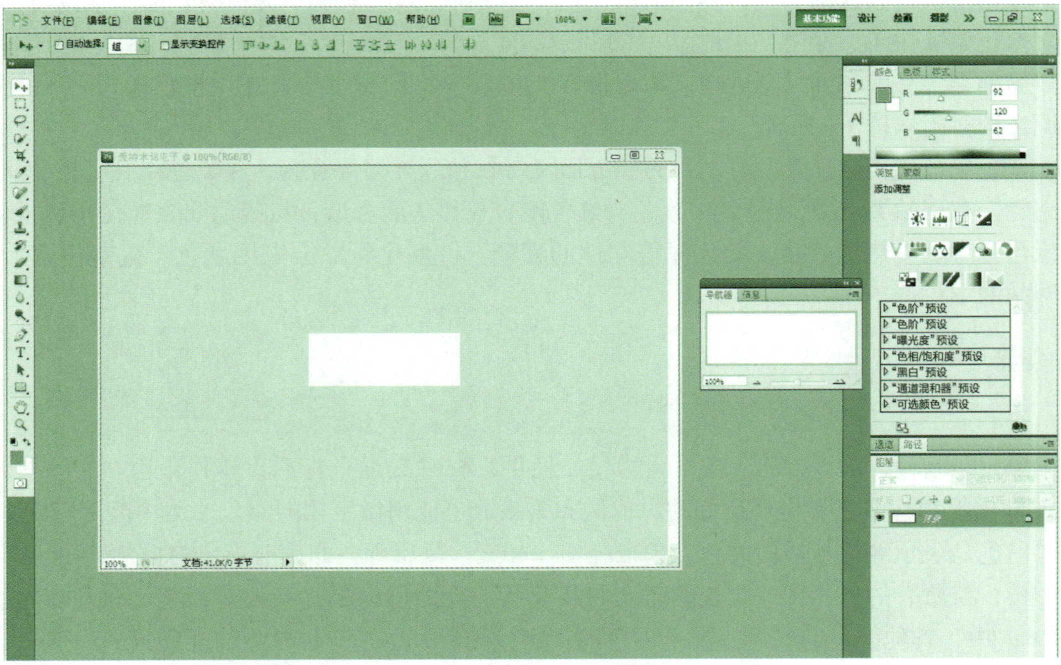

图 4－9 Photoshop cs5 设计制作界面

点击工具箱的 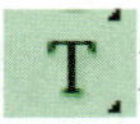 文字工具，在画布空白处分两个图层输入网站的中英文名字“爱特米诺电子”、“ITERM LANI”（见图 4－10）。

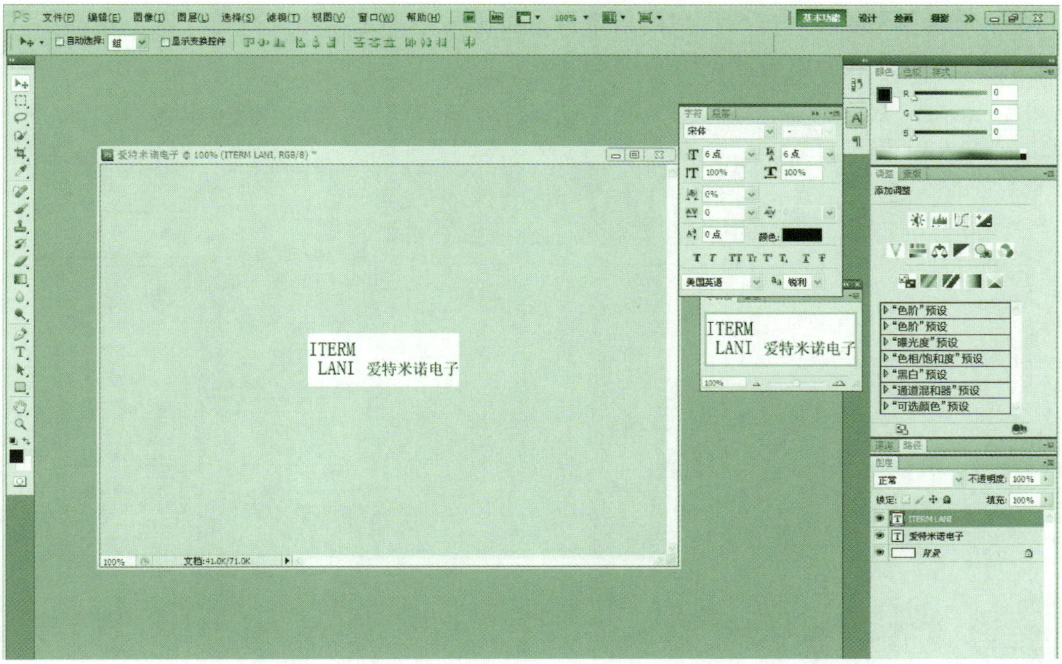

图 4－10　输入中英文名字“爱特米诺电子”、“ITERM LANI”

（二）Logo 图形制作

先将文字图层隐藏起来，新建图层设计 Logo 的图形部分。

画一个圆角矩形：把圆角半径设为 3 像素，颜色选为绿色，将形状图层命名为“绿底”（见图 4－11）。

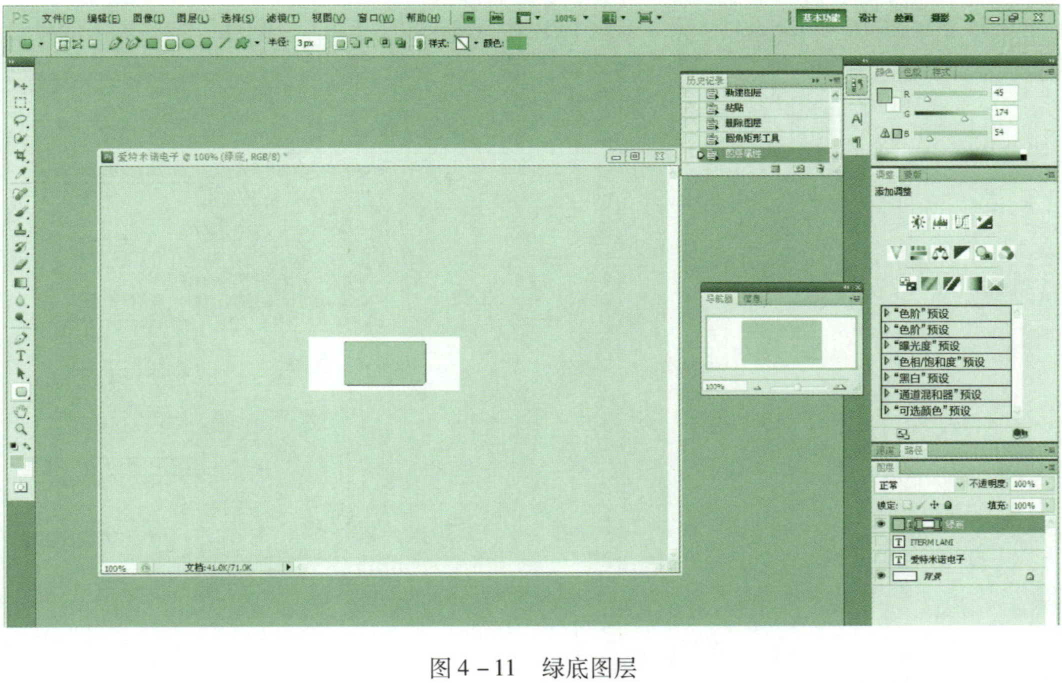

图 4－11　绿底图层

在“绿底”图层上勾出圆形和圆角矩形：将圆角矩形选区涂成白色，左上角的小圆形涂成绿色，给圆形加上白边（见图 4 – 12）。

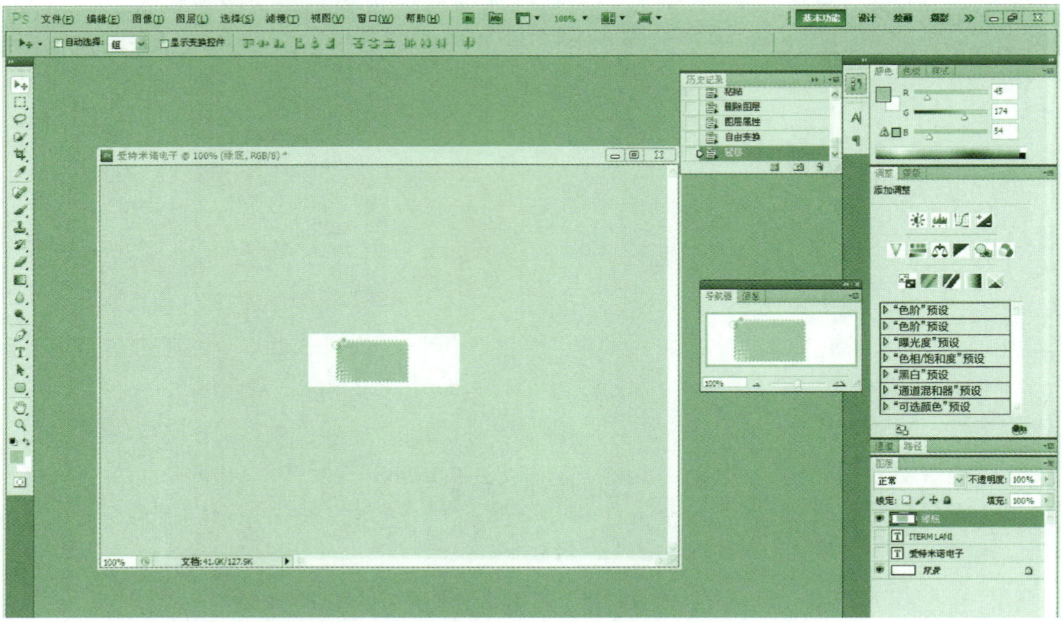

图 4 – 12　勾出圆形和圆角矩形

（三）文字设计

显示出英文文字图层：调整字体、大小、换行、颜色，字体为 Arial Rounded MT Bold，字号为 5.5 点，正好置于绿底中。颜色为白色，在绿底中也很醒目（见图 4 – 13）。

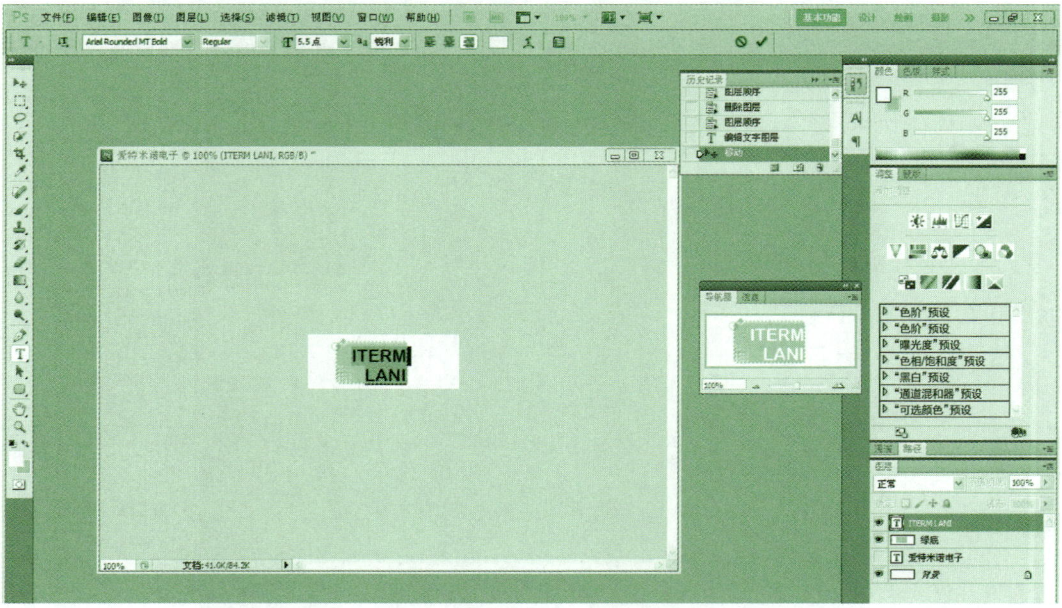

图 4 – 13　调整英文图层字体、大小、换行、颜色

调整图案的大小：显示出中文文字图层，调整字体、大小、换行、颜色，字号为4.5点，颜色为黑色，字体为比较纤细又不失圆润的幼圆（见图4－14所示）。

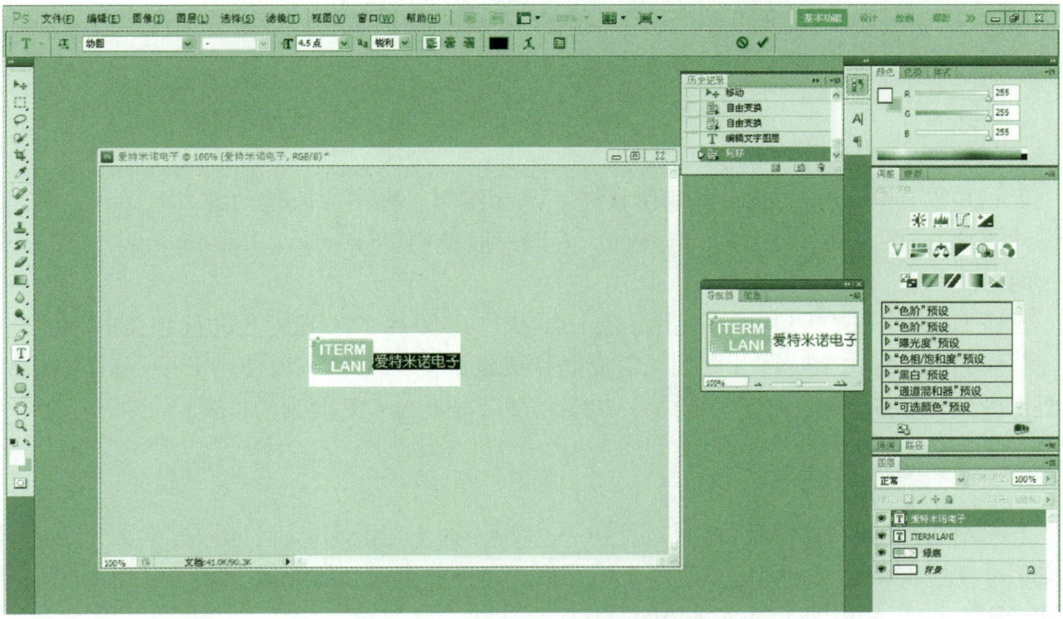

图4－14　调整中文图层字体、大小、换行、颜色

（四）文件存储

细微调整后，即可保存图形→菜单文件→存储为→jpg格式（见图4－15）。

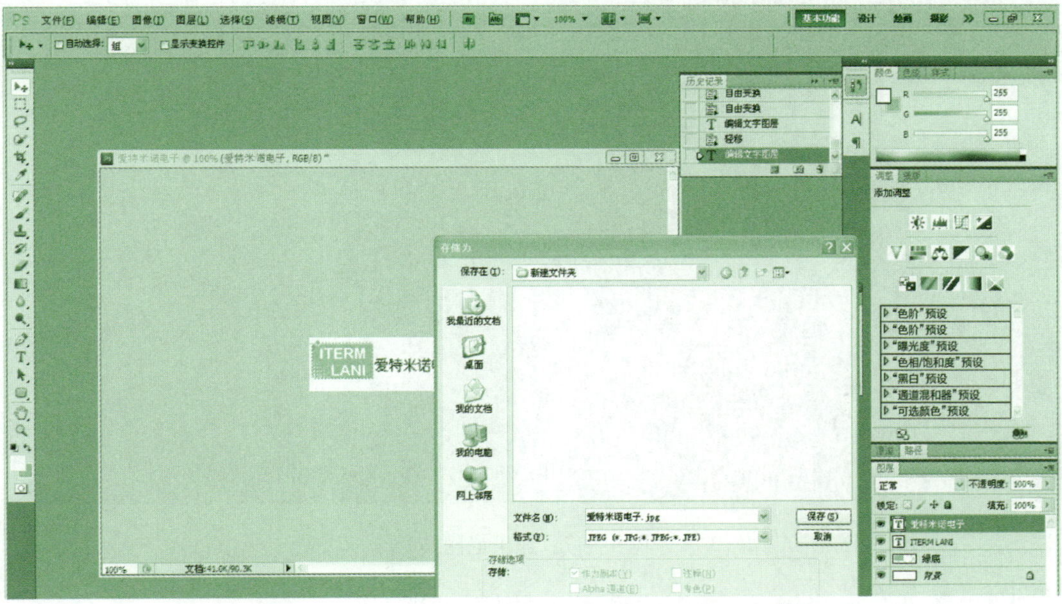

图4－15　存储

最终效果如图 4 – 16 所示。

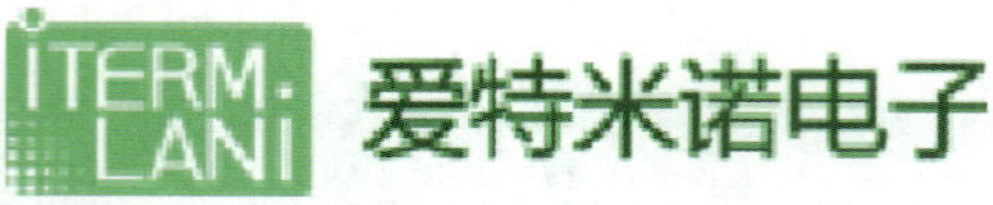

图 4 – 16　最终效果图

（五）网站 Logo 的输出格式

现在并没有统一标准的 Logo 制作软件。Logo 作为一种图片或是动画 GIF 图片，凡是可以设计图片的软件都可以用来制作 Logo。人们一般使用 Photoshop、Illustrator 或是 Fireworks 设计网站的 Logo。

制作 Logo 的步骤就是设计一张符合 Logo 大小的图片，在图片上进行相关的创意与设计，制作完成后导出 JPG 图片。如果需要制作成动画的 Logo，可以使用 Fireworks 进行多状态图片设计，分别设计出动画中的每一状态。最后导出为 GIF 动画的格式。

步骤四　著名网站 Logo 赏析

下图是迪士尼网站的跳转界面（见图 4 – 17）。迪士尼的 Logo 就是它的英文“Disney”，英文字母经过重新设计，偏向于手写字体，俏皮可爱，页面中的地球上嵌入“Disney”的首字母“D”，也正是说明了该品牌和该网站的全球性。

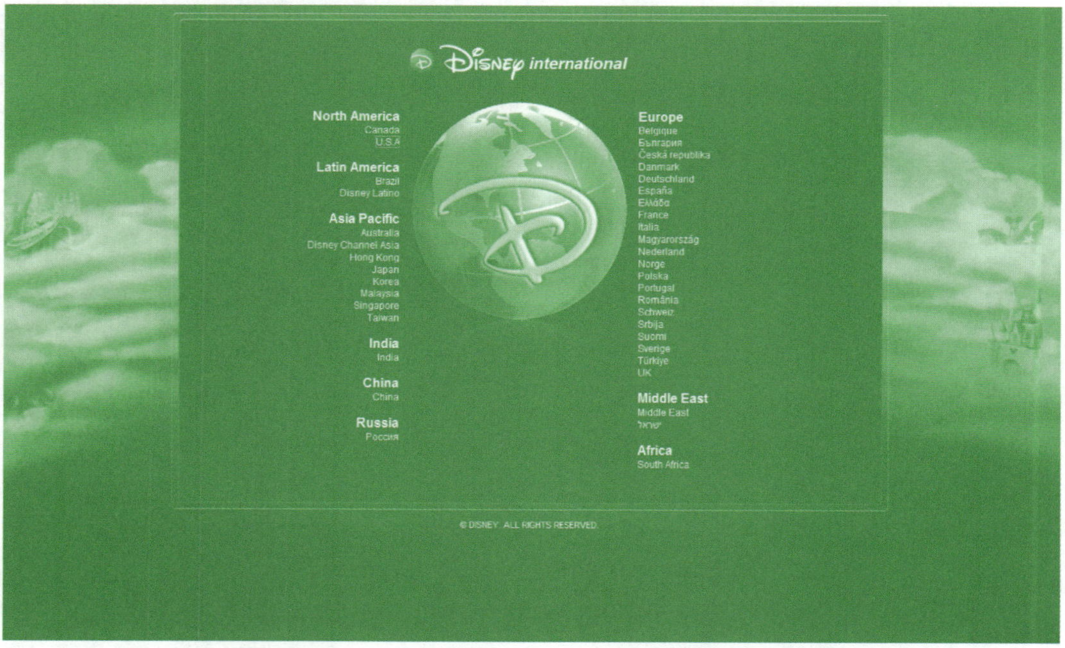

图 4 – 17　迪士尼网站

现行的苹果 Logo 经历了一系列的改动（见图 4 – 18）。

图 4－18　苹果 Logo

最初的为牛顿坐在苹果树下看书的钢笔绘画。不过，这个徽标用了很短的时间，显然该徽标过于复杂，不易复制传播。

于是，开始出现了一个苹果的黑白剪影，在简化苹果的形状后，又在一侧被咬了一口(taking a bite)——a byte（一个字节）。而后，设计师增加了六条彩色的、水平色条，这样就完成了我们今天所熟知的彩色苹果徽标。这个 Logo 一直使用至 1998 年，在 iMac 发布时作出修改，变更为单色系列。2007 年再次变更为金属带有阴影的银灰色，使用至今（见图 4－19）。

图 4－19　现在的苹果 Logo

目前的官方网站也采用与 Logo 相同的风格，黑白灰为主，加入金属质感，增加现代科技感。

护肤品著名品牌雅诗兰黛的 Logo 是首字母 E、L 的变形，整个 Logo 看一起来像一只花朵，曲线优美，充满了女性的雍容华美（见图 4 - 20 所示）。Estee Lauder 简单采用了纤细的 Optima Roman 字体，选用“兰黛的蓝色”作为品牌的标志颜色。

这是很多顶级的奢侈品品牌，尤其是国外的一些女性用品顶级品牌，在网站中常采用的手法。根据网站设计的需要，只保留 Logo 的一部分，防止为了部分而影响整体感（见图 4 - 21）。

图 4 - 20　雅诗兰黛 Logo

图 4 - 21　雅诗兰黛网站

路易威登也同样采用了只出现文字的方式，为了防止 Logo 的识别被其他信息干扰，页面上没有出现过多的信息（见图 4 - 22）。

图 4 - 22　路易威登

香奈儿更是只出现了标志性的双 C Logo（见图 4－23）。

图 4－23　香奈儿

任务 2
设计与制作 Banner

任务要点

- **关　键　词**：Banner。
- **理论要点**：理解什么是 Banner，理解其设计的重要性及设计标准，理解静态 Banner 和动态 Banner 设计的规范与流程。
- **实践要点**：根据客户要求进行 Banner 设计制作。

任务情境

在为自己的网站设计了一个精美、有创意的 Logo 后，张家豪在一些资料的查阅和向专业人士的请教后，开始尝试 Banner 的设计与制作。

任务分析

本任务主要是了解 Banner 相较于其他广告形式的优势及设计规范，并根据客户的需要设计出富有视觉效果的 Banner。

知识准备

Banner 主要指网站页面中的横幅广告，常常放置在网站的首页上，用来显示网站中最重要的内容或需要重点突出的内容，尤其具有独特的个性要素。

（一）Banner 相较于其他广告形式的优势

1. 互动性强。互动性是 Banner 的本质特征，互动的概念即为“人—机—人”式的直接沟通，Banner 的传播既具有人与人之间传播的直接性特点，又具有大众传播的广泛性特点，是一种全球范围的直接交往形式。

大众汽车率先采用了先进的后视摄像头技术，当倒车的时候让你充分了解车后发生的状况。为了说明这一点，设计公司创作了一则非常有创意的互动 Banner，当浏览者点击 Banner 后，大众车倒出了广告画面，而且继续倒回到用户原先访问的页面。

广告语：后视摄像头，让你清楚地知道后面是什么（见图 4－24）。

Rear-view camera,
always aware
of what's behind you
Click to
reverse
Surrounded
by innovations
Ryggekamera gir deg
full oversikt bakover.

图 4－24　大众汽车

2. 受众明确，针对性强。Banner 的目标受众明确。点击广告的人即为对网站的产品或服务有兴趣的人，因此可以将其直接定位为有可能购买的用户，并可以为不同的受众推出不同的广告内容。

例如，同样是电子商务网站首页上有关新年促销的 Banner，淘宝网上的促销标题是“奢侈品过大年——全场 2 折起”，一屏 Banner 广告上除了大红的色彩、喜庆的图案，主要产品图片是国际一线品牌的包、墨镜等奢侈品（见图 4－25），点击者大多数是年龄在 18～40 岁之间的年轻爱美又有一定购买能力的女性消费者，Banner 设计符合目标受众的审美偏好。另一个著名电子商务网站京东商城主页上的 Banner 则是“你拍五 我拍五——大年初五 一齐火拼 LOL”，因为网站主营电子产品，Banner 上的产品图片主要是平板电脑、相机和耳机等电子产品图（见图 4－26），点击者就基本是喜爱并关注电子产品的消费者。

图 4－25　淘宝网促销 Banner

图 4－26　京东促销 Banner

3. 受众数量可准确统计。在网络上就可通过访客流量统计，精确计算出每个 Banner 被多少个用户点击过，还可以知道这些用户查阅的时间分布和地域分布，效果易体现，客户群体清晰易辨，广告行为收益也能准确计量。

4. 灵活性强，成本低。在互联网上做广告，能按照需要及时变更广告内容，且变更成本低廉，相对更加灵活，成效更为显著。

5. 市场推广时间跨度缩短。Banner 可以明确体现网站的中心意旨，形象鲜明表达最主要的情感思想，与访问者产生互动效果，锁定目标受众，低成本、快速地向访问者展示网站商品或服务，Banner 往往在进行商品或服务宣传方面起到决定性的作用。

（二）Banner 的设计尺寸

Internet Advertising Bureau（IAB，国际广告局）和 Coalition for Advertising Supported Informatiln and Entertainment（CASIE，广告支持信息和娱乐联合会）联合推出了一系列网络广告宣传物的标准尺寸。这些尺寸作为建议，提供给广告生产者和消费者。现在网站上的广告几乎都遵循 IAC/CASIE 标准。

1997 年第一次标准公布如表 4－1 所示。

表 4－1

	尺寸（像素）	名称
1	468×60	全尺寸 Banner
2	392×72	全尺寸带导航条 Banner
3	234×60	半尺寸 Banner
4	125×125	方形按钮
5	120×90	按钮#1 或小图标
6	120×60	按钮#2 或小图标
7	88×31	小按钮或 Banner
8	120×240	垂直 Banner

2001 年第二次标准公布如表 4－2 所示。

表 4－2

	尺寸（像素）	名称
1	120×600	"摩天大楼"形
2	160×600	宽"摩天大楼"形
3	180×150	长方形
4	300×250	中级长方形
5	336×280	大长方形
6	240×400	竖长方形
7	250×250	"正方形弹出式"广告

注：IAB 将不再支持 1997 年第一次公布标准中的 392×72 形。

现在随着大屏幕显示器的出现，Banner 的表现尺寸越来越大，760×70、1000×70 像素以及更大尺寸的 Banner 也屡见不鲜。Banner 的尺寸还是要看投放网站中规划出的广告位的大小。

任务实施

由于目前网络上发布的静态 Banner 相对更多，我们现在针对电子商务网站上应用较多的静态 Banner 的设计实例，进行详细的步骤分析。

步骤一　了解 Banner 的设计原则和规范

（一）Banner 的设计原则

Banner 设计的一般要求是：

● 提前与投放网站沟通好，使 Banner 的尺寸、大小符合标准，以便于在网站上能直接上线投放。

● 以内容为主，产品推荐类的 Banner，必须以产品、折扣等信息为主；事件营销类 Banner，需突出事件主题，配合活动进行有创意设计。

● 主题明确，弱化辅助内容。切记不可喧宾夺主，使 Banner 看起来混乱。不能出现与主题无关，没有实际含义的图片、场景等辅助元素。

- Banner 所传播的经济信息要真实。文案内容要真实体现广告内容，不能虚夸，更不能伪造虚构，或以歧义的文案误导引诱用户。
- Banner 设计制作中要运用美学原理，给人以美的享受。注重统一性，Banner 需结合所在的网页设计而设计，与周边环境、整体设计风格一致，保持整体的统一。

（二）Banner 的设计规范

1. 文案。标题文案必须真实准确，切中主旨。在网络的海量信息中，Banner 上的标题要想引发浏览者的兴趣，首先必须简单明了、通俗易懂。标题最好是押韵或琅琅上口，可以是匠心独运的谐音、成语、俚语，贴近生活，使访问者看到标题马上能够了解网站的商品或服务。其次，在语言表达上使用的文字能够引起访问者的好奇和兴趣，可以是召唤性的，如“点击即可获优惠券”；也可以是时间性或有优惠力度的，如“最后三天”“满 400 减 120”（见图 4－27）之类的词语。这种看起来通俗、直接的词语往往可以使 Banner 更具吸引力，能轻易地吸引消费受众的注意，提高 Banner 的点击率。

图 4－27　优惠力度广告语

如果 Banner 的文案和点击后下一层网页中的文案编撰得不好，很有可能使浏览者完全不想点击。因此，在编辑文案时应注意以下两点：首先，通常在 Banner 中尽量少用大段的文字，尤其是在小尺寸的 Banner 中。详细的文字信息一般放在第二层网页上，第二层网页上信息要完备，应包含 Banner 中产品或服务的详细信息，如当前的活动优惠力度、重点推荐的商品、完善的售后服务方式等。当人们在看这个设计时能和平常生活联系起来，产生共鸣的才是好的设计。其次，正文的设计不要太深，一般不超过三层，因为访问者没有耐心一层层点击进去。

2. 字体。随着网络信息的大量增加，网络中 Banner 的竞争也越发激烈，对字体的要求也开始变高。可以选择合适的字体加以再设计，甚至可以只设计某些文字或局部，只要能传递需求的服务和商品特征即可，这也是平面设计中字体设计的关键所在（见图 4－28）。

图 4－28　字体设计

字体在 Banner 里逐渐被人们重视，设计师对字体的选择或是对字体的应用直接影响了整个网页的视觉效果。相对更加适合某一主题的字体，其感染力可以是巨大的。设计师要运用创新的观念去表现字体的时代性，设计和组合上都要带给其他人或亲和力，或震撼力。

Banner 上的文字力求清晰、醒目，对于一些标题性的文字常使用笔画相对较粗的字体，如方正粗黑简体、微软雅黑等。一般的文字在排列上视文字多少及版面效果选择字体和排列行距与间距，在一些效果特殊的 Banner 上文字可以自行设计排列形态。

当 Banner 中呈现一些动态效果时，需要注意的是，如果一味追求特效形式，而忽略主题的表现，令观者只觉得很花哨、突兀，Banner 的动态效果反而有可能是画蛇添足。

3. 色彩。Banner 的色彩要明亮干净，要与整个网页相协调。例如，Tiffany&Co 的中国官方网站，因为品牌包装特有的“蒂凡尼蓝”深入人心，所以整个网站主色调都是这种浅蓝色。Banner 的背景色自然也是大面积的“蒂凡尼蓝”，与网站处于一个页面上显得非常和谐、舒服（见图 4－29）。

图 4－29　蒂凡尼

对于 Banner 来说，色彩应该是比较能吸引眼球的元素，尤其是大面积的色块。过度耀眼的色彩是不可取的，营造愉悦、舒服的感观很重要。图 4－30 中采用了大面积的红色作为背景搭配黄色的标题文字，但降低了红色的纯度，并尽可能删减了多余的细节信息，使得整个页面的色彩看起来鲜艳活泼但又比较干净。

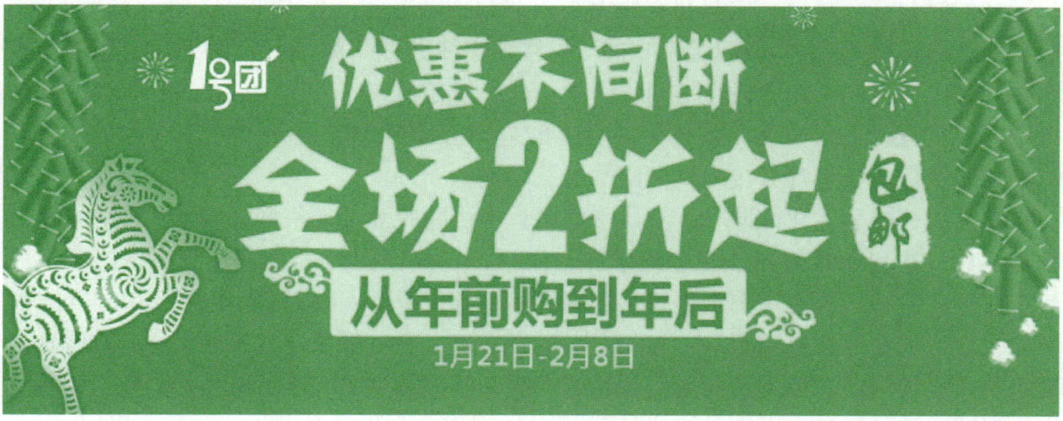

图 4－30 红色背景 Banner

很多时候，Banner 的主题将直接决定其色彩，如图 4－31 中名为“青红巴蜀”的 Banner 色彩就采用了一半青色一半红色，红色正好又和导航条的颜色相似，颜色虽明艳，但配上有所关联的文案，有趣的图案，中国风的设计风格，也足够引起浏览者的兴趣（见图 4－31）。

图 4－31 青红巴蜀

4. 图片。Banner 设计除了文字的设计以外，合适的图案也是非常重要的。研究表明，当同一个图片放置一段时间以后，点击率开始下降，所以更换图片保持新鲜感是吸引访客的一个好办法。

与平面杂志和户外媒体宣传不同，Banner 的显示尺寸非常有限，摆放太多产品，则所有产品的图片会被压缩得看不出优劣，视觉效果大打折扣，也无法有效吸引访问者点击。所以，产品图片不是越多越好，关键是易于识别。Banner 的图片选择要注意两点：一是图片质量不需很高。因为网络图片一般只显示于计算机的显示器上，即使图片的分辨率很高，颜色深度很大，我们的肉眼也经常无法把它和一幅普通图片区分开来。一般来说，分辨率72dpi，是大多数图片的最佳选择。二是图片和最后做完的文件都要尽量小。网络页面的图片用于网络的传输，受到带宽的限制，其文件尺寸在一定范围内越小越好。文件的长度越小，下载的时间就会越短。控制网页的大小，节约带宽，使广告点击后，网页能立刻呈现。按照国际著名机构 ZonaResearch's 发现的“8 秒钟定律”——如果网页的下载时间不能保证在 8 秒钟以内，访问者就会放弃访问。

Banner 的设计不仅要视觉效果好，更多的应该强调其趣味性与创意。图片的动作、位置、面积、数量、质量等直接影响到网站的互动性。

在图片的选择和优化的同时，就像平面设计中讲究版式设计一样，应考虑图片在整体中的编排摆放，达到和谐整齐。要达到这样的效果，在页面图片的合理选用时，一要注意悦目。二要注意统一。很多用户觉得提供的图文信息都很重要，都要求突出显示，结果却忽略了区分主次。三要注意突出重点，在相对小的页面里，想一下子夺人眼球，必须结合产品特性确定重点宣传内容，放大访问者所关注的产品和服务信息，缩小不必要的信息，使画面主次对比鲜明。四是要注意图文的视觉流程，在处理文字和图片编排时，要做到在 Banner 有限的空间内做好各种信息的平衡和协调非常重要。以图 4 - 32 为例，作为一个家纺网站中的广告，Banner 中选择了几乎白色的背景图，与家纺的颜色浑然天成，看起来完全就是一个干净、舒适的床铺，妈妈和宝宝愉快地躺在床上，文字的大小和颜色恰如其分，完全贴合了文案“精致 & 温馨”的意境（见图 4 - 32）。

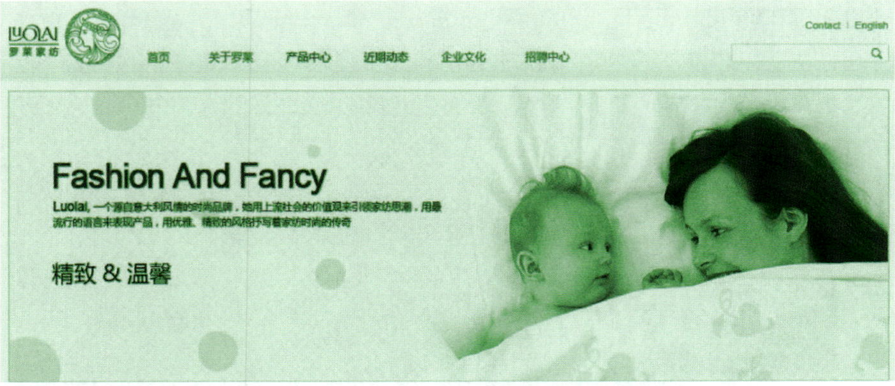

图 4 - 32　罗莱家纺

5. Banner 跳转动画。因为一个网站的首页空间是有限的，尤其是一些热门网站。Banner 的位置上，通常是三、四个 Banner 交替出现。浏览者可以通过数字或标题的切换按钮切换到感兴趣的 Banner，在无手动切换的情况下，几个 Banner 会一直循环播放。

切换的页面一般不超过四个，每个页面切换时间为 2 到 3 秒。

6. 输出格式。目前的 Banner 主要分为静态 Banner 和动态 Banner 两种。我们在日常浏览网站时，比较常见的是静态 Banner。

静态 Banner 主要是使用 Photoshop、Illustrator 等软件制作，输出文件以 JPG 格式的静态的图形方式存在，也可以是 GIF 或者 PNG 等其他形式。

而动态 Banner 目前很多是使用 Flash 格式的动画，具有更显著的表现力和互动性、趣味性。图像的分辨率为 72dpi，根据图片特点选择输出格式，要求在不超网站规定大小的情况下，最大限度地提高质量。

步骤二 确定 Banner 创意

创意要符合主题。和所有其他类别的设计一样，创意是设计中最复杂也最难寻找标准的一项。对于同一个主题，100 个人可以有 1000 个创意，而且很难评选出哪个是最好的创意。我们要做的，就是在开始设计之前，做充分的调查、搜集等准备工作，挑选出能较好地体现出产品或服务的主题、能起到宣传品牌作用的、适合投放在网页中的方案，并加以修改完善。

令人拍案叫绝的好创意并不是总能出现，但设计者在创意过程中，也一定要尽自己所能，完成合格的作品。

步骤三 用 Photoshop 软件制作网站 Banner

1. 新建文件。

打开 Photoshop cs5 程序。点击“文件”→“新建”按钮，出现新建窗口。

名称：爱特米诺 - Banner

预设：选自定

宽度：为 1400 像素；高度：为 384 像素（网页中为 Banner 留的位置大小）

分辨率：填 72 像素英寸

颜色模式：选 RGB 颜色 8 位通道（网站设计常用颜色）

背景内容：白色

点击“确定”按钮，如图 4 - 33 所示。

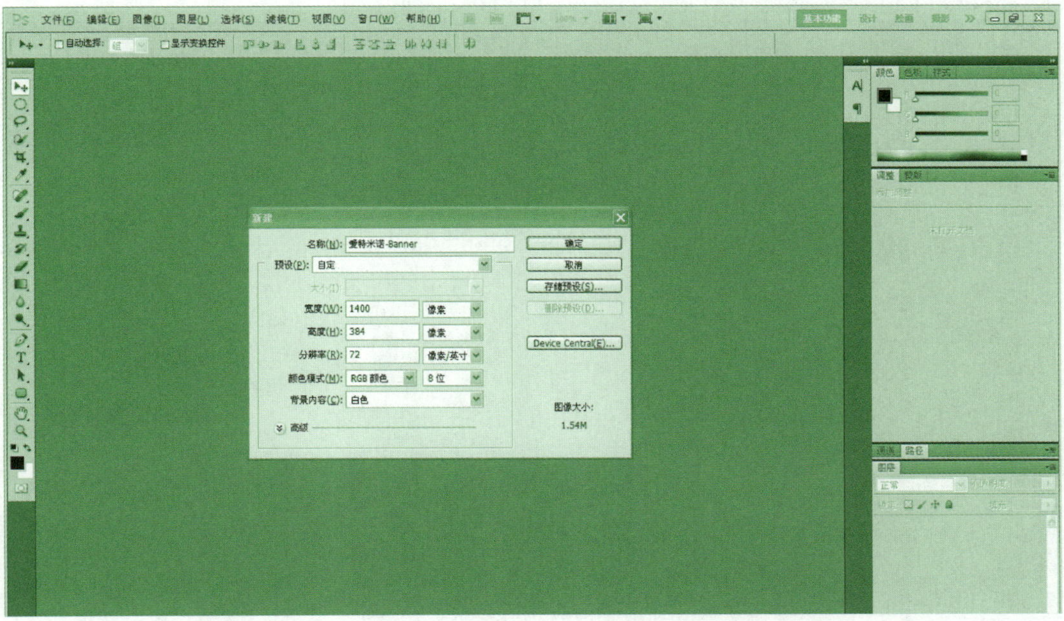

图 4 - 33 新建窗口

Photoshop cs5 设计制作界面如图 4 – 34 所示。

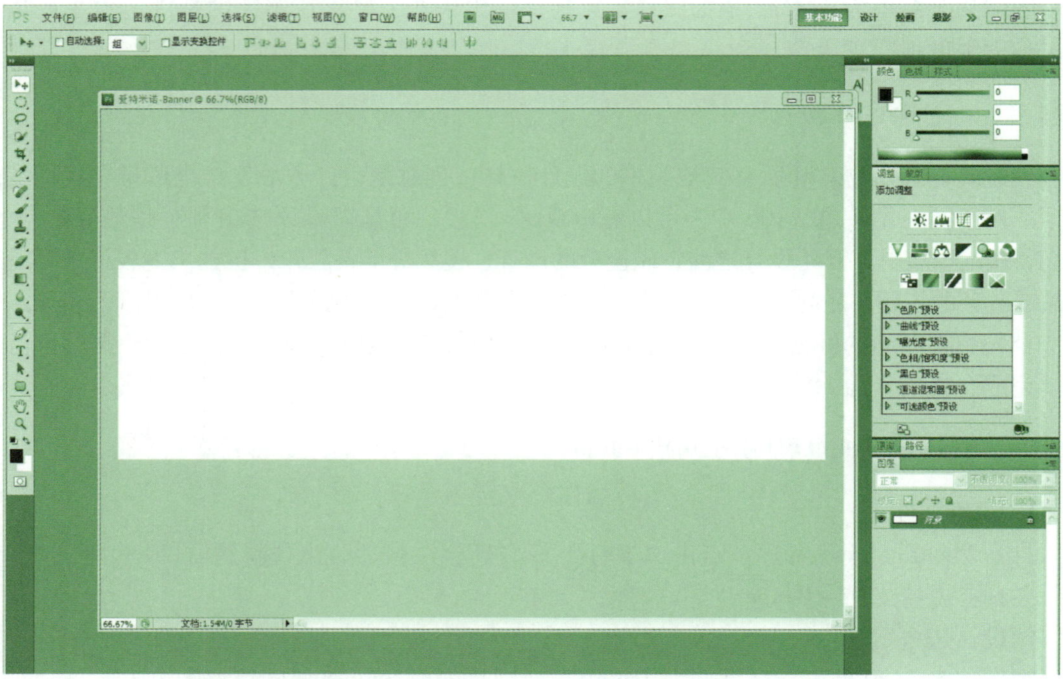

图 4 – 34 Photoshop cs5 设计制作界面

2. 图片素材设计。为了与网站和 Logo 匹配，底图选择蓝天白云的图片素材。新建“蓝天”图层，插入选择的素材，调整大小和位置（见图 4 – 35 所示）。

图 4 – 35 新建“蓝天”图层

仅仅只有素材图片，显得单调，可以下载一些气泡、曲线等装饰性的素材文件，加入其中，使得图片变得更加丰富，但装饰的摆放需要符合视觉美感（见图 4－36 所示）。

图 4－36　添加装饰图片

为了切合公司背景，除了美化外，还需要在背景上加一些商务、电子的素材，但这些素材只能以背景的形式存在，否则再加上产品图片和文案，就会显得杂乱，可以选择调低素材图层的透明度，将透明度调位 34%（见图 4－37）。

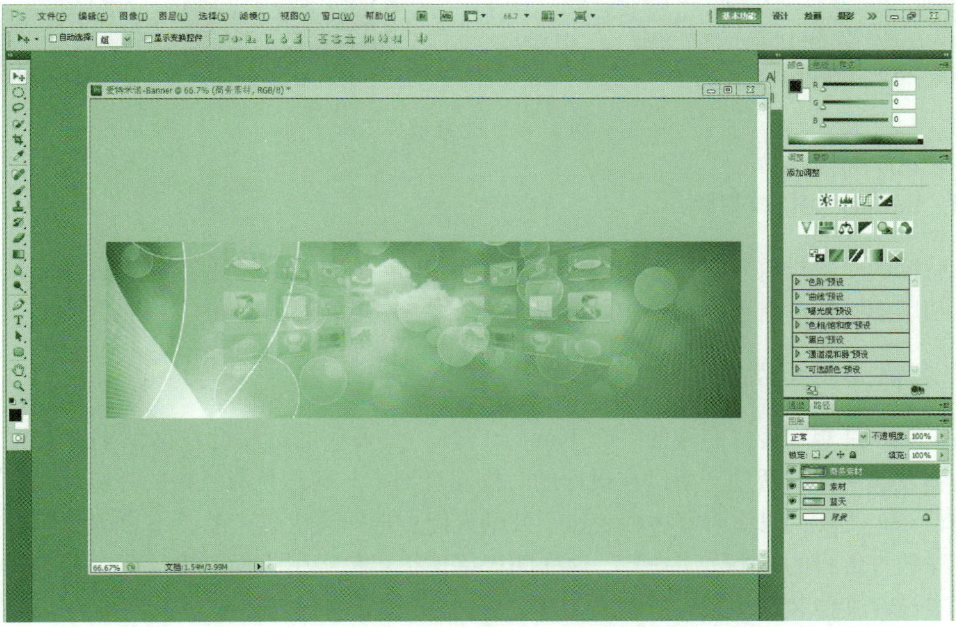

图 4－37　调整装饰图片

这样背景图就完成了。

3. 图片文字排版。在背景图上添加相应的产品或服务图片和文字介绍（见图 4－38）。

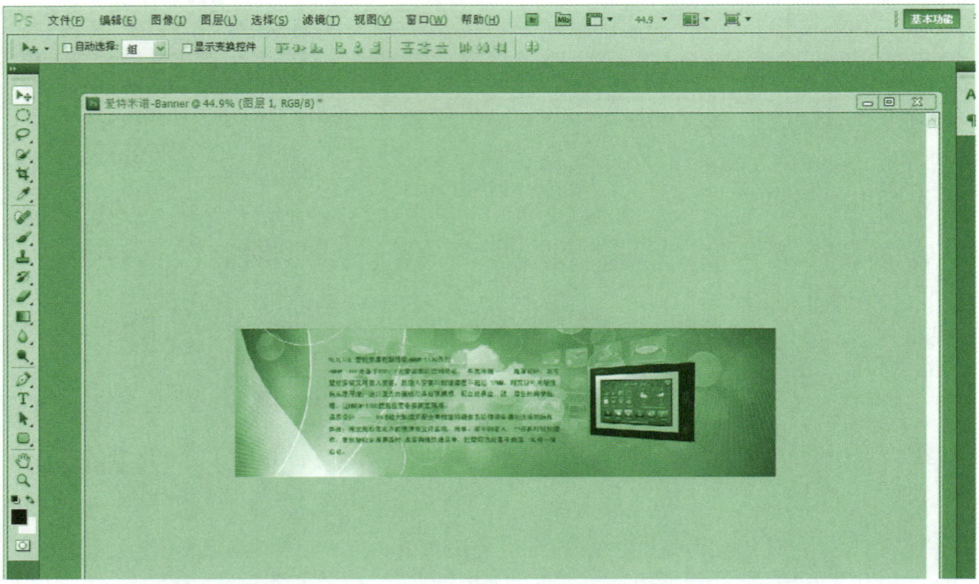

图 4－38　添加产品图片和文字介绍

4. 文件存储。保存图形→菜单文件→存储为→“jpg 格式”。最终效果如图 4－39 所示。

图 4－39　最终效果图

步骤四　Banner 的修改投放

在后续的广告投放中，可以根据需要，修改 Banner 的大小，适当增减信息，做成不同的尺寸和版本，投放在不同网站中。

步骤五　网站 Banner 赏析

图 4－40 是淘宝天猫商城的一个 Banner 广告，是天猫网站联合在网站上开有旗舰店的家居品牌发起的促销活动。所以在设计的时候注意到了与网站色彩风格的呼应。

“宜”和“忌”两块内容巧妙表达了鼓励人们点击购买优惠产品，不要等到错过优惠弄伤感这样的宣传目的。“最后一天”这样的大字也很容易吸引人们点击。除了要表达的内容外，基本没有其他装饰图案，看起来干净、舒适。

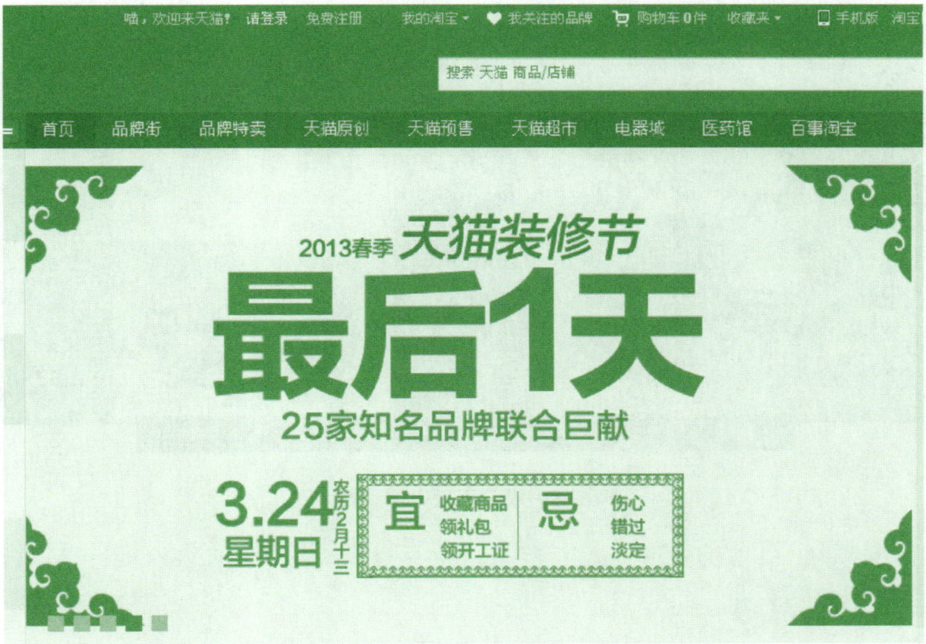

图 4－40 淘宝天猫商城的 Banner 广告

图 4－41 是“1 号店”首页上的 Banner。“1 号店”以零食、进口小食品的销售在电子商务网站中独树一帜。Banner 中宣传的“全球美食 1 折起 带着味蕾去旅行”，琅琅上口，放大的“1 折”也颇为诱人。

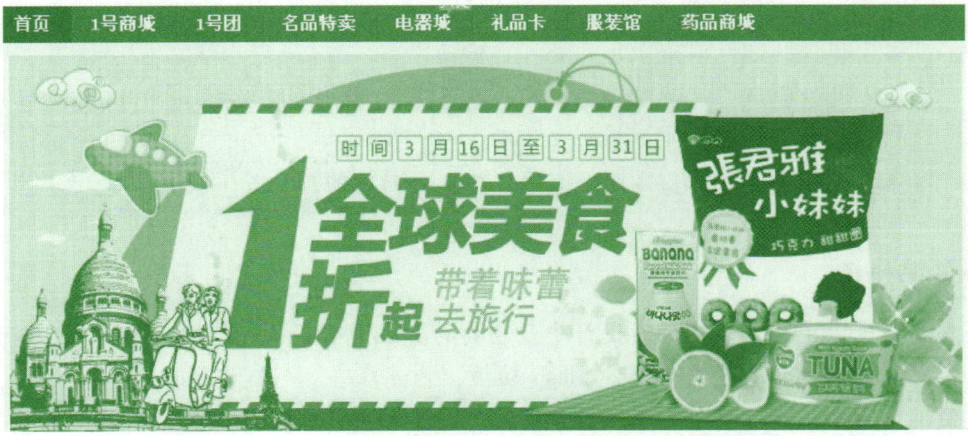

图 4－41 1 号店

图 4－42 是三星中国区的官方网站首页上的 Banner。三星作为高端电子产品品牌，很少有特惠活动之类，主要是要介绍产品，所以 Banner 是将面积方方正正地切割成几块，各自放上海报和主推的产品。整个页面看起来简单大方又不失锋利硬朗，很有品牌的特色。

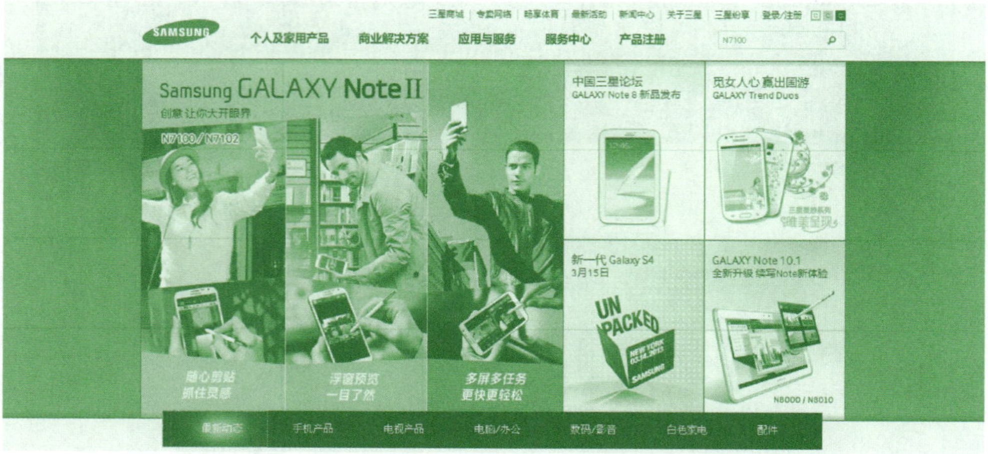

图 4 – 42　三星中国官网

任务 3
设计网页其他元素

任务要点

- **关 键 词：** 网站广告、动画、浮动广告、超链接、版权区、元素。
- **理论要点：** 了解网站的构成，熟悉网页设计中除了 Logo 和 Banner 以外的其他重要组成元素。
- **实践要点：** 完整搭建一个网页中广告相关的部分。

任务情境

现在，张家豪已经完成了网页设计中最重要的 Logo 和 Banner 设计。除了 Logo 和 Banner 外，一个正规的网站中都还需要具备 Flash 动画、悬浮广告、超链接等网页广告元素。张家豪为了使网站看起来赏心悦目，对这些广告细节元素的安排、设计半点都不敢马虎。

任务分析

为进一步充实和完善网站，根据网站内容需要，张家豪还需要完成以下任务：加入 Flash 动画、悬浮广告、超链接等广告元素。

知识准备

（一）各类网站广告

简单地说，网站广告就是在网站上做的广告。利用网站上的广告横幅、文本链接、多媒体的方法，在互联网上刊登或发布广告，通过网络传递到互联网用户的一种高科技广告运作方式，这也是大多数网站主要的收入来源。

网站广告作为新媒体的产物，有很多种分类方式，常见的是按形式分类。我们前文详细描述过的网站 Banner（旗帜广告）就是网站广告最主要的形式之一。另外还有，竖幅广告——位于网页的两侧，广告面积较大（见图 4－43）；超链接广告——以一排文字或图片作为一个广告，点击链接可以进入相应的广告页面；按钮广告——一般位于页面两侧；悬浮广告——在页面中随机或按照特定路径飞；插播式广告（弹出式广告），等等。

图 4－43　竖幅广告

需要注意的是，无论是 Flash 动画、悬浮广告还是超链接，其版式设计、色彩、字体设计、图片等都要符合产品特色和目标受众审美，这点与其他平面设计差别不大。在功能上，主要注意是否达到了以下三个要求：

1. 准确表达广告信息。广告设计无论是在传统媒体还是网络新媒体，都是实用目的很强的，有明确的目的性，准确传达广告信息是网站广告的首要任务。

2. 树立品牌形象。企业的形象和品牌决定了企业和产品在消费者心中的地位，网站广告在多媒体的基础上应该具有更好的塑造力，促进良好的品牌形象在大众中传播。

3. 引导消费。广告的最终目的是促成消费和购买，网站广告也不例外，图 4 – 44 为兰蔻、大众汽车和聚美优品三个品牌在百度上投放的广告。

图 4 – 44 兰蔻、大众汽车和聚美优品在百度上投放的广告

（二）Flash 动画

Flash 是一个可以实现功能完整、界面美观并且动感效果十足的网站设计工具。Flash 动画设计也最能体现网站的技术含量和设计师的动态设计水平。

随着网络的发展，特效软件的不断升级，网页中最容易吸引观者眼球的就是绚丽、动感十足的 Flash 动画。在网页中可以使用 Flash 动画锦上添花的地方也很多：动画网页式导航菜单的设计、个性化 Logo 设计、醒目的网站首页设计、网页间的跳转设计等地方都可以以动画的形式呈现。

1. Flash 动画在网络应用中的优势主要有以下几点：

（1）适合网络运行。Flash 动画软件产生的动画网页文件一般非常小，即使是在网络状况很差的时候也可以很快运行。

（2）表现形式多样。Flash 动画网页的表现形式多样，可以包含文字、图片、声音以及动画等内容，丰富的表现形式使 Flash 网页可以更好地为网站增色。

（3）内容针对性强。Flash 动画网页可根据网站的特点，对网站进行有针对性的宣传和表现。这就使得 Flash 动画能够更加直观地宣传产品内容，使浏览者更好地理解网站的意图。

（4）具有交互功能。Flash 软件可以轻松实现按钮等交互功能。通过单击 Flash 动画按钮连接到相关页面，可以了解更加详细的信息。

图 4 -45 为北京大悦城官方网站首页跳转的界面，Flash 动画的形式具有互动性和趣味性。

图 4 -45　北京大悦城首页

2. 制作网站相关的 Flash 动画时，可参考如下基本流程来进行：

（1）确认主题：确认网站建立的主题，以及在该主题下 Flash 动画需要表现的内容等。

（2）头脑风暴：在确认主题后，在该主题的结构内进行开放性思考，从而确定网站的制作风格以及表现方式等。设计整体结构，策划好栏目和板块的编排问题。

（3）搜集素材：根据前期构思策划的最终提案，搜集 Flash 动画制作中需要用到的文字、图片以及声音等素材。

（4）搜集与网站相关的元素：主要是网站已经完成设计的 Logo、Banner、导航条、内容展示等。

（5）Flash 动画：使用 Flash 软件将之前策划好的创意付诸行动，按照固定的尺寸、搜集的素材，制作出动画并导出合适大小的 SWF 文件。

（6）文件修改发布：把制作好的动画文件测试和调整，模拟其在网站上播放的效果并加以修改，最后根据网站的应用目的和需要，将其以相应格式进行发布。

（三）超链接广告

网页中指向本网站其他页面或其他网站内容的超链接。一个网页很难容纳全部内容，并且一个网页也不适合屏数过多，这时就需要用超链接指向其他相关的内容。没有超级链接的网站，用户操作非常不便，甚至很难再回到浏览过的页面。考虑到用户的实用性，超链接在页面里是随处可见的。

超链接可以是图片式的，也可以是文字式的，是根据内容的情况而定，同一个网页中往往两者都具备（见图 4 -46）。

图 4－46　图片式和文字式超链接

文字式超链接点击前后的颜色，一定都要符合整体页面的风格。但点击前后的色彩要有变化，方便用户区分哪些是看过的，哪些还没有看过。有的网站首页是由一整张图片组成的。图片上只有网站的标志和网址。

（四）悬浮广告

悬浮广告是在网页页面上悬浮或移动的广告，形式可以为 Gif 或 Flash 等格式。

悬浮广告有三种形式：悬浮侧栏（120 × 270）、悬浮按钮（100 × 100）和悬浮视窗（300 × 250）。

- 悬浮侧栏，可以配置在两侧同时展现，或仅在左侧，或仅在右侧展现。当两侧同时展现的时候，通常情况下，左右两侧的推广内容是不同的，关闭一侧的侧栏不影响另一侧侧栏的展示。
- 悬浮按钮的展示与悬浮侧栏基本相同。
- 悬浮视窗，只能在窗口右下角进行展示。

（五）版权信息

网站的版权区一般在网站的最下部，单独一个区域内，标注网站内容的版权与相关信息，故叫做版权区。其中主要内容包括版权、网站信息和网站联系方式的文字或超链接。

这一区域相当于给这个网页整体信息做广告。它的表现方式是文字信息和超链接，一般使用简单布局，不需要使用复杂背景和很花哨的设计。此外，版权区还需要按照规定放置网站备案号、网上报警亭等内容。

图 4－47 为新浪微博网站的版权区，和网页的微博内容部分一样，用白色框出长方形的区域作为版权区，与整个网站设计风格相契合。

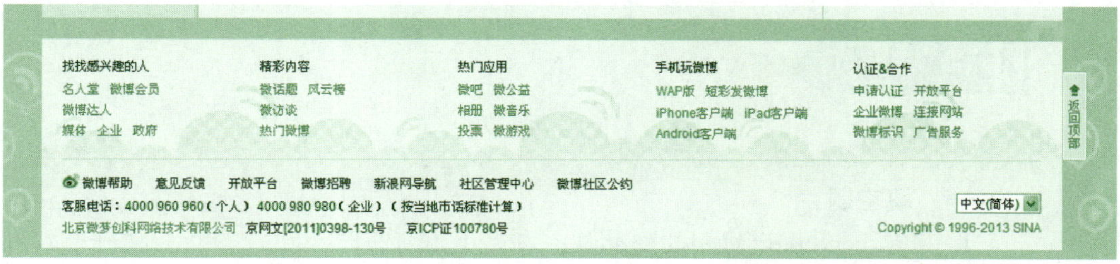

图 4-47　版权区

在完整学习了网页广告设计中包括 Logo 设计、Banner 设计、Flash 动画、超链接等网站广告相关知识，进行细致的专业设计，才能最后制作完成网页的广告。

项目小结

本项目阐述了网页广告在网页设计中的重要性、注意事项以及后期投放相关的内容，讲授了网站 Logo 的设计制作方法、网站 Banner 的设计制作方法，以及其他常见网页广告形式和设计要求。另外还分析了网页广告需要注意的与网页中其他元素的整体性以及相互之间色彩、内容、布局的影响。以爱特米诺公司的网站为主要案例，讲述了如何确定爱特米诺公司网站的 Logo 以及 Banner，页面中其他网页广告的设计风格和主色调，详细介绍爱特米诺公司网站 Logo 和 Banner 的制作流程。

实战强化

实战 1

请根据个人爱好，设计一个服装品牌的网站 Logo，可以使用已有品牌，也可虚拟品牌。Logo 设计需附创意说明和网站实际应用效果图。

实战 2

请为一个你个人喜爱或者感兴趣的品牌，设计一个在国内大型电子商务网站上投放的 Banner。可以是品牌的新产品发布，也可以自己为品牌策划一个活动，主题自拟。需要提交 Banner 成品文件和投放效果图，单张、系列均可。

思考与练习

一、填空题

1. 网站Logo设计的一般要求是：在大小上符合__________，以利于不同网站链接的采用。

2. 网站Logo的设计形式的组合方式一般分为如下几方面：__________、__________、__________。

3. Banner所传播的经济信息要__________，不能虚夸，更不能伪造虚构，或以歧义的文案误导引诱用户。

4. 网站广告由于互联网自身的特性，计费方式也比传统媒体中广告的计费方式多样化，主要有：__________、__________和__________三种。

5. 在设计和投放网站广告的时候，从视觉美观的角度来说，需要注意的是版式设计、色彩、字体设计、图片等是否符合产品特色和目标受众审美，在功能上，主要注意是否达到了__________、__________、__________三个要求。

6. 制作网站相关的Flash动画时，可参考的基本流程包括：__________、__________、__________、__________、__________、__________等步骤。

二、简答题

1. 简述网页设计主要包括哪些设计内容。

2. 网站Logo设计需要注意哪些方面？有哪几种常见的设计形式？

3. 分析色彩搭配对网站Logo设计的重要性。

4. 分析Banner相较于其他广告形式的优势。

5. 比较静态Banner和动态Banner设计各自的特点和优势。

6. 分析Banner设计的规范与流程，设计Banner时还需要考虑哪些别的网页环境因素的影响？

7. 除了Logo和Banner外，网站中还有哪些常见的网页广告形式？

8. 寻找一例设计、创意最令你印象深刻的Flash动画广告，并分析其成功之处。

项目五

5 商务网页的制作

要想通过电子商务网站最大力度地宣传公司品牌，增大商家的潜在客户，使网上冲浪者浏览企业网站时就好比走进了企业现场，关键就在于电子商务网页的制作。

制作网页的软件很多，本项目以 Dreamweaver cs5 软件为例，通过认知 Dreamweaver cs5、设计网页布局、制作网页、美化网页四个任务来学习商务网页的制作。

知识目标：

□ 熟悉 Dreamweaver cs5 软件的基本用法，知道站点、模板和库的含义

□ 能理解 Dreamweaver cs5 中表格的使用方法

□ 掌握表单的作用及插入方法

□ 掌握使用 DIV + CSS 布局网页的方法

技能目标：

□ 能够熟练使用 Dreamweaver cs5 软件创建管理本地站点

□ 能够使用表格，DIV + CSS 对网页进行布局

□ 能够使用 CSS 控制网页元素，设置超链接的样式，从而实现美化页面的目的

□ 掌握模板和库的使用，提高制作效率

□ 能够制作、编辑布局合理、色彩搭配科学、满足客户需求的静态网页

任务 1
认知 Dreamweaver cs5

任务要点

- **关 键 词：** Dreamweaver cs5、站点、首页。
- **理论要点：** 熟悉 Dreamweaver cs5 界面，能理解站点的含义。
- **实践要点：** 能够熟练使用 Dreamweaver cs5 软件创建管理本地站点，会利用 Dreamweaver cs5 软件创建网页、保存网页

任务情境

根据天津爱特米诺电子有限公司的背景与现状，在前段时间里张家豪对公司网站做了详细的设计和安排，为使后期制作能正常、顺利进行，他决定按计划流程先做好前期的准备工作，如熟悉 Dreamweaver cs5 工作环境、创建本地站点等。

任务分析

本任务主要是了解 Dreamweaver cs5 工作环境与各面板的功能，根据公司的具体情况与领导的要求规划站点，并创建本地站点及首页。

知识准备

网页就是我们上网时在浏览器中打开的一个个画面，网站则是一组相关网页的集合。在打开某个网站时显示的第一个网页被称为网站的主页（或首页）。

任务实施

步骤一　了解 Dreamweaver cs5 工作环境

Dreamweaver cs5 是一款集网页制作和网站管理于一身，所见即所得的网页编辑软件。启动 Dreamweaver cs5，新建或打开一个网页后，将启动如图 5 - 1 所示的工作界面。

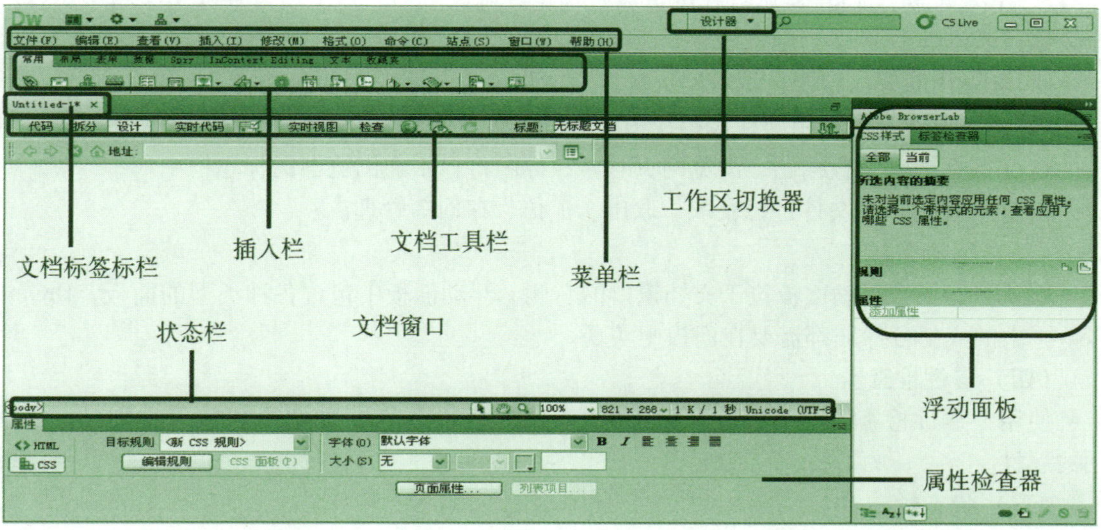

图 5－1　Dreamweaver cs5 工作界面

下面来认识一下 Dreamweaver cs5 工作界面中的各主要组成部分。

（一）插入栏

在插入栏中几乎集中了 Dreamweaver cs5 中所有的编辑元素，用户在编辑网页的过程中可通过该栏快速地插入网页元素。插入栏有两种显示方式，即制表符和菜单，其中制表符列出了插入栏中的所有项目，而菜单只显示插入栏中的某一个项目。

（二）文档工具栏

文档工具栏（见图 5－2）位于文档标签的下方，主要用于切换编辑区视图模式、设置网页标题、进行标签验证以及在浏览器中浏览网页等。

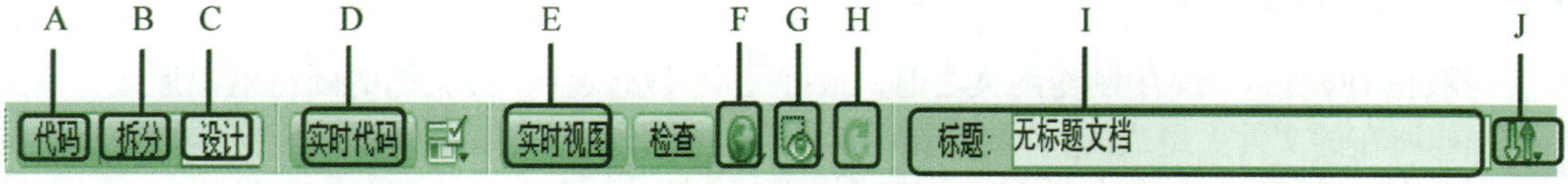

图 5－2　文档工具栏

A. 显示代码视图：在“文档”窗口中显示“代码”视图，代码视图以不同的颜色显示网页 HTML 代码，方便用户区分各种标签并对代码进行编辑。

B. 同时显示代码视图与设计视图：将“文档”窗口拆分为“代码”视图和“设计”视图，这样当用户在代码视图中编辑网页 HTML 源代码后，单击“设计”视图中的任意位置或单击“刷新设计视图”按钮，会立刻看到相应的编辑结果。

C. 显示设计视图：在“文档”窗口中显示“设计”视图。在“设计”视图中可以直接编辑网页中的各个对象（一般情况下，使用 Dreamweaver 制作或编辑网页主要就在文档窗口的设计视图中进行）。

D. 实时代码：以黄色背景显示在浏览器中用于执行该页面的实际代码。

E. 实视视图：在文档窗口中显示不可编辑的、交互式的、基于浏览器的文档视图。

F. 在浏览器中预览/调试：在浏览器中预览或调试文档，单击后可在弹出菜单中选择一个浏览器版本。

G. 可视化助理：设置在编辑网页时显示或隐藏某个可视化助理以便于操作。

H. 刷新设计视图：用于在代码视图中进行更改后刷新文档的设计视图。

I. 文档标题：设置标题，浏览网页时，该标题将显示在浏览器的标题栏中。

J. 文件管理：对文件进行获取、取出、上传、存回等管理。

（三）浮动面板

默认状态下，浮动面板位于文档窗口的右侧。浮动面板中包含各种类型的面板，Dreamweaver 中的大部分操作都需要在面板中实现。

（四）属性检查器

使用“属性检查器”可以检查和设置当前选定页面元素（如文本和插入对象等）最常用的属性。

（五）状态栏

状态栏位于文档窗口底部，它提供了一与当前文档相关的一些信息，如图 5－3 所示。

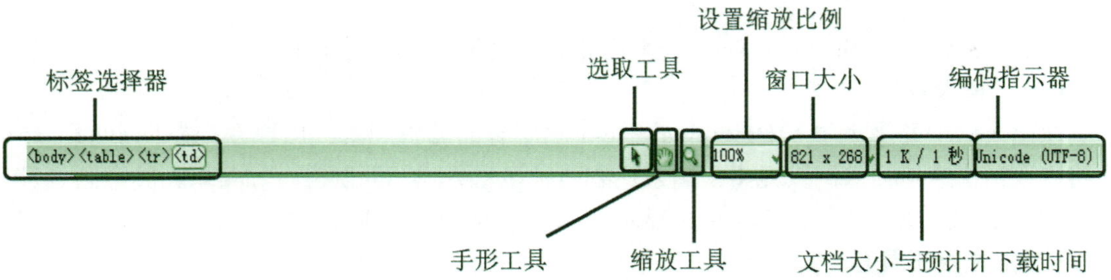

图 5－3　状态栏

步骤二　创建本地站点

一般在 Dreamweaver 中制作网页之前，最好先定义站点（一种文档的磁盘组织形式，由文档和文档所在的文件夹组成的），然后在站点中创建网页。定义站点的目的是把本地磁盘中的站点文件夹同 Dreamweaver 建立关联（如更改某一文件名，与之相关联的超级链接会自动更改等），从而方便用户使用 Dreamweaver 管理站点和编辑站点中的网页文档，以及上传或下载站点内容等。为今后的制作顺利进行，现在张家豪就要为公司网站创建本地站点。

相关链接

Dreamweaver 提供了本地站点、远程站点和测试站点三类站点，各作用如下：

1. 本地站点。用于存放用户网页、素材等本地文件夹，是用户工作的目录。在制作一般网页时只建立本地站点即可。

2. 远程站点。若要在不连接 Internet 的情况下，对所建的站点进行测试和修改，可在本地计算机上创建远程站点模拟真实的 Web 服务器环境进行测试。

3. 测试站点。主要在动态页面进行测试时使用，是 Dreamweaver 处理动态页面的文件夹。Dreamweaver 使用此文件生成动态内容并在工作时连接到数据库。

1. 在开始定义站点之前请先在本地磁盘创建一个文件夹，这里张家豪将之前在 D 盘根目录下规划公司网站目录时创建的一个名为“aiteminuo”的文件夹，作为站点根文件夹。

2. 启动 Dreamweaver cs5 后，选择“站点”→“新建站点”菜单，打开【站点设置对象未命名站点 2】对话框，如图 5-4 所示。在【站点名称】文本框中输入站点名称，此处为“aiteminuo”，单击【本地站点文件夹】编辑框右侧的“浏览文件夹”按钮，在打开【选择根文件夹】对话框中选择刚才创建的文件夹“aiteminuo”，然后单击“选择”按钮，如图 5-5 所示。

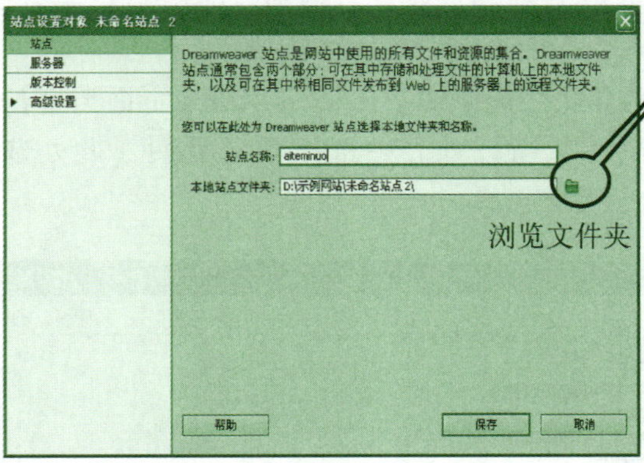

图 5-4　站点设置对象未命名站点 2

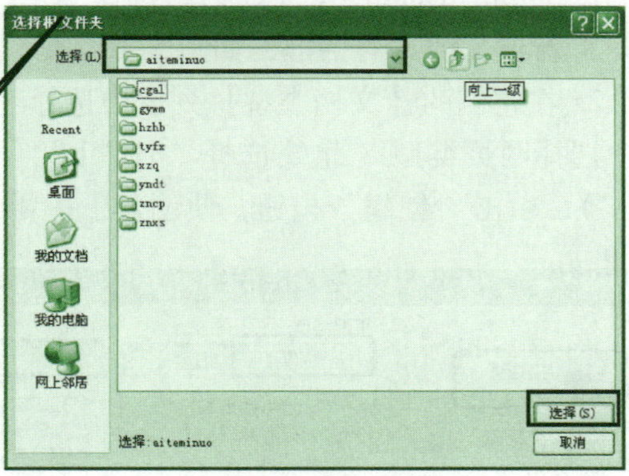

图 5-5　选择根文件夹

3. 回到【站点设置对象】对话框，单击“保存”按钮，即完成站点的定义，如图 5-6 所示。

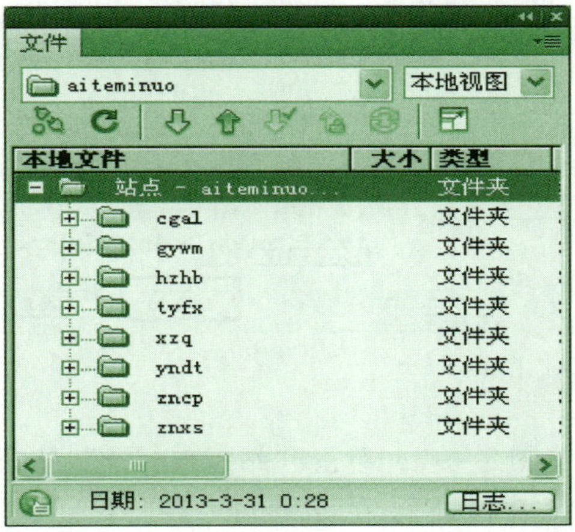

图 5-6　文件面板

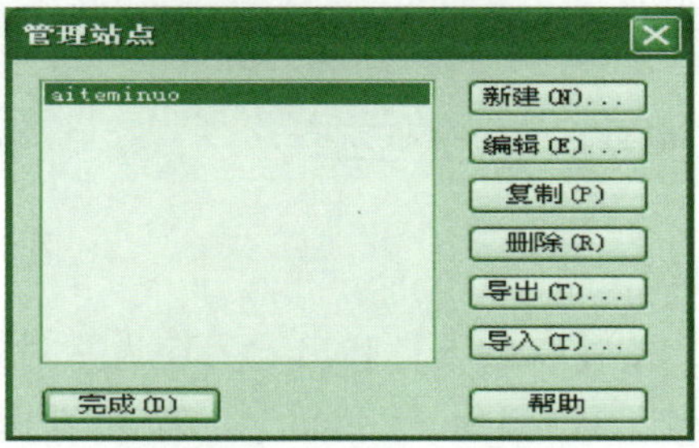

图 5-7　管理站点

温馨提示

定义站点后，如果需要修改站点属性、复制或删除站点等，可通过“站点”→“管理站点”或【文件】面板进行相应的操作，具体界面如图 5-7 所示。

步骤三 创建首页

在 Dreamweaver cs5 中可以创建两种类型的网页文档，一种是直接创建的空白网页文档，另一种是通过 Dreamweaver cs5 内置的模板创建具有一定内容和样式的网页文档。

为使自己制作的网页别具一格，不受固定的模板所限制，能有更大的空间进行创新，张家豪决定在 Dreamweaver cs5 中新建一个空白网页文档，并将其保存在刚定义的站点“ait-eminuo”的根目录下。

1. 启动 Dreamweaver cs5 后，选择“文件”→“新建”菜单，或按【ctrl + N】组合键，打开“新建文档”对话框，如图 5 - 8 所示。

2. 在左侧的【文档类型】列表中选择一项（此处选择“空白页”），在【页面类型】列表中选择网页类型（此处选择“HTML”），在【布局】列表中选择布局类型（此处选择“无”），单击“创建”按钮，便创建了一新的网页文档。

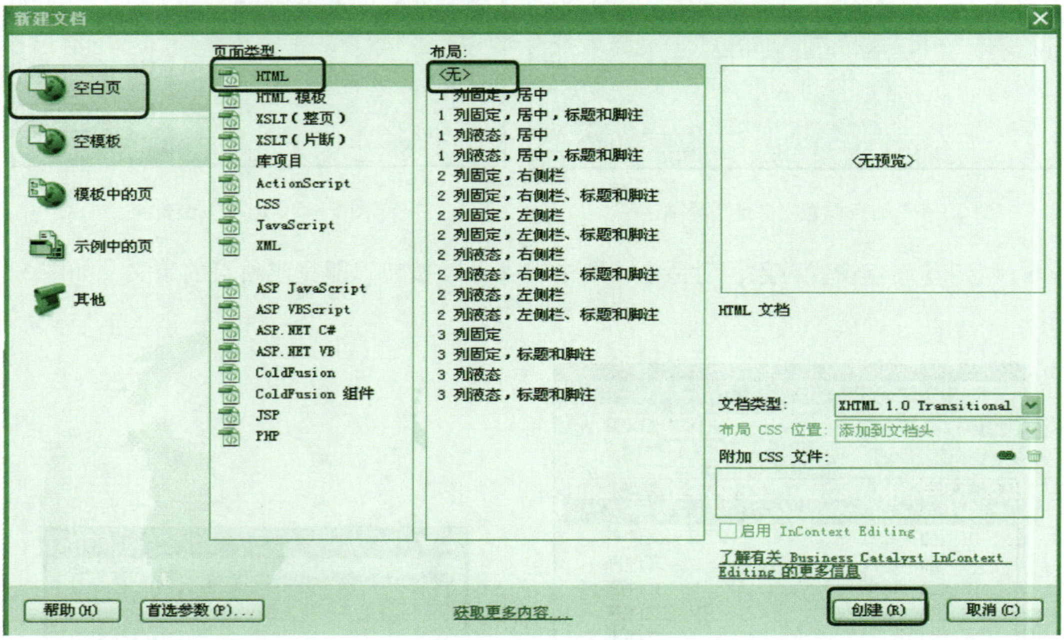

图 5 - 8 新建文档

3. 按【Ctrl + S】弹出“另存为”对话框（见图 5 - 9），单击“站点根目录”按钮，将文件名改为“index. html”，单击“保存”按钮，即可在站点根目录下创建名为“index. html”网页文档，如图 5 - 10 所示。

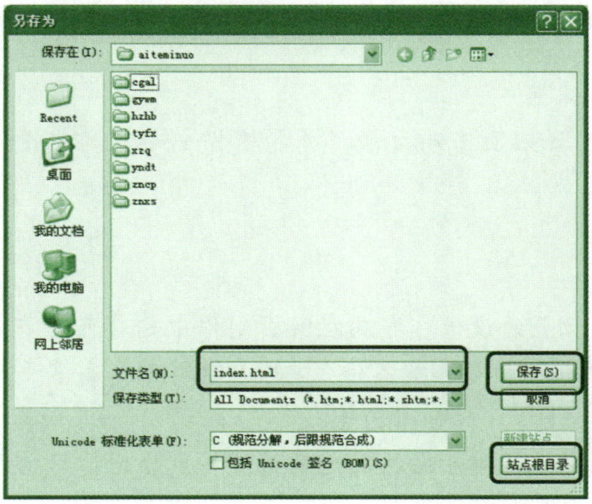

图 5－9　“另存为”对话框

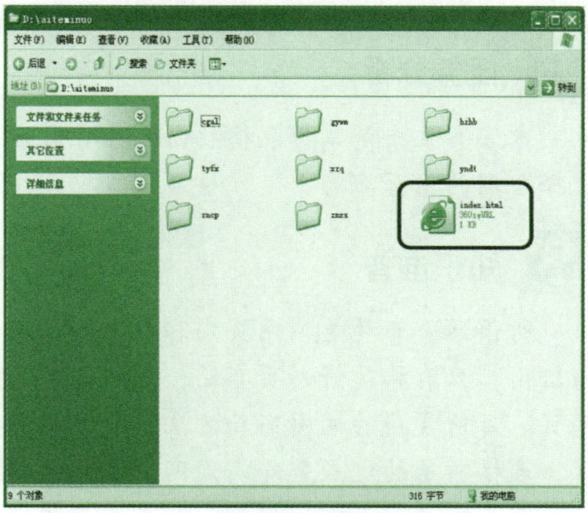

图 5－10　“index. html”保存位置

任务 2
设计网页布局

任务要点

- **关 键 词：** 网页布局，CSS，DIV + CSS。
- **理论要点：** 能理解 Dreamweaver cs5 中表格的使用方法与相关属性及修改。能理解 CSS 的概念及分类，掌握创建 CSS 的规则。能理解 DIV，掌握常用的 DIV 布局方式与 DIV + CSS 布局网页的方法。
- **实践要点：** 能够使用表格、DIV + CSS 对网页进行布局

任务情境

经过前期的准备，张家豪已经在白纸上为公司网站首页结构进行了设计，可他现在担心的是这样的设计将来做出来的网页是否符合美学欣赏标准，能否吸引浏览者的目光，同时又能否容纳下足够多的信息？张家豪通过查阅书籍以及咨询，得知他所担心的这一切都与网页的布局息息相关。

任务分析

本任务主要是掌握表格、CSS 及 CSS + DIV 等网页布局方法，并能根据公司的具体情况选择合理的网页布局。

知识准备

所谓网页布局是指网页内容在页面上所处位置的设计。布局在网页制作中起着至关重要的作用，只有构建好网页布局，才能让网页中的元素“各就各位”，也才能制作出高水平的网页。目前常用的网页布局方法有：表格布局、DIV + CSS 布局等。

表格布局的优点是能实现网页元素的精确定位，对于结构规范的网页特别合适，目前常见的页面布局形式有国字型、拐角型、标题正文型和封面型。

DIV + CSS 布局网页，就是使用 DIV 来布局网页和定位网页中的元素，而使用 CSS 样式来控制这些元素如何显示。

任务实施

步骤一　布置表格

在 Dreamweaver cs5 中最常用的布局方式就是使用表格布局了，要想用表格熟练地布局网页，就必须了解表格的基本操作。表格的基本操作主要包括创建表格、选择表格、单元格的合并及拆分、添加或删除行或列等。现在，为验证“公司网站首页结构图”（见图 5 - 11）是否合理，张家豪认为只有一试方能知晓。

（一）设计结构图

如图 5 - 11 所示的公司网站首页结构图，可分析成 7 个普通表格（从上到下分别称它们为表 1、表 2……表 7）和若干嵌套表格（根据每人不同的习惯来定，此处将“快速链接”、“体验馆”、“动态展示”各为一嵌套表格）组合而成。

<table>
<tr><td colspan="2">Logo</td><td colspan="7">爱特米诺电子</td></tr>
<tr><td>首页</td><td>智能产品</td><td>成功案例</td><td>业内动态</td><td>体验与分享</td><td>合作伙伴</td><td>关于我们</td><td>招贤纳士</td><td>下载区</td></tr>
<tr><td colspan="9">Banner（宣传广告）</td></tr>
<tr><td colspan="9">业内动态</td></tr>
<tr><td colspan="9">产品展示</td></tr>
<tr><td colspan="3">快速链接</td><td colspan="3">体验馆</td><td colspan="3">动态展示</td></tr>
<tr><td colspan="9">案例展示</td></tr>
<tr><td colspan="9">网站备案</td></tr>
</table>

图 5 - 11　网站首页结构图

（二）插入表格并设置表格参数

1. 启动 Dreamweaver cs5，打开站点 aiteminuo 中的 index. html。

2. 按【Ctrl + J】键弹出【页面属性】面板，在【大小】下接列表框中选择“12”，并设置页面左、右、上、下边距均为 0，如图 5 - 12 所示，完成后单击“确定”按钮，即可完成“页面属性”的设置。

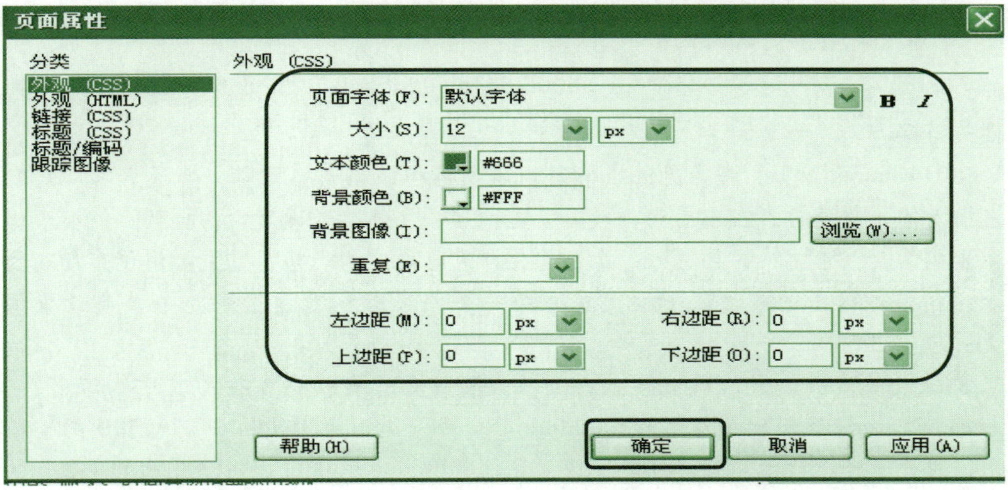

图 5 - 12　页面属性

3. 按【Ctrl + ALT + T】键或单击“插入”栏中“表格”按钮，弹出【表格】对话框，创建一个 1 行 1 列的表格，具体属性设置如图 5 - 13 所示，单击“确定”按钮，设置完成效果如图 5 - 14 所示，我们称这表格为“表 1”。

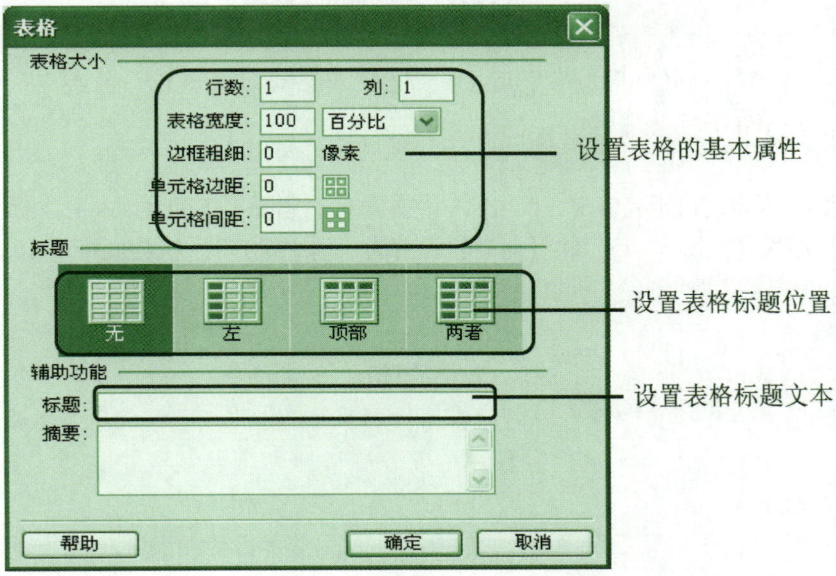

图 5 - 13　“表格”对话框

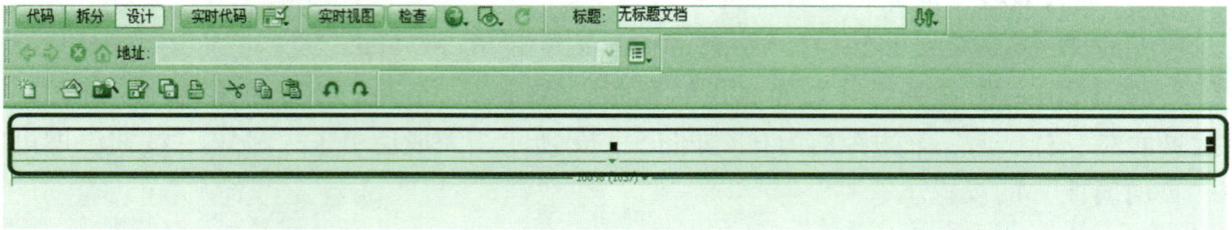

图 5－14　插入表格 1 后的效果

相关链接

在 Dreamweaver cs5 中常见的表格有普通表格和嵌套表格两种，普通表格即是在网页中插入的一般表格，在布局时一般需要先创建一个表格来确定大的框架；嵌套表格就是在表格的某个单元格内再插入一个表格，即表格之中的表格，它主要用于布局较为复杂、内容相对较多的页面。下面简单介绍一下“表格”对话框中几个重要设置项的意义：

◇ 表格宽度：设置表格宽度值，如不设置该值，表格宽度将随其中内容而改变。在 Dreamweaver cs5 中，最常用的单位是像素和百分比。像素使用 0 或大于 0 的整数来表示，百分比是相对于浏览器或其父级对象而言的，使用 0 或百分比来表示。二者的区别在于：当浏览器窗口或其父级对象的宽度发生变化时，使用百分比作为单位的表格的宽度将随浏览器窗口或其父级对象同比例变化，而使用像素作为单位的表格宽度将保持不变。一般情况下，普通表格的表格宽度设置为“像素”，嵌套表格的表格宽度设置为“百分比”。

◇ 边框粗细：是指整个表格边框的粗细，标准单位是像素。若设置为“0”，在浏览时则不显示表格边框。

◇ 单元格间距：用于设置相邻单元格之间的距离，标准单位是像素。

◇ 单元格边距：也叫单元格填充，是指单元格内部的文本或图像与单元格边框之间的距离，标准单位是像素。

4. 将光标插入点定位于表格中，单击窗口左下角标签选择器中的 <table－>标签选择表格，在其【属性】面板（见图 5－15）将【对齐】设置为“居中对齐”，效果如图 5－16 所示。

相关链接

表格的选择

◇　将插入点光标置于表格的任意单元格中，表格上方或下方将显示绿线标志，单击最上方或最下方有表格宽度的绿线中的▼，在弹出的下拉列表中选择“选择表格”命令，即可选中表格。

◇　将插入点光标置于任意单元格中并右击，在弹出的快捷菜单中选择“表格”→“选择表格”，即可选中相应的表格。

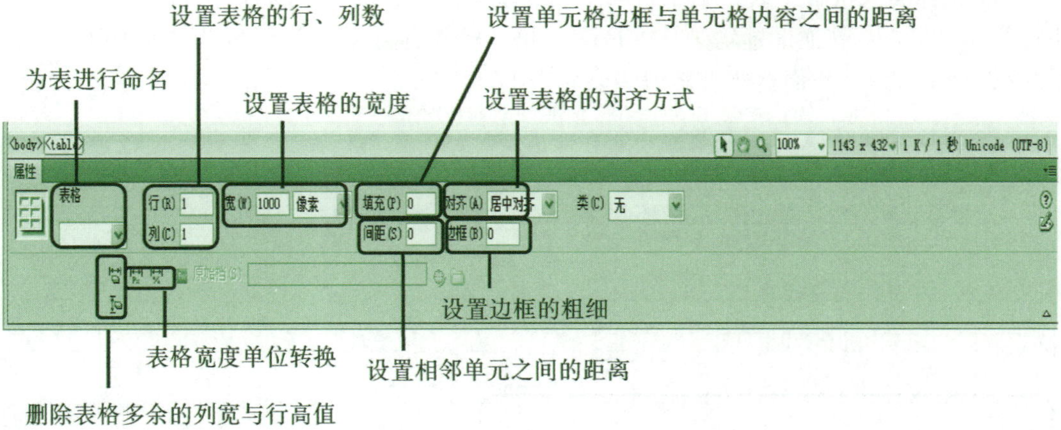

图 5－15　表格的“属性”面板

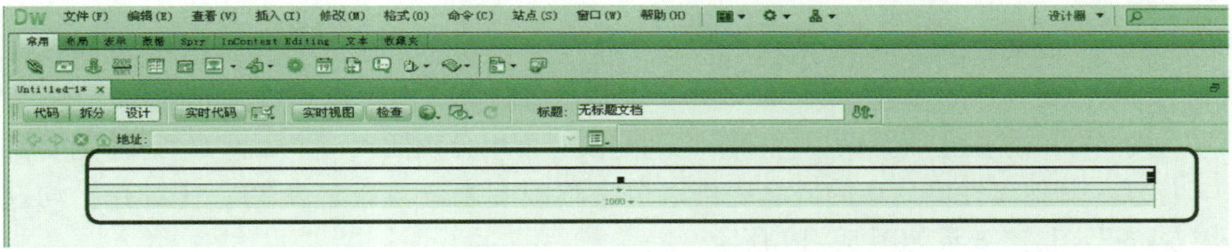

图 5－16　表格居中对齐后效果

温馨提示

一般情况下，在使用表格布局网页文档时，插入表格后，表格的对齐方式都会设置为“居中对齐”，这样设置以后不论怎样打开网页，网页中的对象都将居中显示。

5. 按照同样的方法依次插入一个 1 行 9 列、两个 1 行 1 列、一个 2 行 3 列、两个 1 行 1 列的，【宽度】均为 100% 的普通表格；并分别将它们的【对齐】均设置成“居中对齐”，具体效果如图 5－17 所示，我们将这些表格分别称“表 2”、“表 3”……“表 7”。

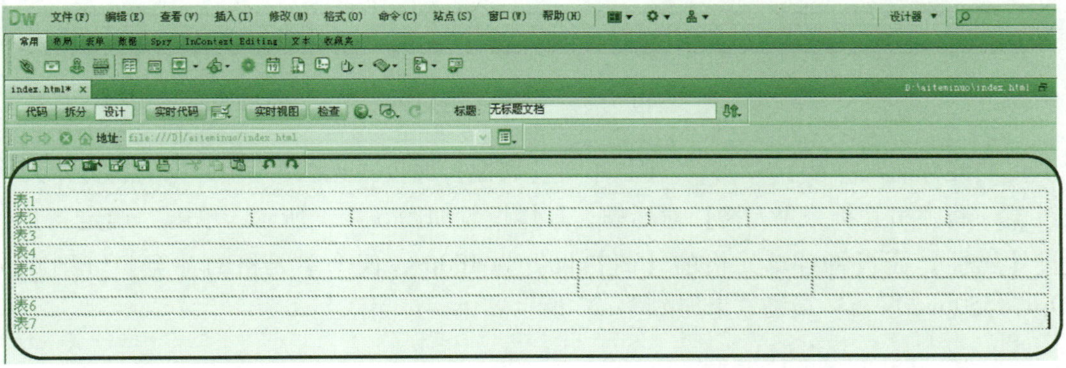

图 5－17　插入 7 个普通表格后的效果

6. 将光标插入点置于表5第二行第一列的单元格中，按同样的方法插入一个5行2列，【宽度】为100%，其他设置均为0的嵌套表格，并将其【对齐】设置为“居中对齐”，效果如图5－18所示，我们称此表格为“嵌套表1”。

图5－18 插入嵌套表1后的效果

7. 按同样的方法在表5第二行的第二列与第三列中分别插入一个2行1列，【宽度】为100%像素，其他属性值为0的嵌套表格（分别称嵌套表2与嵌套表3）；【对齐】均设为“居中对齐”，最终效果如图5－19所示。

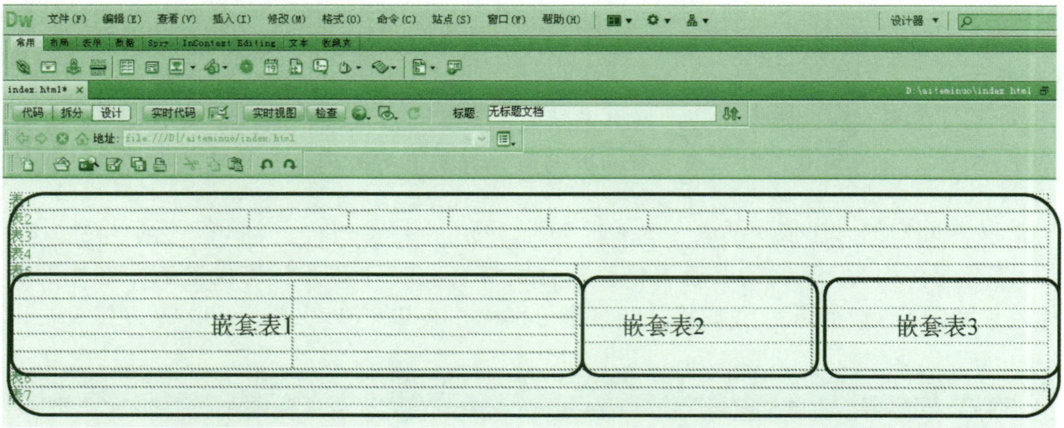

图5－19 插入3个嵌套表后的效果

8. 将光标插入点置于“表1”中，单击【属性】面板（见图5－20）中“拆分单元格”按钮，将弹出【拆分单元格】对话框，具体设置如图5－21所示，单击“确定”按钮，通过【属性】面板将各单元格的【高】设置为100px，四个单元格的【宽】分别67px、450px、550px、67px，最终效果如图5－22所示。

图 5－20　设置单元格属性“属性”面板

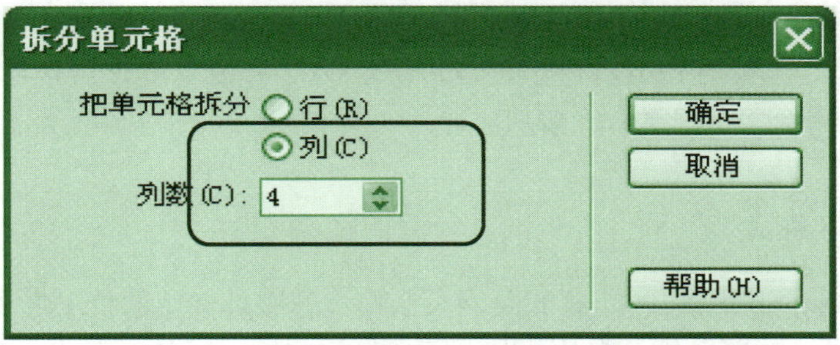

图 5－21　拆分单元格

图 5－22　拆分单元格后效果

9. 选中表 5 第一行，并单击【属性】面板中的“合并单元格”按钮，将其合并。

相关链接

选择行、列及单元格的方法

◇　选择行：(1) 将鼠标指针移至某行的左侧，当鼠标指针变为→时，单击鼠标左键就可以选择表格中的这一行；(2) 将鼠标指针移至某行的任意单元中，单击下方“标签选择器”中对应的“<tr→”。

◇　选择列：将鼠标指针移至某列的上方，当鼠标指针变为↓时，单击鼠标左键就可以选中表格中的这一列。

◇ 选择单元格：将插入点光标置于某单元格中，然后按【Ctrl + A】组合键或单击下方“标签选择器”中对应的“<td→”。

10. 按【Ctrl + S】保存网页。

温馨提示

提高网页下载速度

在一个网页中，当一张表格的高度需要设置很高时，可以考虑把一个表格拆分成若干个表格，注意将拆分后的表格设置为相等，这样，表格的排版效果没变，但显示时各小表格的内容逐渐显示出来，可明显加快页面的打开速度。另外，在使用嵌套表格时，最好不要层次太多，否则会加长网页打开时间。

步骤二 应用 CSS 样式

CSS（Cascading Style Sheets）样式是网页制作过程中最常用的技术之一，采用 CSS 技术控制网页，可使设计者更轻松、有效地对页面的整体布局、颜色、字体、链接、背景以及同一页面的不同部分、不同页面的外观和格式等效果实现更加精确的控制。

在 Dreamweaver cs 中，我们可以使用两种方式创建 CSS 样式，一种是利用“CSS 样式”面板，在可视化的操作环境中进行创建；一种是在“代码”视图中直接编写相关的代码。为使应用方便，张家豪为公司网站首页的页脚文字设置 CSS 样式，效果如图 5－23 所示。

图 5－23 首页页脚文字效果图

CSS 的中文翻译为层叠样式表，是一组模式设置规则，用于控制 Web 页面的外观。CSS 的定义是由 3 部分构成：选择器（selector）、属性（property）和取值（value）。选择器就是样式的名称，包括类样式、标签样式、ID 样式和复合内容样式四种，如图 5－24 所示。

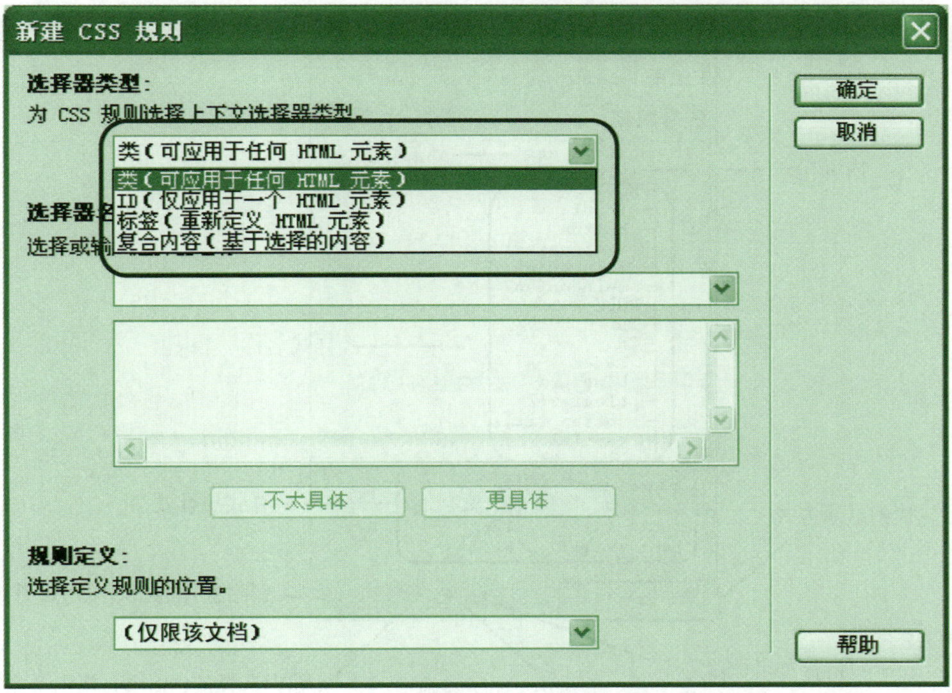

图 5－24　选择器选项（CSS 的分类）

相关链接

CSS 的分类

1. 类样式：由用户自定义的 CSS 样式，能够应用到网页中的任何标签上，可以任意命名，以“.”开始，如“.h”等，它是将 CSS 样式应用于选定的区域。

2. 标签样式；对现有的 HTML 标签进行重定义，当创建或改变该样式时，所有应用了该样式的格式都会自动更新。

3. ID 样式：可以定义含有特定 ID 属性的标签。

4. 复合内容样式：定义同时影响两个或多个标签、类或 ID 的复合规则。

（一）CSS 样式的创建

1. 单击【CSS】面板（见图 5－25）中的“新建 CSS 规则”按钮，即可弹出【新建 CSS 规则】对话框，具体设置如图 5－26 所示，单击“确定”按钮。

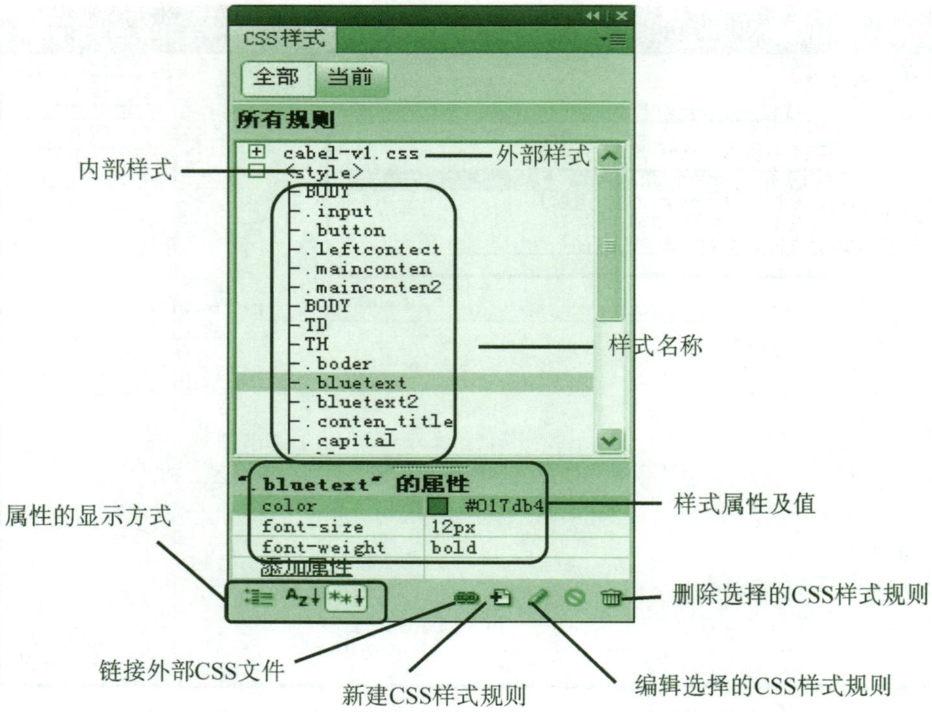

图 5－25 CSS 面板

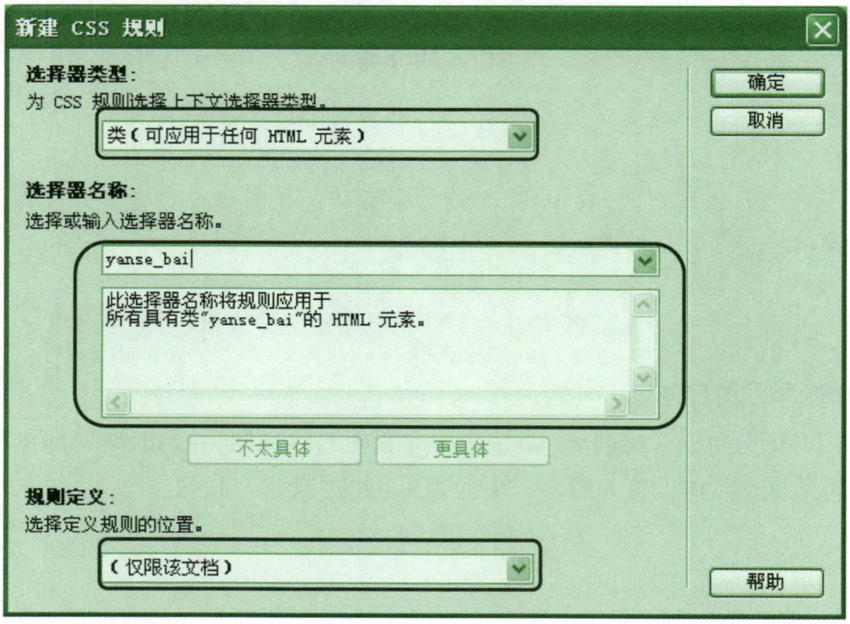

图 5－26 新建 CSS 规则对话框

2. 单击“确定”按钮，弹出【CSS 规则定义】对话框，具体设置如图 5－27 所示。

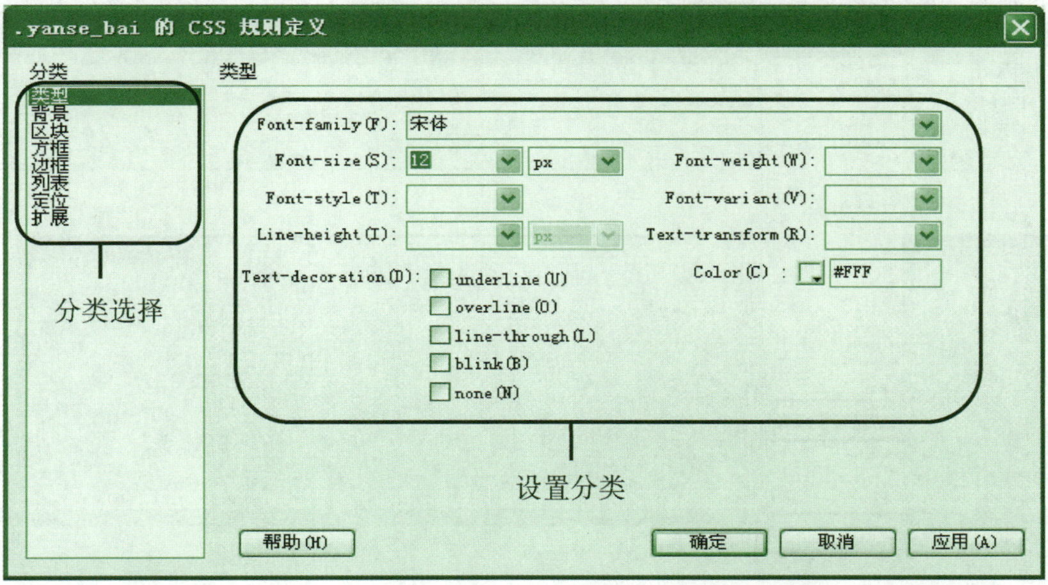

图 5－27　CSS 规则定义对话框

相关链接

CSS 规则定义的 8 种分类

1. “类型”分类：用于定义 CSS 样式的基本字体和类型等属性。
2. “背景”分类：用于定义 CSS 样式的背景属性。
3. “区块”分类：用于定义标签和属性的间距和对齐方式。
4. “方框”分类：用于定义元素放置方式的标签和属性。
5. “边框”分类：用于定义元素的边框（如颜色、宽度和样式）。
6. “列表”分类：用于定义列表标签设置列表属性（如项目符号大小和类型）。
7. “定位”分类：用于对元素进行定位设置。
8. “扩展”分类：用于设置一些附加属性（如滤镜、分页和光标形状）。

（二）CSS 样式应用

选中页脚导航栏中“智能产品”等文字，在属性面板的【目标规则】栏中选择刚才建立的“. yanse_bai”（见图 5－28），即可完成 CSS 样式的应用。

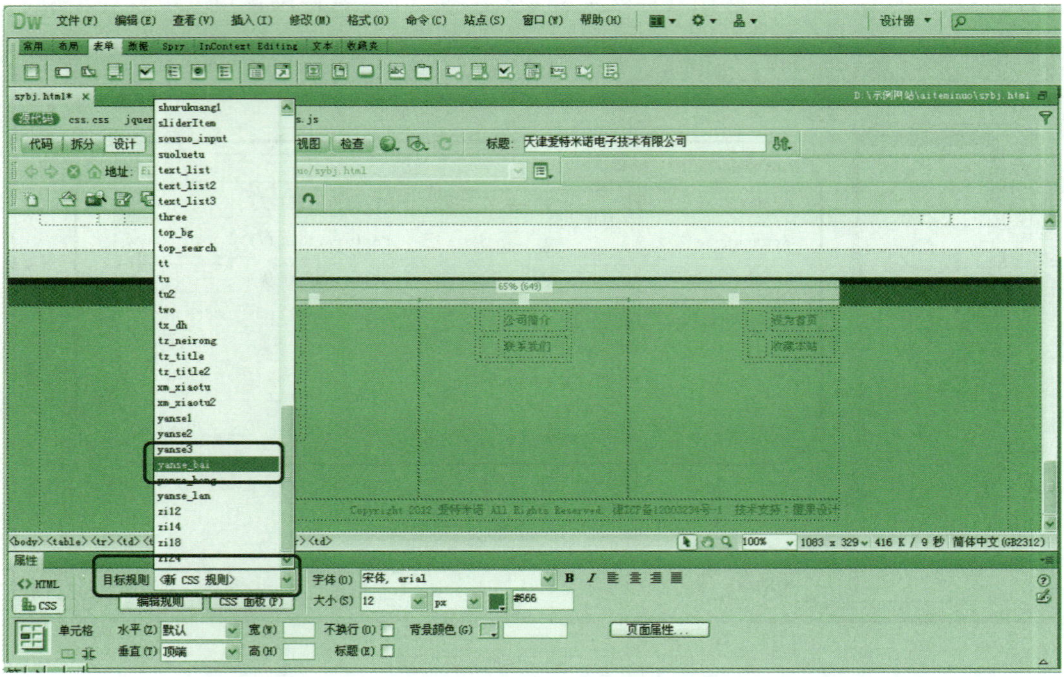

图 5－28 CSS 样式的应用

相关链接

CSS 的优点

1. 表现和内容相分离。将网页的内容与外观设计分开，HTML 文件中只存放文本信息，这样的页面对搜索引擎更加友好。

2. 提高页面浏览速度。对于同一个页面效果，使用 CSS 要比传统的 Web 设计方法至少节约一半以上的文件大小，页面下载速度更快，而且浏览器也不用去编译大量冗长的标签，从而提高浏览速度。

3. 易于维护与修改。通过使用 CSS，将页面的设计部分放在一个独立的样式文件中，只需简单修改 CSS 文件中的参数就可以重新设计整个网站的页面效果。

步骤三　使用 DIV＋CSS 规划网页布局

DIV＋CSS 是网页布局的另一种方式。DIV 是网页的“块”，网页中的元素均可以划分到不同的块中。以块为单位，块及块中所包含元素的属性通过 CSS 进行控制，从而实现整个页面的布局。与表格布局的页面相比，使用 DIV＋CSS 布局的网页，代码简洁，结构清晰，而对搜索引擎更加友好，而且网站中包含多个网页，通过修改 CSS 就能完成批量页面的变化，修改起来十分方便，降低了网站的维护成本。

（一）DIV 的基本概念和操作

DIV 包括 DIV 标签和 AP DIV（本文简称“AP 层”）两种。DIV 标签的定位类型为“静态”；AP 层的定位类型为“绝对”，可以根据它的 TOP 和 LEFT 来规定这个层的显示位置。此时，张家豪就利用 DIV 为“天津爱米诺电子有限公司”宣传网页进行布局。

1. 分析网页结构。根据图 5－29 所示的效果图，可以看出网页大致分为顶部、内容部分和底部，顶部又分为 Logo 部分和 menu 部分，从而可得到该网页的布局结构图如图 5－30 所示。

图 5－29 “公司宣传网页”效果图

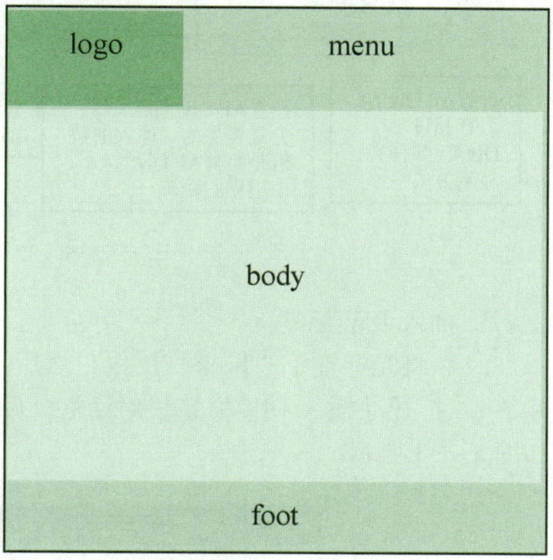

图 5－30 “公司宣传网页”布局结构图

2. 创建 AP 层。AP 层的创建可以通过插入、拖动或绘制三种方式来实现。AP 层创建后可以通过属性检查器面板对 AP 层的属性包括 ID、位置、大小、Z 轴、可见性、背景、类、溢出和剪辑等基本属性进行设置。

（1）插入 AP 层。新建一个名为“gsxc. html”的空白文档，选择菜单命令“插入”→“布局对象”→“AP DIV”，即可创建一个默认大小的 AP 层，如图 5－31 所示。

图 5－31 插入 AP 层效果图

（2）设置 AP 层的属性。选中文档中的“apDIV1”层，在属性面板中对 AP 层进行属性设置，具体设置如图 5－32 所示。

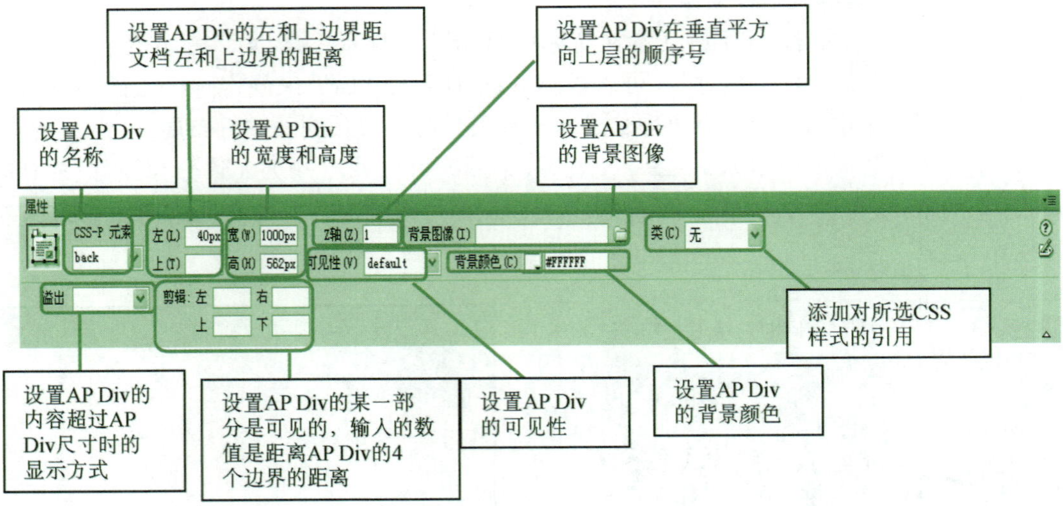

图 5－32　AP 层属性面板

3. 插入 DIV 标签。

（1）将光标置于“back”层内，然后选择菜单命令“插入”→“布局对象”→“DIV 标签”，打开【插入 DIV 标签】对话框，设置【插入】为“在插入点”，【ID】为“head”，如图 5－33 所示。

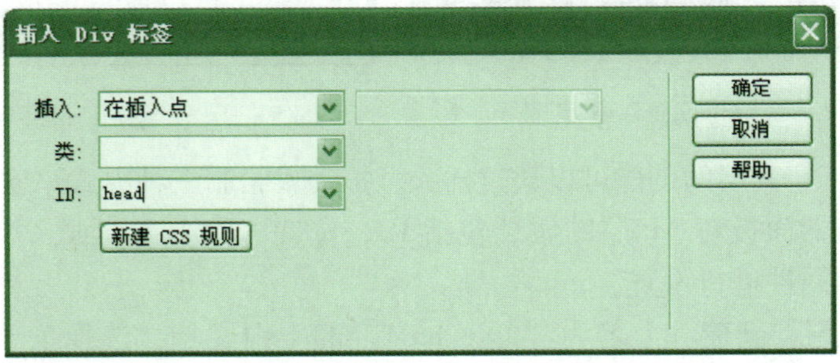

图 5－33　插入 DIV 标签

相关链接

【插入】有 6 项选择。“在插入点”表示在当前的光标位置处插入，只有当没有任何内容被选择时该选项才可用；“在选定内容旁换行”表示插入 DIV 标签包含了当前选定内容，只有选定内容时该选项才可用；“在开始标签之后”表示将 DIV 插入到选定标签内所有内容的前面，即插入到选定标签的最前端；“在结束标签之前”表示将 DIV 插入到选定标签内所有内容的后面，即插入到选定标签的最后端；“在标签之前”表示 DIV 标签代码插入到选定标签的代码前面；“在标签之后”表示 DIV 标签代码插入到选定标签的代码后面。

（2）单击“新建 CSS 规则”按钮，打开【新建 CSS 规则】对话框，保持默认参数，如图 5－34 所示。

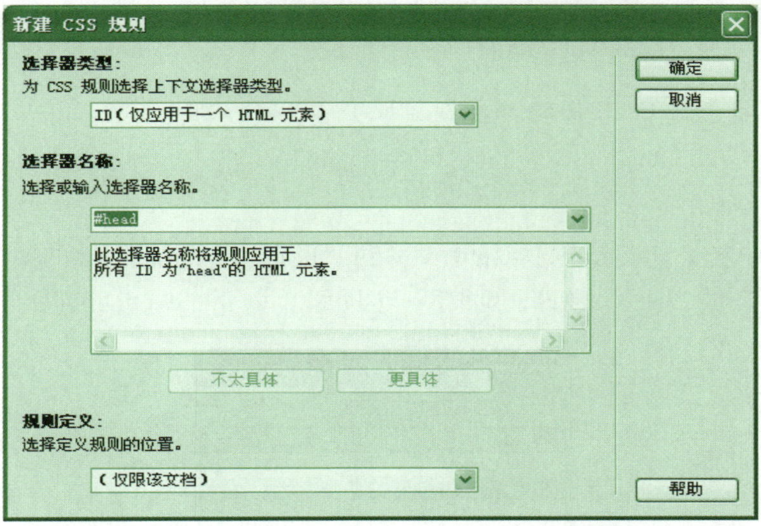

图 5－34　新建 CSS 规则

（3）单击“确定”按钮，打开【#head 的 CSS 规则定义】对话框，选择【定位】选项，设置【Position】为“absolute”，【Width】为“1000”，【Height】为“53”，如图 5－35 所示。

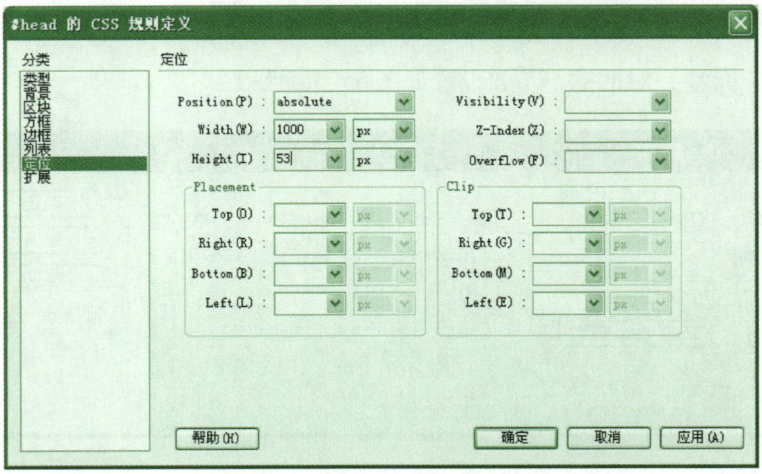

图 5－35　CSS 规则定义

（4）单击“确定”按钮，返回【插入 DIV 标签】对话框，然后单击【插入 DIV 标签】对话框上的“确定”按钮创建一个 DIV 标签，如图 5－36 所示。

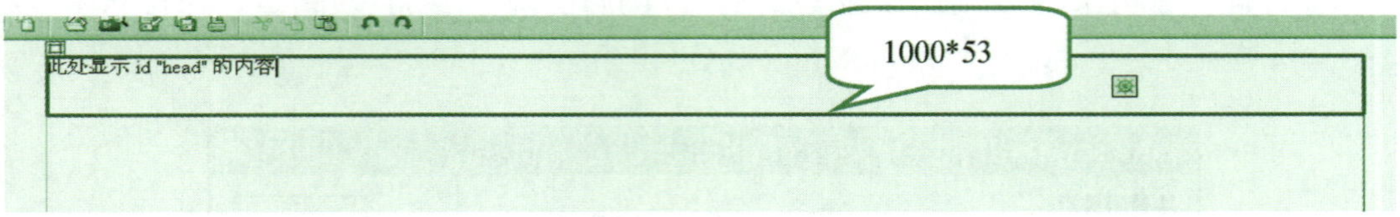

图 5－36　插入“head”DIV 标签效果

相关链接

打开【AP 元素】面板，可以看见创建的“head”层，以及层之间的嵌套，此时“head”层嵌套在“back”层内，如图 5－37 所示。

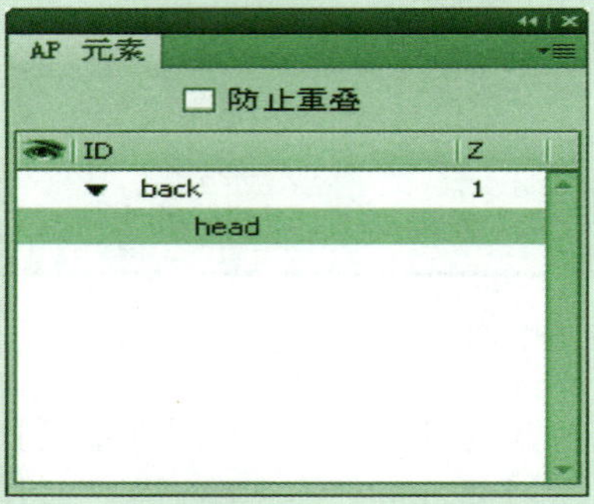

图 5－37　AP 元素

（5）选中文档中的“head”层，单击【插入】面板中的“插入 DIV 标签”按钮，打开【插入 DIV 标签】对话框，参数设置如图 5－38 所示。

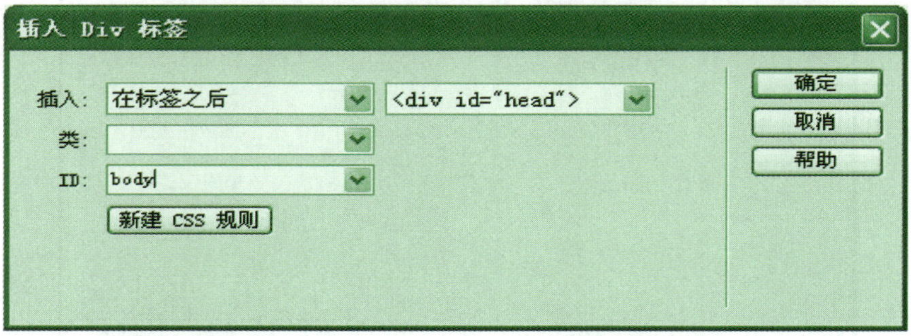

图 5－38　插入 DIV 标签

（6）单击“新建 CSS 规则”按钮，打开【新建 CSS 规则】对话框，保持默认参数，如图 5－39 所示。

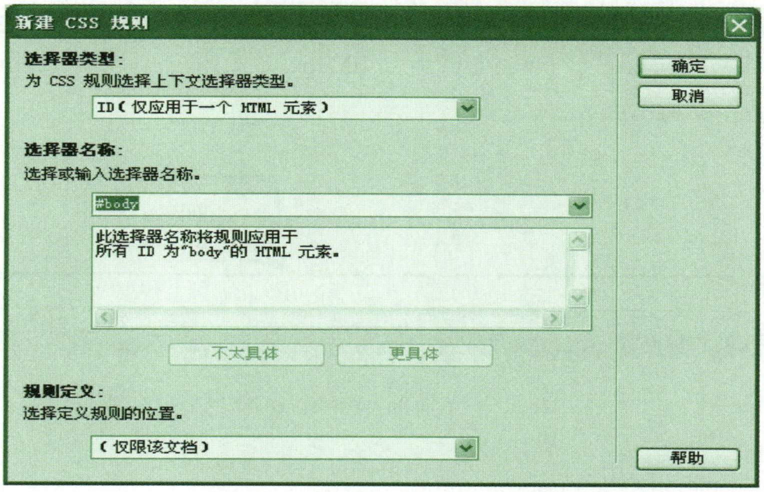

图 5－39　新建 CSS 规则

（7）单击“确定”按钮，打开【#body 的 CSS 规则定义】对话框，选择【定位】选项，设置【Position】为“absolute”，【Width】为“1000px”，【Height】为“478px”，【Top】为“53px”，如图 5－40 所示。

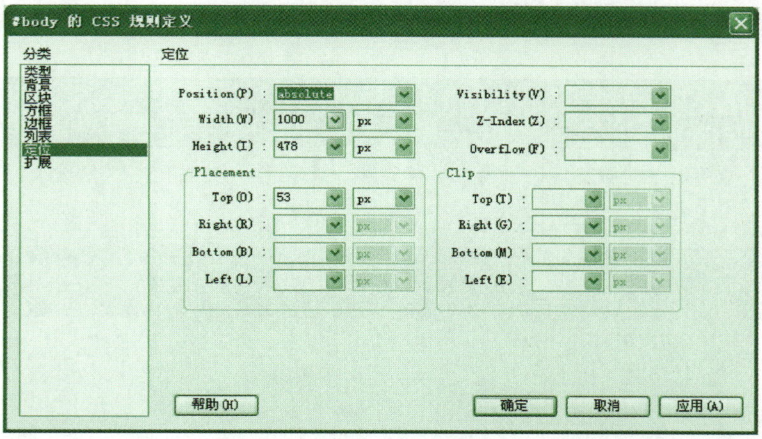

图 5－40　CSS 规则定义

（8）单击“确定”按钮，可在“Head”层下创建一个 AP 层，如图 5－41 所示。

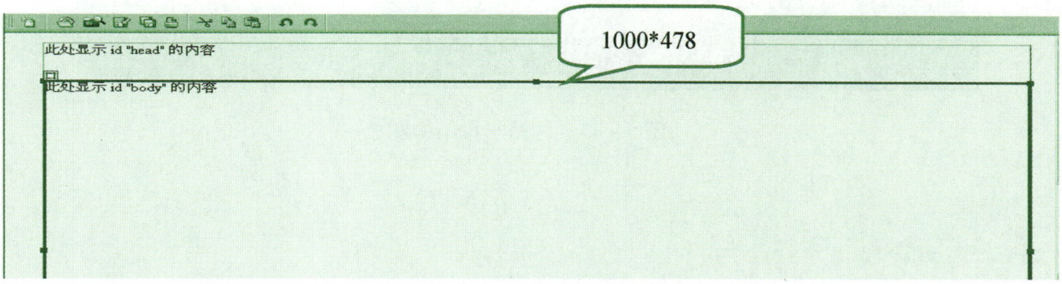

图 5－41　插入 body 层后的效果

（9）用同样的方法，在“body”层下面创建一个“footer”层。选择【定位】选项，设置【Position】为“absolute”，【Width】为“1000px”，【Height】为“31px”，【Top】为“531px”如图 5－42 所示。

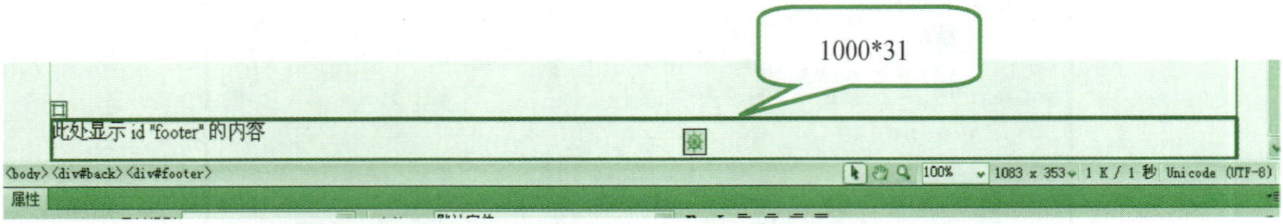

图 5－42　插入 footer 层后的效果

至此，完成页面的结构布局。

（二）使用 DIV + CSS 规划网页布局

在网页设计中，DIV 与 CSS 表通常是联系起来使用的。为提高工作效率，尽可能降低将来维护的成本，张家豪决定公司网站的子页利用 DIV + CSS 进行布局。

1. 页面布局与规划。根据图 5－43 所示的网站子页结构设计图不难发现，大致可以分为顶部、Menu 部分、Banner 部分、内容部分和底部五个部分，从而可得该网页的布局结构图如图 5－44 所示。

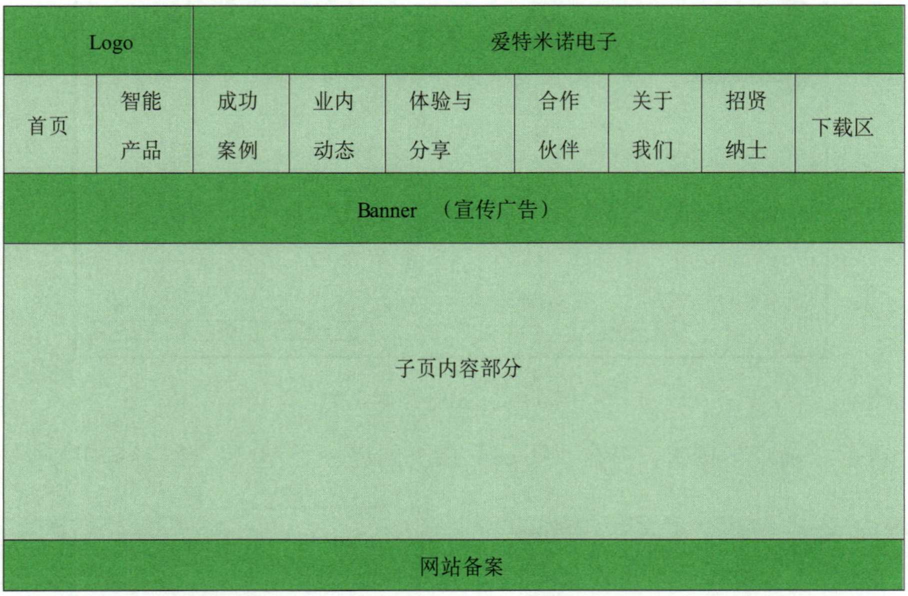

图 5－43　网站子页结构图

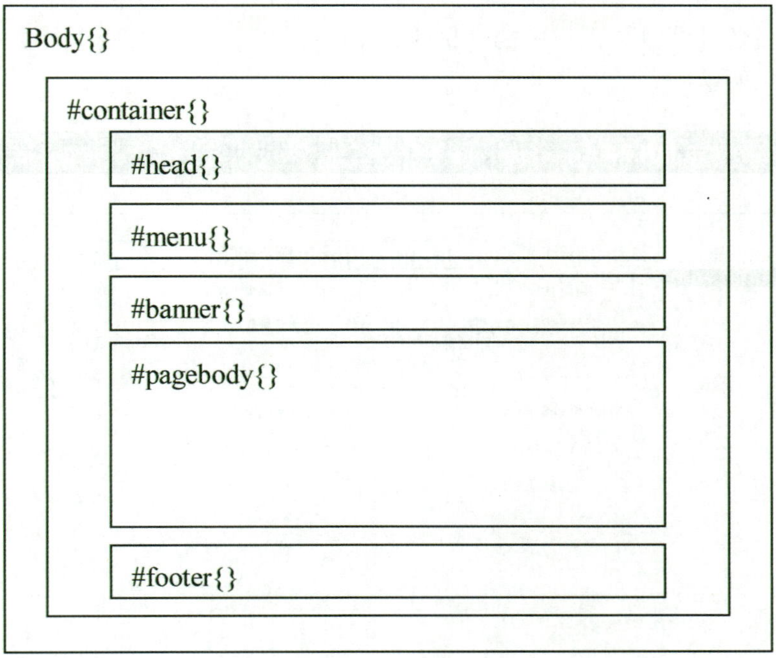

图 5－44　网站子页布局结构图

2. 写入整体层结构与 CSS。

（1）新建一个名为“cgalbj. html”的空白文档。

（2）打开【新建 CSS 规则】对话框，设置参数如图 5－45 所示。

（3）单击“确定”按钮，打开【新将样式表文件另存为】对话框，设置保存参数如图 5－46 所示。

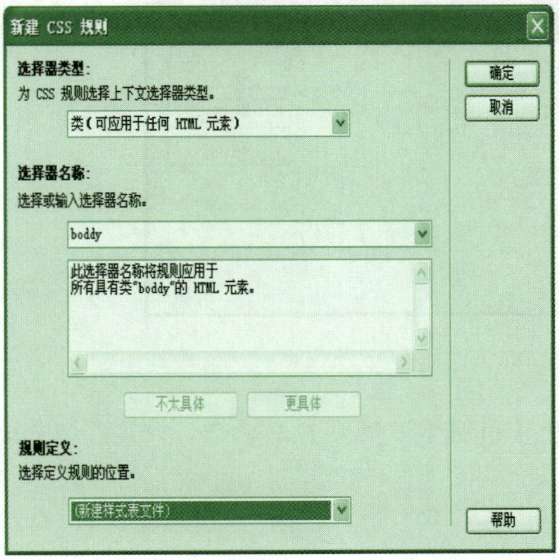

图 5－45　重新定义“body”标签

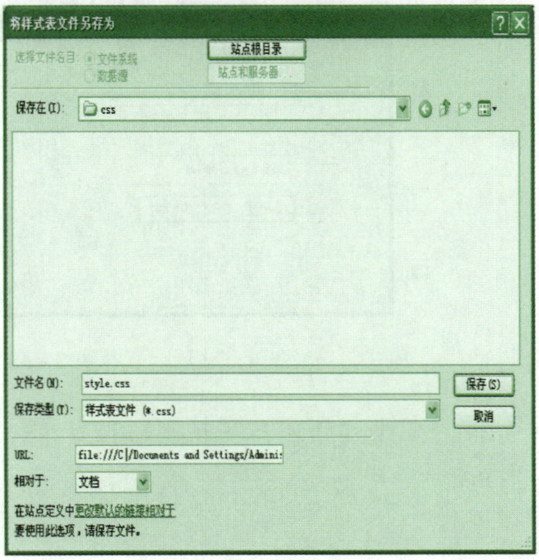

图 5－46　保存样式表

（4）单击“保存”按钮，保存样式表并打开【body 的 CSS 规则定义（在 style. css）】对话框，然后设置【背景】面板中的【background－color】为“#FFF”，【方框】面板参数设置如图 5－47 所示。

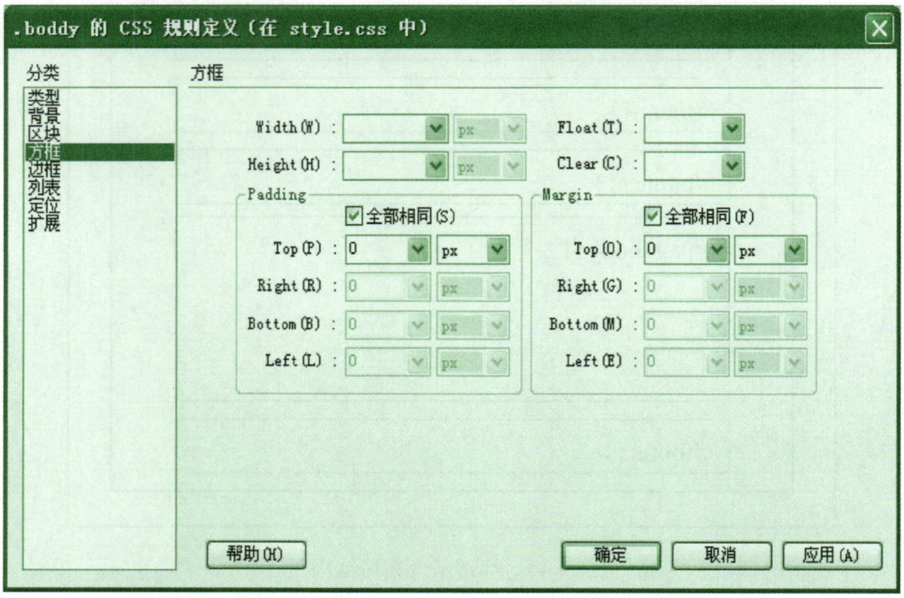

图 5－47 设置“body”标签的方框参数

（5）单击“确定”按钮，完成“body”标签的重新定义。

（6）单击【插入】面板【布局】栏中的“插入 DIV 标签”按钮，打开【插入 DIV 标签】对话框，设置参数如图 5－48 所示。

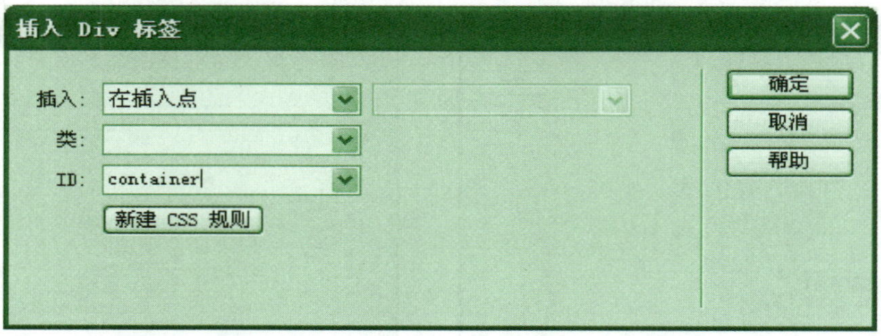

图 5－48 新建 DIV 标签

（7）单击“新建 CSS 规则”按钮，打开【新建 CSS 规则】对话框，设置参数如图 5－49所示。

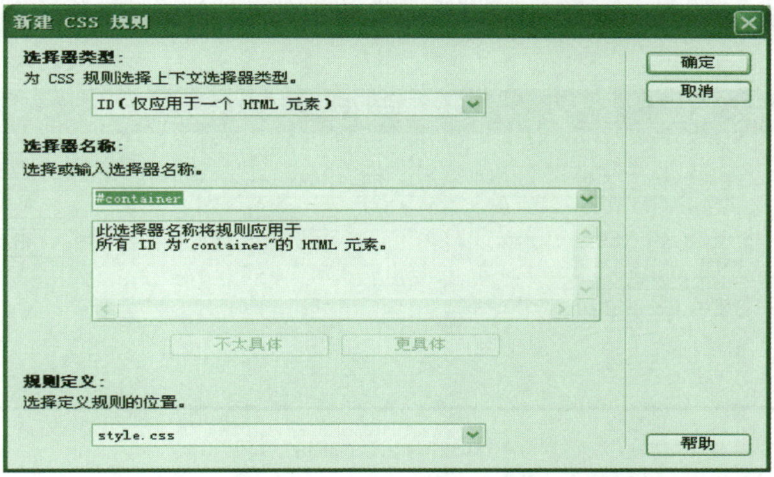

图 5 - 49　设置新建 CSS 规则

（8）单击“确定”按钮，打开【#container 的 CSS 规则定义（在 style. css）】对话框，然后设置【背景】面板中的【background - color】为“#FFF”，【方框】面板参数设置如图 5 - 50 所示。

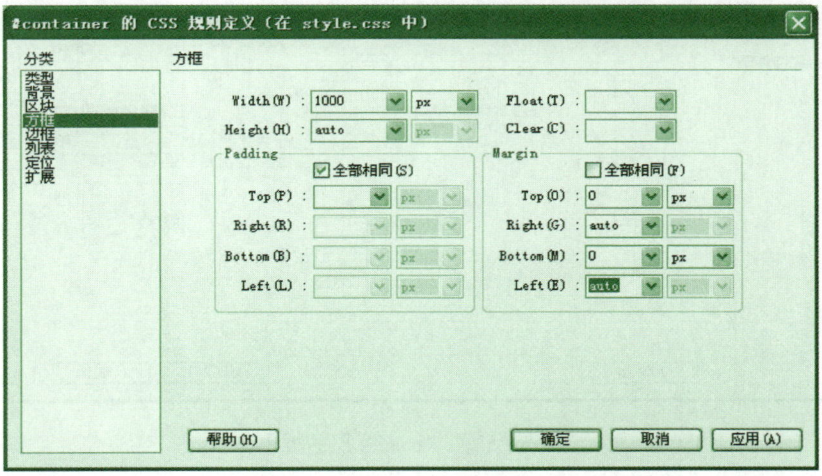

图 5 - 50　设置方框效果

（9）单击“确定”按钮，创建页面容器，如图 5 - 51 所示。

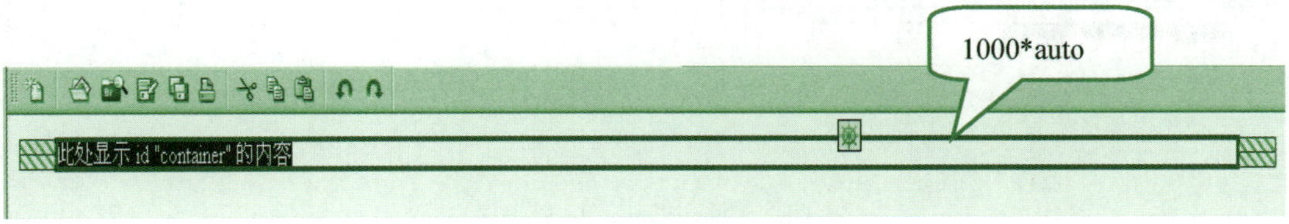

图 5 - 51　创建页面容器

（10）删除里面的内容，然后打开【插入 DIV 标签】对话框，参数设置如图 5－52 所示。

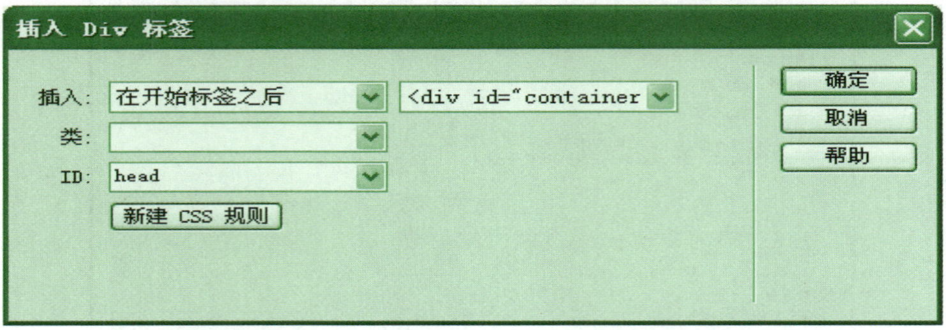

图 5－52　插入“head”层

（11）单击“新建 CSS 规则”按钮，打开【新建 CSS 规则】对话框，打开【#container 的 CSS 规则定义（在 style. css）】对话框，然后设置【背景】面板中的【background－color】为“#FFF”,【方框】面板参数设置如图 5－53 所示。

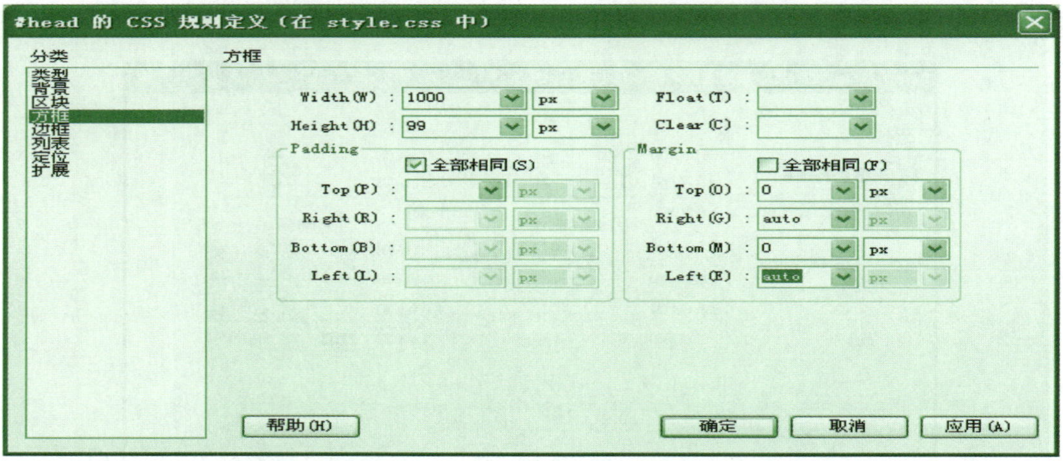

图 5－53　“head”层的大小

（12）单击“确定”按钮，在“container”层内创建“head”层，如图 5－54 所示。

图 5－54　创建“head”层

（13）用同样的方法，在“head”层后面创建“menu”层、“banner”层、“pagebody”层和“footer”层，效果如图5－55所示。

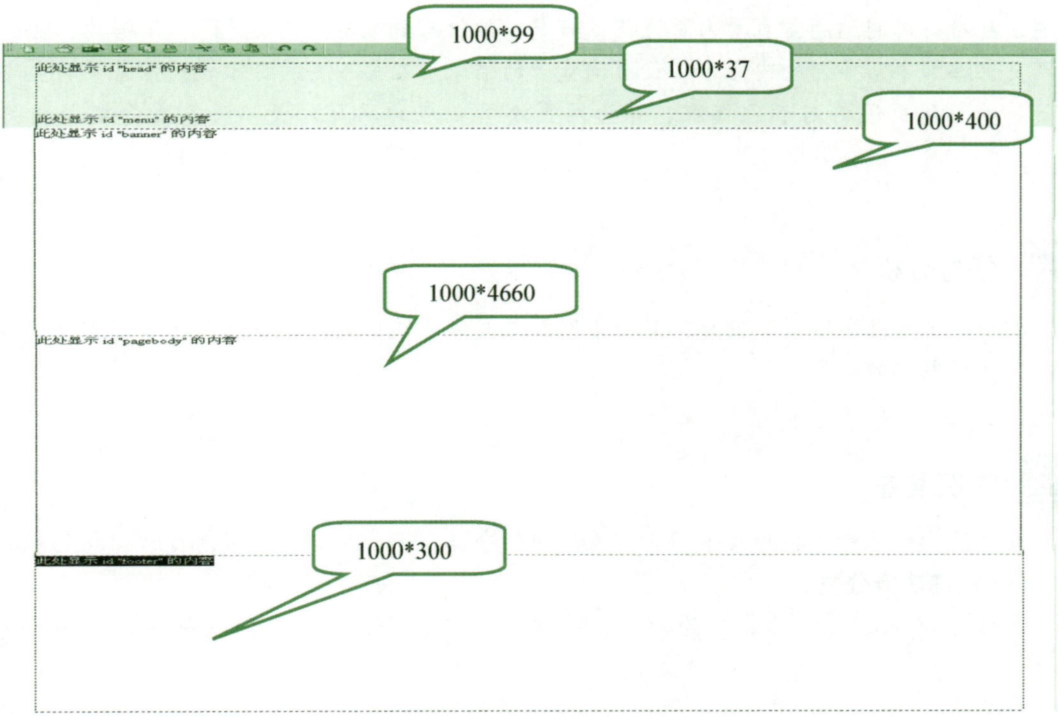

图5－55　创建所有层后的效果

（14）按【Ctrl＋S】组合键保存文档，完成网页的布局。

任务3 制作网页

任务要点

- **关 键 词：** 网页元素、链接、表单、模板、库
- **理论要点：** 理解模板与库的含义；理解表单以及常用控件的含义和作用，掌握插入表单的方法；理解各种超链接的作用。
- **实践要点：** 会添加各种网页元素（文本、图像等）；掌握创建、编辑、更新、删除模板和库的方法；掌握各种超链接的创建方法；会插入各种表单控件及属性设置。

任务情境

就公司的背景与现状以及网站在今后希望达到的效果，张家豪与相关人员进行了讨论与规划，且对公司网站的首页与内页进行了布局。但仅有规划与布局还是远远不够的，还必须在网页上添加丰富多彩的内容方可吸引浏览者的眼球。在接下去的日子里，张家豪的主要工作就是确定网页风格与颜色搭配，并为网页添加相应的网页元素，及各页面之间的关系导航。

任务分析

本任务主要是丰富网页内容，且为各网页之间设置链接关系。另外，通过创建模板与库来提高网页制作的效率。

知识准备

网页的构成元素根据形式不同，有着不同的分类，下面来认识一下网页的构成元素。

（一）按功能分类

网页的构成元素按功能分为站标、导航条、广告条、标题栏和按钮等，如图 5－56 所示。

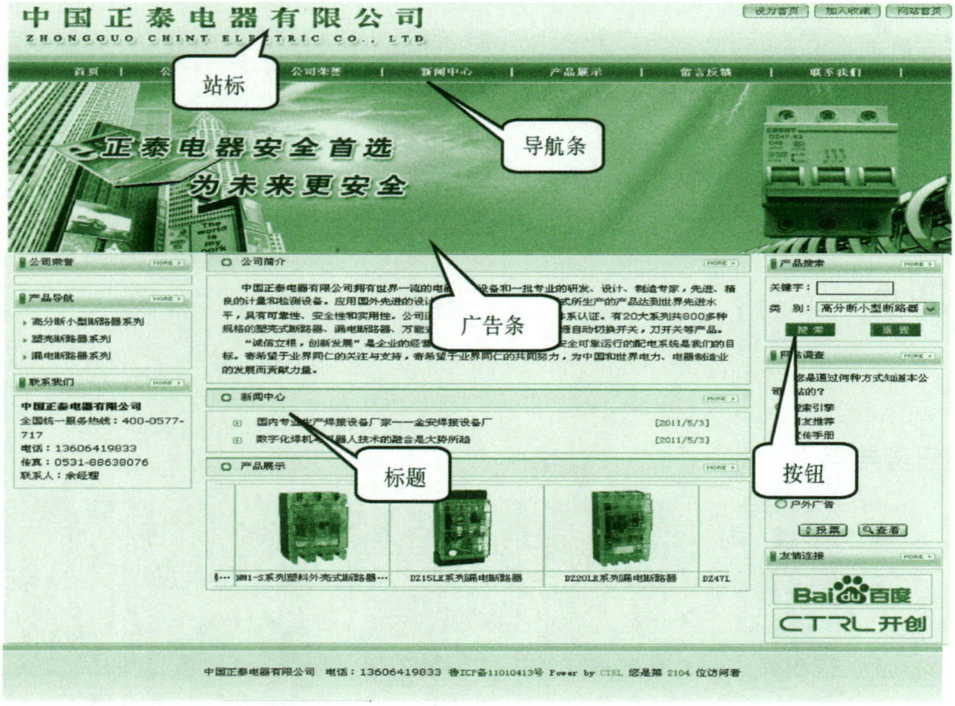

图 5－56　网页构成元素

1. 站标也叫 Logo，是网站的标志，其作用是使人看见它就能够联想到企业。

2. 导航条是一组链接到网站内主要页面的超链接组合，通过单击这种超链接，浏览者可以轻松找到网站中的各个页面。

3. 广告条又称 Banner，其功能是宣传网站或为其他商品做广告。

4. 按钮主要实现如跳转页面或传输数据等功能。

5. 此处的标题不是指整个网页标题，而是网页上各版块的标题。

（二）按内容的表现形式分类

1. 基础页面元素。

（1）文本：包括文字、水平线、特殊字符、日期、项目列表等。

（2）图像：常用的图像格式有 GIF、JPEG、PNG 三种格式。其中 GIF 格式的图像通常用于网页中的小图标、Logo 图标和背景图像等；JPEG 格式的图像多用于大幅的图像展示；PNG 格式的图像用于透明图像，使图像和网页背景很和谐地融合在一起。

2. 高级页面元素。

（1）多媒体：包括 Flash、视频和音频。

（2）超链接。

任务实施

步骤一　制作首页

首页也叫主页，就是打开网站时所见到第一张网页，是浏览一个网站的入口。网站是否能吸引网上冲浪者的眼球，首页起着关键性的作用。从现在开始，张家豪就要为“公司网站”制作那关键性的首页了。

（一）确定网页风格与色彩搭配

任何一个网页都要根据主题的内容决定其风格与形式，因为只有形式与内容的完美统一，才能达到理想的宣传效果。对于不同性质的行业，应体现出不同的网页风格，像“天津爱特米诺电子有限公司”这些电子商务类的网页关键是能吸引大量的网民，增大宣传力度，因此将其风格定位于贴近网民，为大众喜闻乐见。

另外，公司属于科技类公司，故将其主色调确定为“绿色”，象征着科技与环保；以“蓝色”作为点睛色，“浅灰色”为背景色，这样的色彩搭配既让人感觉到新鲜亮丽，又能很好地适应常人的视觉习惯。

（二）添加网页元素

网页元素按表现形式来分，可分为基础页面元素与高级页面元素。下面以设计“畅所汽车公司”为例来讲解网页元素的添加与编辑方法，设计效果如图 5－57 所示。

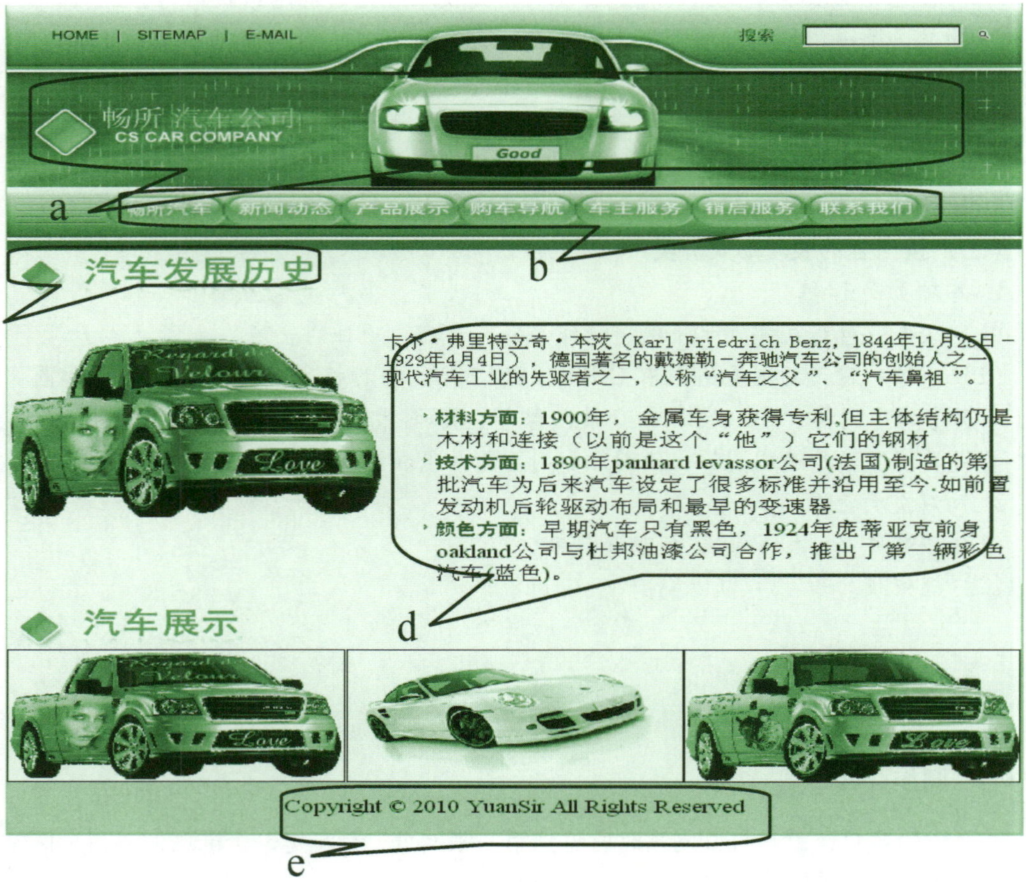
HOME | SITEMAP | E-MAIL
搜索
畅所汽车公司
CS CAR COMPANY
Good
a
畅所汽车
新闻动态
产品展示
购车导航
车主服务
销后服务
联系我们
b
汽车发展历史
c
卡尔·弗里特立奇·本茨（Karl Friedrich Benz，1844年11月25日－1929年4月4日），德国著名的戴姆勒－奔驰汽车公司的创始人之一，现代汽车工业的先驱者之一，人称“汽车之父”、“汽车鼻祖”。
材料方面：1900年，金属车身获得专利,但主体结构仍是木材和连接（以前是这个“他”）它们的钢材
技术方面：1890年panhard levassor公司(法国)制造的第一批汽车为后来汽车设定了很多标准并沿用至今.如前置发动机后轮驱动布局和最早的变速器.
颜色方面：早期汽车只有黑色，1924年庞蒂亚克前身oakland公司与杜邦油漆公司合作，推出了第一辆彩色汽车(蓝色)。
汽车展示
d
Copyright © 2010 YuanSir All Rights Reserved
e

图5－57 畅所汽车公司

1. 文本的输入与编辑。

（1）启动 Dreamweaver cs5，打开素材库中的“汽车公司”文件夹中的“index. html”。

（2）将插入点光标置于“b”处的单元格中，输入如效果图中的文本，在“c”处的单元格中输入“Copyrightⓒ 2010 YuanSir All Rights Reserved”。

（3）分别选中“d”处和“e”处的文字，通过【属性面板】将【水平】设为“默认”，【垂直】设置为“顶端”，【目标规则】为“test”；选中“材料方面……”，【水平】设为“默认”，【垂直】设置为“顶端”，【目标规则】为“list_ test”（此处假设这些 CSS 样式之前均已设置好的）。

2. 添加图像。图像是网页中必不可少的元素之一，它不仅可使页面更加美观，而且可以很好地配合文本传递信息。

（1）继续上面操作，将光标置于“b”处（即导航栏处）单元格内，选择菜单命令“插入”→“图像”，打开【选择图像源文件】对话框，选择站点“汽车公司”→“images”文件夹中的“meun01. gif”，如图5－58所示。

（2）单击“确定”按钮，打开【图像标签辅助功能属性】对话框，设置【替换文本】

为“畅所汽车公司”，如图 5－59 所示。

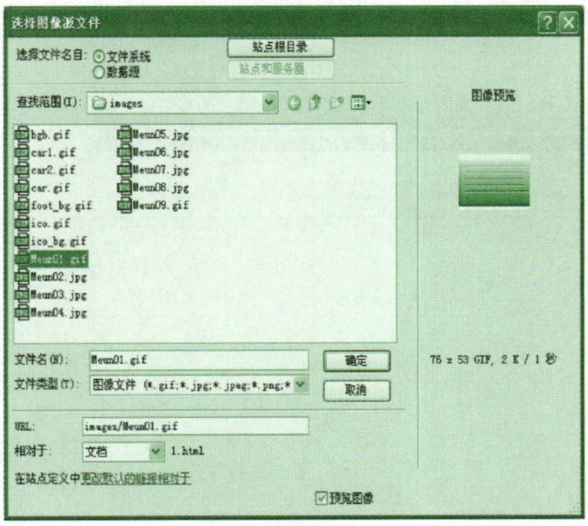

图 5－58　“选择图像源文件”对话框

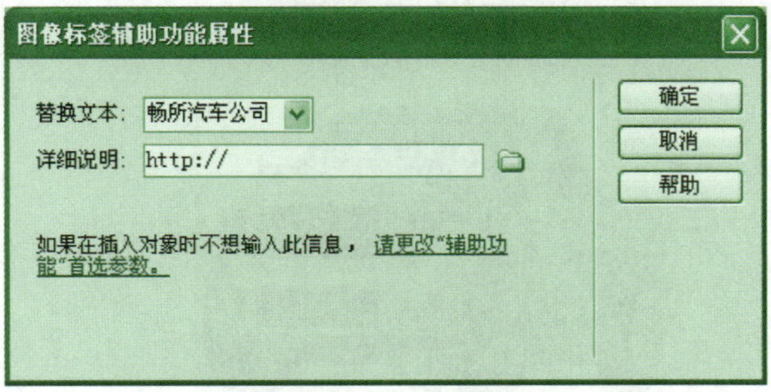

图 5－59　“图像标签辅助功能属性”对话框

相关链接

【替换文本】

设置【替换文本】即设置图像的 ALT 属性，主要作用是当这图像无法显示时，就会用【替换文本】中设置的文字代替图像；或者当图像能显示时，将鼠标指针放在图像上会显示【替换文本】中设置的文字。

（3）单击“确定”按钮，完成插入图像的操作，单击选中图 5－57 中“c”处的“ico_bg.gif”图像，在【属性检查器面板】中设置【宽】为“476px”，【高】为“57px”，【对齐】为“默认”如图 5－60 所示。

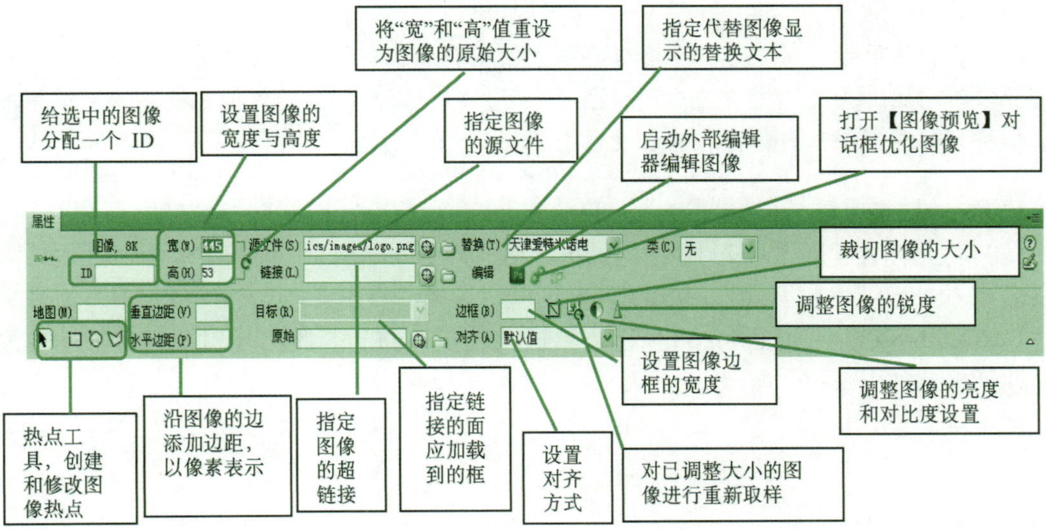

图 5－60　图像属性设置

（4）用同样的方法，完成导航栏及网页其余图片的插入及属性的设置，效果如图5－61所示。

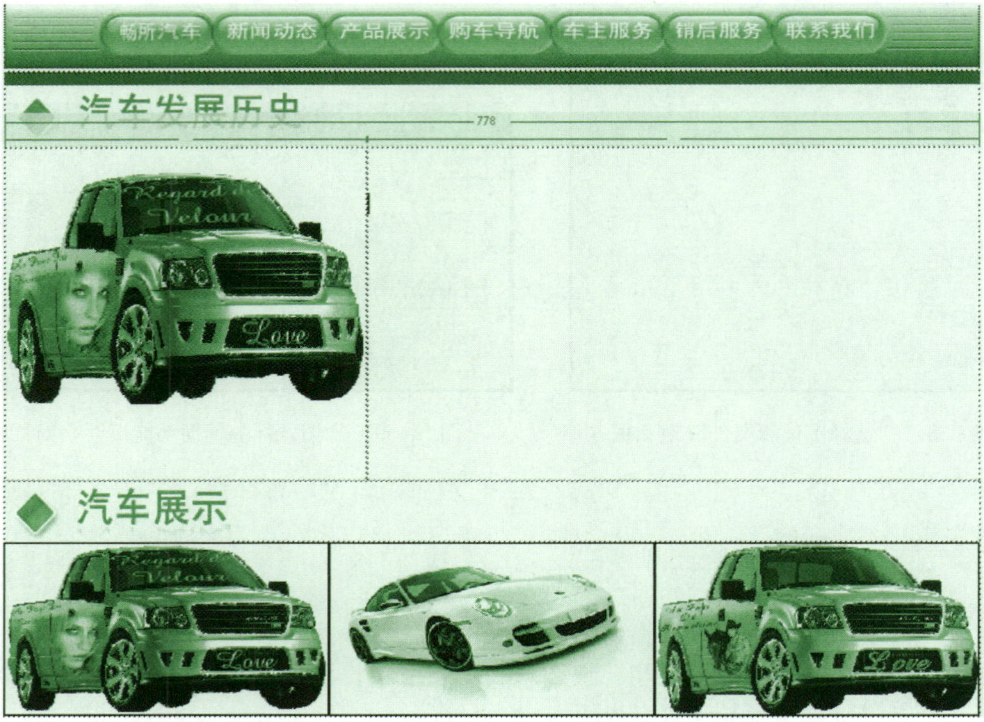

图5－61　插入图片效果

相关链接

图像占位符

在进行网页设计时，经常会遇到要插入的图像还未制作完成或暂时没有找到相对应的图像等问题，为了不影响网页设计进度，可以先在需要插入图像的位置插入一个图像占位符，等图像制作好后再将图像占位符替换。

3. 添加flash动画

（1）将光标置于图5－57中“a”处单元格（即banner处），选择菜单命令“插入”→“媒体”→“SWF”，打开【选择SWF】对话框，选择“汽车公司”→“FLASH”文件夹中的“BANNER. SWF”，如图5－62所示，单击“确定”按钮，跳出【对象标签辅助功能属性】对话框，如图5－63所示。

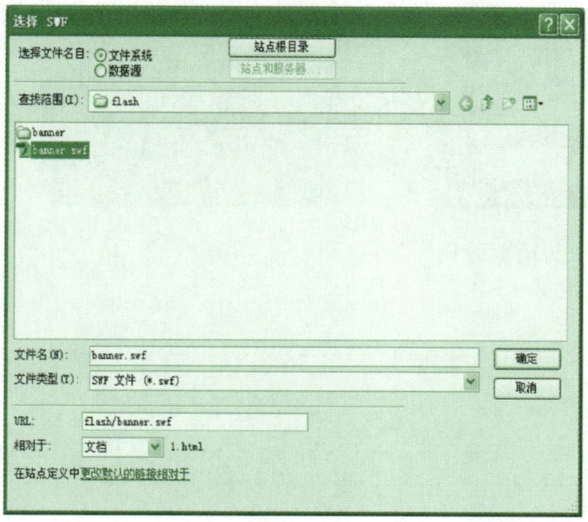

图 5-62　“选择 SWF 文件”对话框

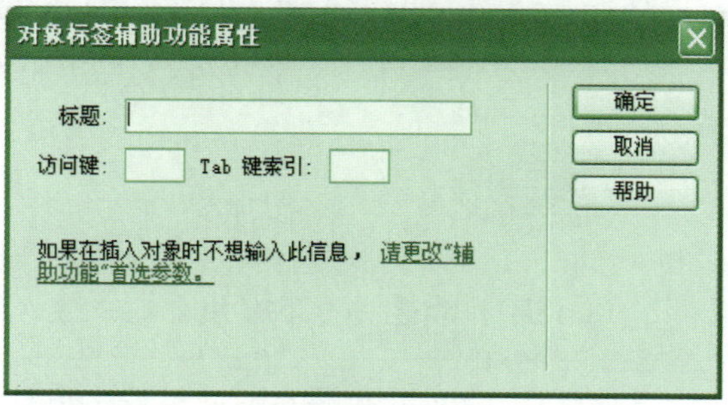

图 5-63　“对象标签辅助功能属性”对话框

（2）单击“确定”按钮，插入 flash 动画，效果如图 5-64 所示。

图 5-64　插入 FLASH 效果图

（3）设置 FLASH 动画：选中“banner. swf”，通过【属性】面板为 FLASH 动画设置属性，具体设置如图 5-65 所示。

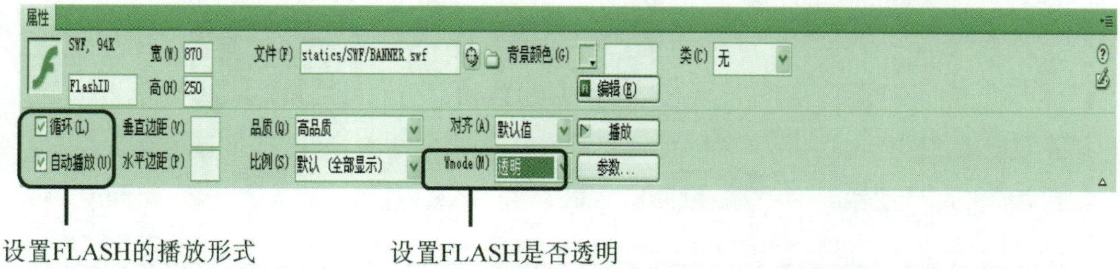

图 5-65　FLASH 动画属性面板

（4）保存网页，按“F12”预览网页效果，如图 5-66 所示。

图 5－66 FLASH 动画预览效果

想一想

FLASH 背景透明与否有什么不一样的效果?

根据以上的网页元素的添加与编辑方法，张家豪最终完成“天津爱特米诺电子有限公司”网站首页制作，效果如图 5－67 所示。

图 5－67 公司首页效果图

步骤二 创建模板和库

在大多数网站中，同一栏目中的网页一般都使用相同的布局方式或页面元素，各网页中的相同信息如果重复制作，会浪费很多不必要的时间。因此，张家豪想利用 Dreamweaver 提供的模板和库功能，来避免这些乏味而又繁琐的重复操作，提高网站制作和维护的效率。

（一）创建和编辑模板

在 Dreamweaver 中创建模板文档的方法有两种。一种是新建空白模板文档，然后像制作普通网页一样设置模板内容；另一种是将已经制作好的普通网页转换为模板。为提高制作工作效率，张家豪决定将“公司网站”中的子页“成功案例”转换为模板。

1. 创建模板。

（1）打开“aiteminuo”站点中“cgal”文件夹中的网页文档“index. html”。选择“文件”→“另存为模板”菜单，打开【另存模板】对话框。

（2）在【另存为】文本框中输入模板文档名（此处为 mb），然后单击“保存”按钮，如图 5－68 所示。

（3）弹出提示框，询问是否更新链接，一般情况下都应单击“是”按钮，如图 5－69 所示。

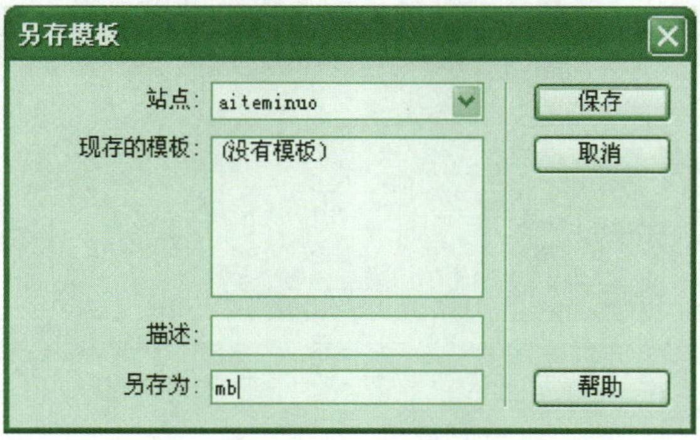

图 5－68 “另存模板”对话框

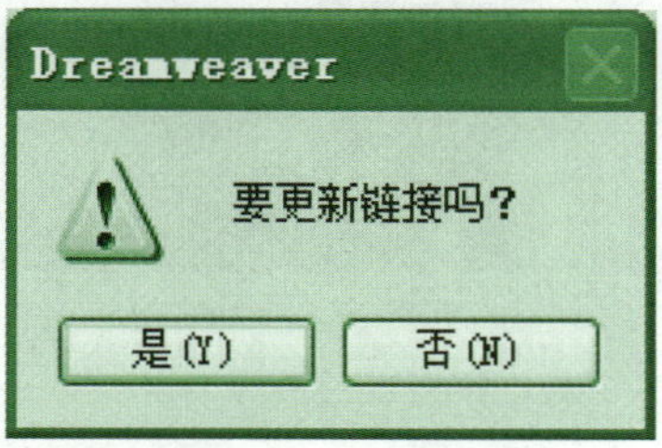

图 5－69 更新链接

2. 编辑模板。用户在创建模板并设置内容后，还需要进一步编辑才能用于创建网页文档。模板的编辑操作主要针对可编辑区域。

（1）创建可编辑区域。一般情况下，模板可分两部分，一部分是在基于模板创建的文档中不能编辑的区域，称为不可编辑区域；另外一部分是在基于模板创建的文档中可以编辑的区域，称为可编辑区域。要使模板有效，至少要在其中包含一个可编辑区域。

①打开刚创建的模板文档“mb. dwt”，将插入点置于网页中部左侧主要内容所在单元格，然后单击“标签选择器”中最右边的“<td>”标签以选中该单元格，接着选择“插入”→“模板对象”→“可编辑区域”菜单，打开【新建可编辑区域】对话框，如图 5－70所示。

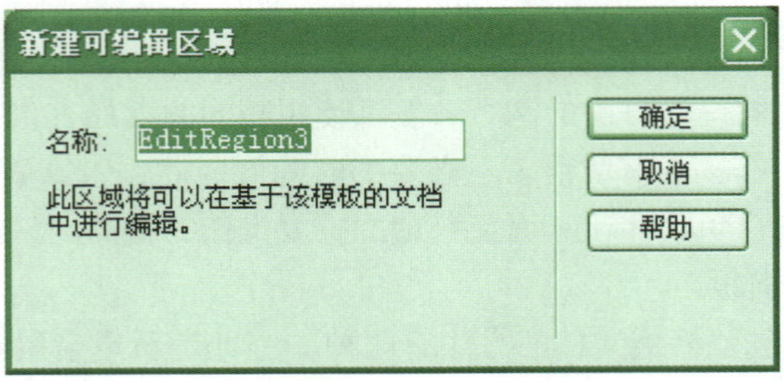

图 5－70 “新建可编辑区域”对话框

②单击“确定”按钮，所选区域变为可编辑区域“EditRegion3”，如图 5－71 所示。

图 5－71 “创建可编辑区域 EditRegion3”

（2）更改可编辑区域名称。单击可编辑区域左上角的标签名称将其选中，可看到属性检查器上的【名称】编辑框中显示了该可编辑区域的名称，如图 5－72 所示。选中【名称】编辑框中的可编辑区域名称，将其删除后重新输入新名称，更改可编辑区域名称（此处为 123）。

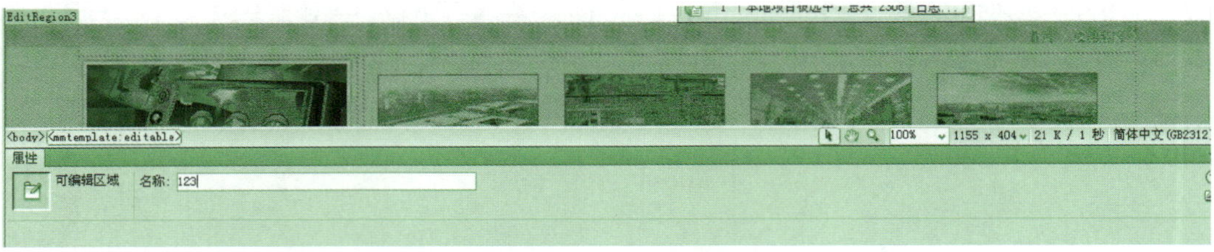

图 5－72 更改可编辑区域名称

（3）删除可编辑区域标记。如果已经将模板中的一个区域标记为可编辑，而现在想要再次锁定它，可在选中可编辑区域后，选择“修改”→“模板”→“删除模板标记”菜单即可。

3. 应用模板。应用模板创建网页文档的方法有两种，一种是使用“新建文档”对话框，另外一种是使用“资源”面板。

使用“新建文档”对话框创建基于模板的网页与创建普通网页的方法差不多，具体操作如下：

（1）选择“文件”→“新建”菜单，打开【新建文档】对话框。

（2）在左侧的【文档类型】列表中选择“模板中的页”，在【站点】列表中选择模板所在的站点（此处为“aiteminuo”），在【站点“aiteminuo”的模板】选择要应用的模板（此处为“mb”），如图 5－73 所示。

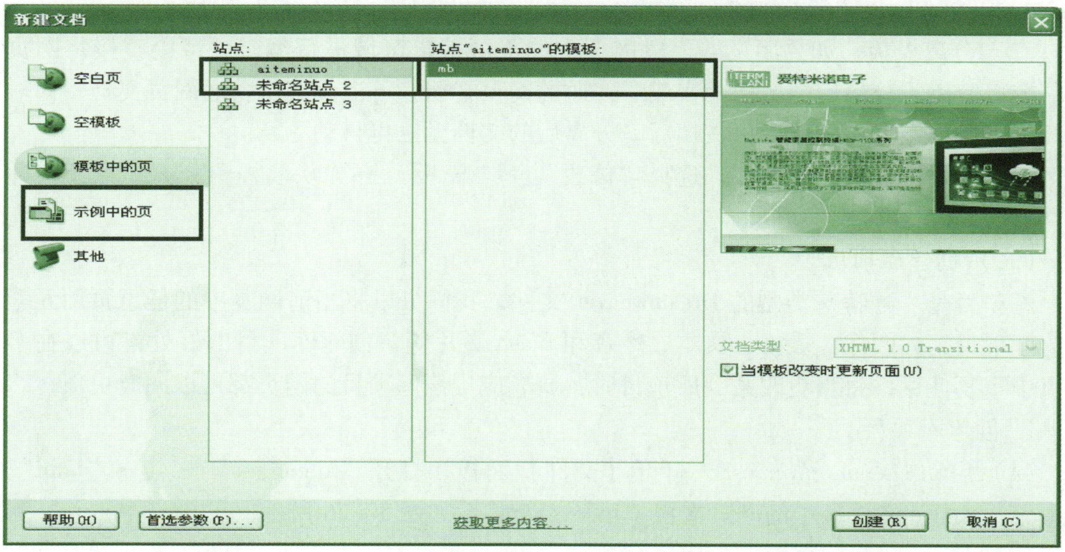

图 5－73　“新建文档”对话框

（3）单击“创建”按钮，使用模板创建的网页文档便出现在文档编辑窗口中，该文档中除可编辑区域外其他区域都是不可编辑的。

（4）按【Ctrl＋S】保存文档，并根据需要编辑可编辑区域中的内容，完成网页的创建即可。

4. 管理模板。管理模板的操作主要包括更新模板、删除模板和分离模板。

（1）更新模板。创建模板并应用其创建网页后，如果对模板中的某些部分不满意，可将其打开并修改。在修改完毕并保存时，Dreamweaver 会弹出【更新模板文件】对话框（见图 5－74），单击“更新”按钮可更新通过该模板创建的所有网页；单击“不更新”按钮，则只保存模板而不更新基于该模板的网页。

（2）删除模板。如果不再需要某个模板，可将其删除。在【资源】面板中选中不再需要的模板文件，按【Delete】键将会弹出确认提示框，如图 5－75 所示。如果确认删除，单击“是”按钮，否则，按“否”按钮。

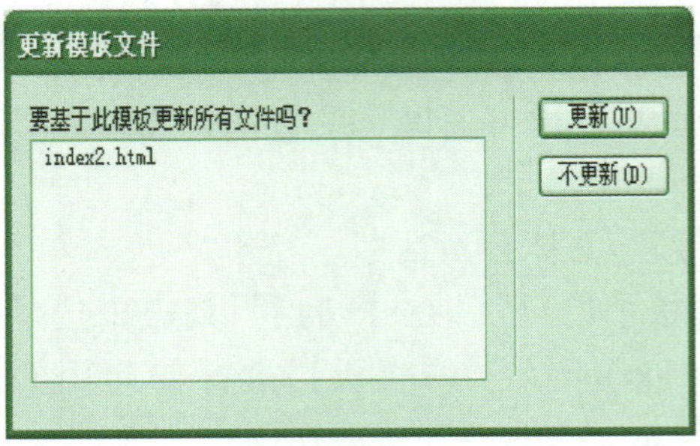
更新模板文件
要基于此模板更新所有文件吗?
index2.html
更新(U)
不更新(D)

图 5－74 “更新模板文件”对话框

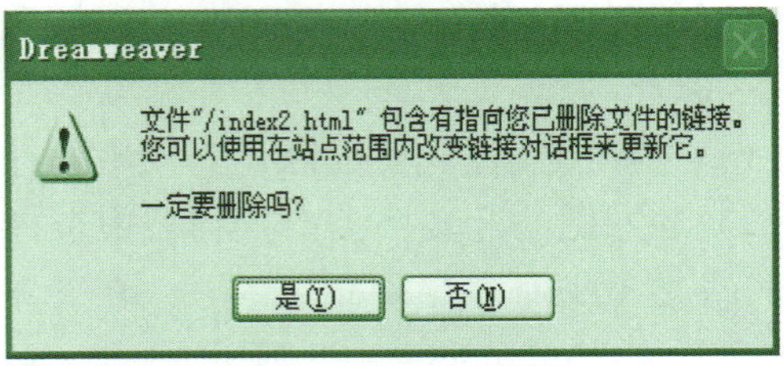
Dreamweaver
文件"/index2.html" 包含有指向您已删除文件的链接。
您可以使用在站点范围内改变链接对话框来更新它。
一定要删除吗?
是(Y)
否(N)

图 5－75 删除模板文件

（3）分离模板。如果用户需要对网页中的不可编辑区域进行编辑，可以直接将网页文档与模板分离。分离后的文档就变成了普通的网页文档，可以像编辑普通网页文档一样对其进行编辑操作，但更新原模板文档后，分离后的文档无法再自动更新。

打开使用模板创建的网页，选择“修改”→“模板”→“从模板中分离”菜单，即可使网页脱离模板。

（二）创建库项目

库项目是一种特殊类型的 Dreamweaver 文件，我们可以将当前网页中的任意页面元素定义为库项目，如图像、表格、文本、声音和 Flash 影片等。创建库项目的好处是可以在多个网页中重复使用，每当更改某个库项目时，所有应用该库项目的网页都可以同时更新。

1. 创建库项目。

（1）启动 Dreamweaver cs5，打开【文件】面板，打开“aiteminuo”站点→“html”文件夹→“cgal”文件夹中的网页文档“index. html”，如图 5－76 所示。

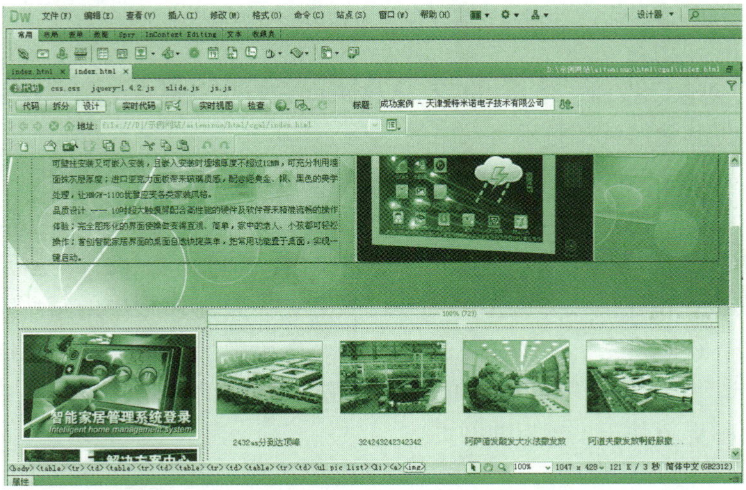

图 5－76 “成功案例”网页效果图

（2）选择网页左侧“智能家居管理系统登录”图片所在的单元格，选择“修改”→“库”→“增加对象到库”菜单，打开提示框和“资源”面板，如图 5－77 所示。

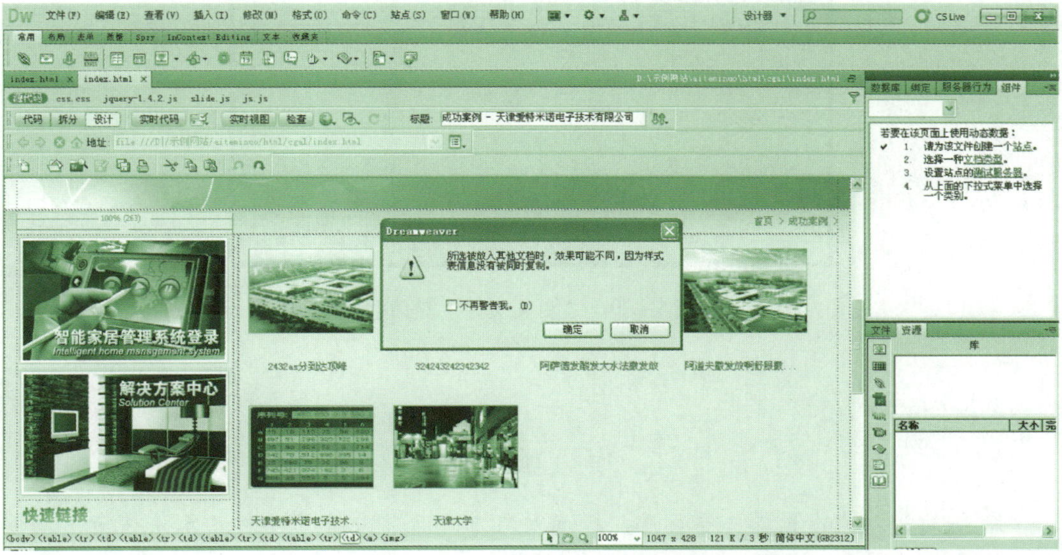

图 5－77　打开提示框与资源面板

（3）在提示框中单击“确定”按钮，可以看到在【资源】面板中生成的库项目名称处于可编辑状态，如图 5－78 所示。

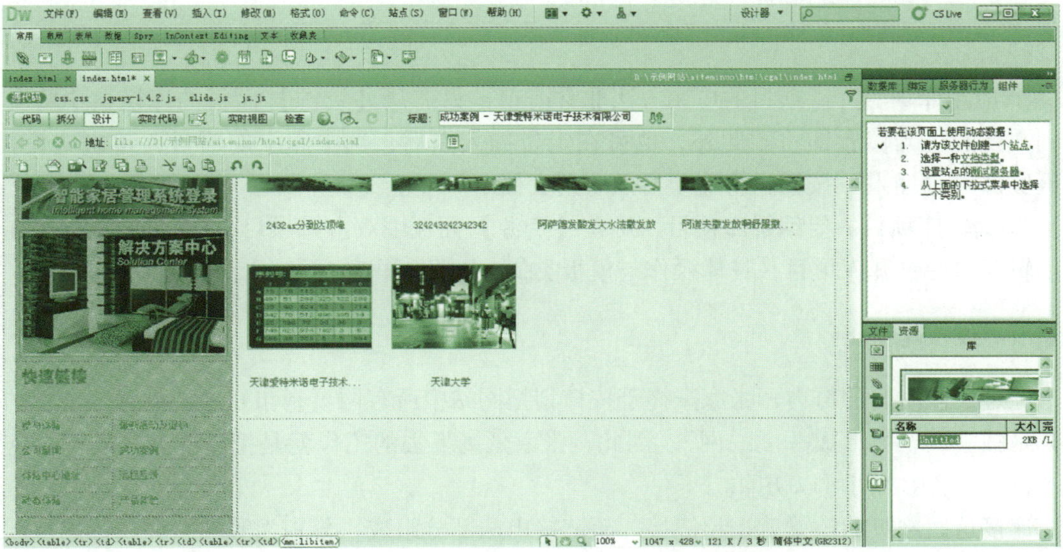

图 5－78　修改库项目名称

（4）将新建的库项目命名为“left1”，并按【Enter】键后弹出【更新文件】对话框，单击“更新”按钮，如图 5－79 所示。

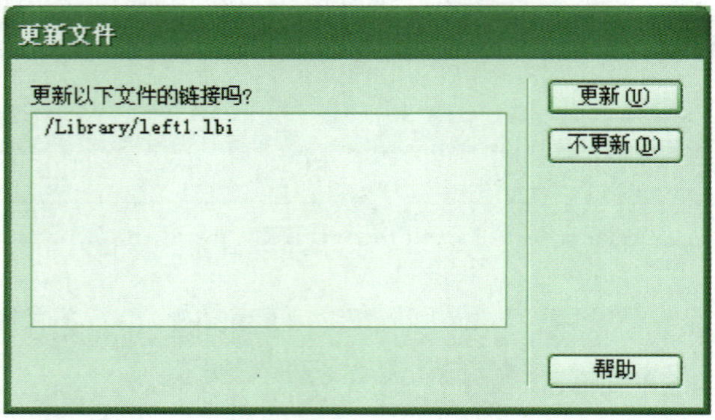

图 5－79 “更新文件”对话框

相关链接

库　项　目

1. 将所选对象设置成库项目后，所选对象本身也将成为库文件。无法在应用库项目的网页中对库项目进行任何编辑，包括调整尺寸、设置链接等。

2. 当要定义为库项目的对象中存在链接时，会弹出【更新文件】对话框，此时只需单击“更新”即可。另外，每个库项目都被单独保存在一个文件中，文件的扩展名为“. lbi”，通常情况下，库项目被放置在站点文件夹的 library 文件夹中，同模板文件一样，库项目的位置也是不能随便移动的。

2. 应用库项目。库项目的应用方法非常简单，只需从【资源】面板的库窗格中将其拖入到文档的适当位置即可。此外，也可在定位插入点后，选中库中的项目并单击“资源”面板底部的“插入”按钮，将库项目插入到文档中。

3. 编辑库项目。要编辑库项目，可在【资源】面板中双击库项目，Dreamweaver 会在文档编辑窗口中打开库项目，具体操作与模板类似，在此不再赘述。

步骤三　设置超链接

经过一段时间的努力，张家豪终于按计划把网站中所有网页制作好了，可这一个个的网页都是独立的，没形成一个“网”。因此，张家豪接下去的工作就是把这些独立的网页连接成“网”，相互之间可以访问。

连接这些网页的桥梁就是超链接。超链接由两部分组成，分别为源端点和目标端点。超链接中有链接的一端为链接的源端点，跳转到的页面称为链接的“目标端点”。

（一）设置链接样式

在创建链接之前，需要对网页链接的样式进行设置，其中包括链接字体、链接颜色、变换图像链接、已访问链接、活动链接以及链接下划线样式等。

1. 启动 Dreamweaver cs5，打开站点“aiteminuo”中的 index. html。

2. 选择“修改”菜单→“页面属性”，打开【页面属性】对话框，并切换至【链接(CSS)】面板，具体设置如图 5－80 所示。

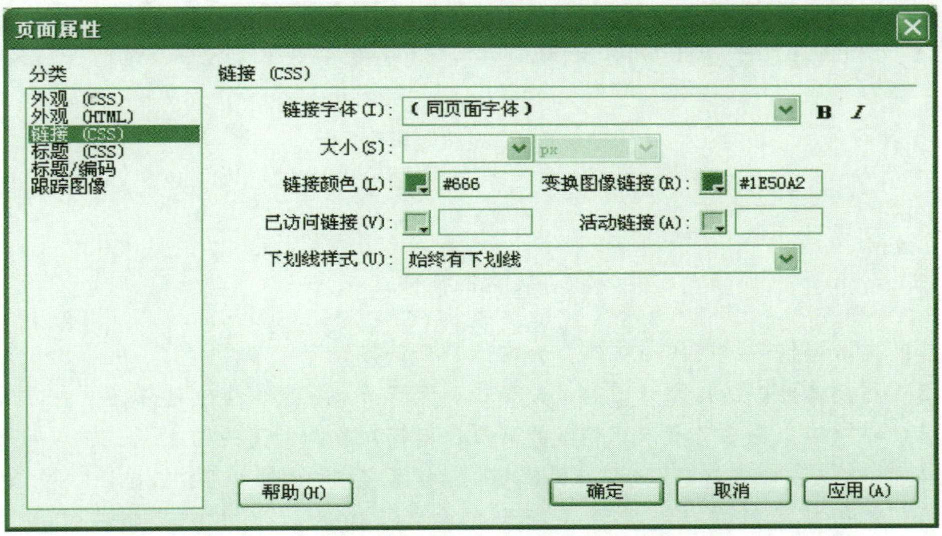

图 5－80　页面属性

3. 单击“确定”按钮，完成设置。

(二) 创建文本链接

文本链接是网页中最常用的一种链接方式，在 Dreamweaver cs5 中根据链接的不同，文本链接可以分为内部链接和外部链接。现在，张家豪要为“天津爱特米诺电子有限公司首页”中“快速链接”栏（见图 5－81）的文本创建内部链接。

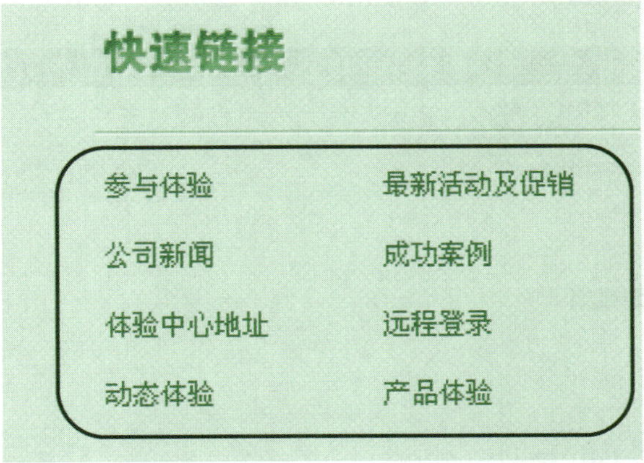

图 5－81　“快速链接”栏目

1. 选中“快速链接”栏中的文本“参与体验”，在属性检查器面板上单击 HTML 按钮打开 HTML 属性面板，在【链接】文本编辑处输入“#”，如图 5－82 所示。

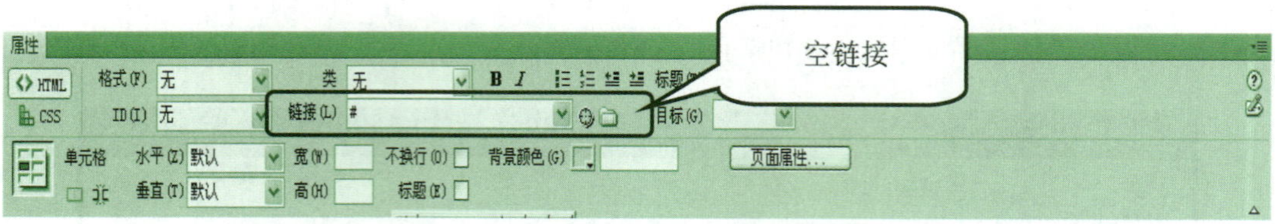

图 5－82 “链接”属性面板

相关链接

链接的类型

（1）文本链接：链接源为文本，分内、外部链接。

（2）图像链接：链接源为图像，分整张图像链接和在图像上创建热区两种方式。

（3）锚链接：主要用于内容较多的网页，链接对象为创建的锚点名，如“#TOP”。

（4）空链接：指未指定目标端点的链接，链接源文本和图像均可，链接目标为“#”。

（5）电子邮件链接：链接源只能为文本，链接目标为“邮箱地址”，格式为：“mailto：电子邮箱地址”。

（6）下载链接：为了资源共享所创建的链接，链接目标为“文件的具体地址”，创建方法与一般链接相同。

2. 用同样的方法，分别给“最新活动及促销”与“远程登录”创建空链接。

3. 选中文本“公司新闻”单击【链接】文本框右侧的按钮，打开【选择文件】对话框，选择“aiteminuo”站点根目录下“html”→“yndt”的“index. html”，如图 5－83 所示。

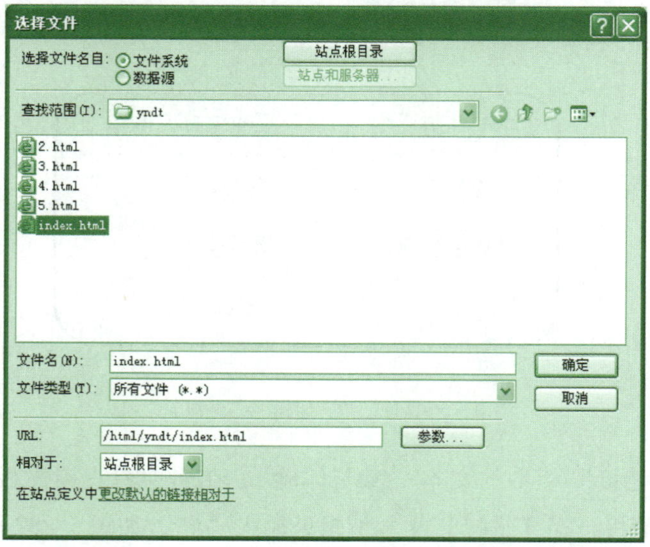

图 5－83 “选择文件”对话框

相关链接

相对地址与绝对地址

绝对地址是互联网上的独立地址，在任何网站通过这个地址可以直接到达目标网页，其包含主域名和目录地址。相对地址是相对于网站的地址，当域名改变时，相对地址的“绝对地址”也发生变化。

4. 单击“确定”按钮，返回【HTML】面板，并设置【目标】为“_ self”，如图5-84所示。

图 5-84 “链接”属性面板，设置“目标”

5. 用同样的方法，分别给文本“体验中心地址”、“动态体验”、“成功案例”、“产品体验”创建链接，【链接】文本框处分别为“aiteminuo”站点根目录下的“/html/yndt/index. html”、“/html/lxwm/index. html”、“/html/dtzs/index. html”、“/html/cgal/index. html”、“/html/tyzx/index. html”，【目标】均设置为“_ self”。

6. 按“F12”键预览网页，单击“快速链接”栏中的“成功案例”，可在当前窗口打开“/html/dtzs/index. html”，如图 5-85 所示。

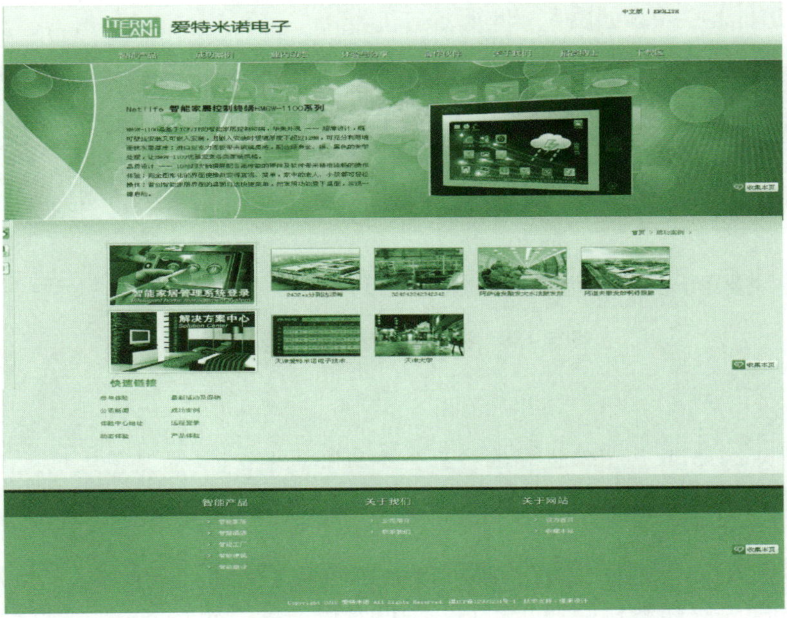

图 5-85 “成功案例”网页

（三）创建图像链接

图像是网页设计中的重要元素，为其添加超链接也是网页设计中最基础的操作之一。图像的超链接包括整张链接和在图像上创建热区链接两种方式。下面张家豪为“公司首页”的导航栏（见图5－86）创建内部链接。

图5－86 导航栏

1. 选中导航栏上的“智能产品”图片，如图5－87所示。

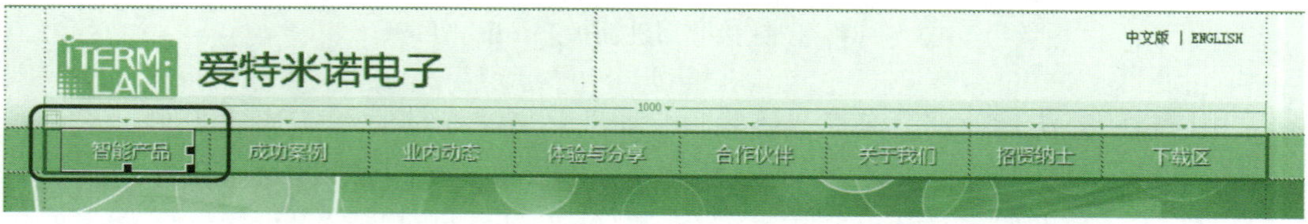

图5－87 选中“智能产品”

2. 在【链接】右侧文本框中输入“#”（因为此处有下拉导航菜单，真正的链接在下拉导航菜单中，“智能产品”本身没有链接目标，故在此创建空链接），并设置【目标】为“_ blank”，【边框】为0，如图5－88所示。

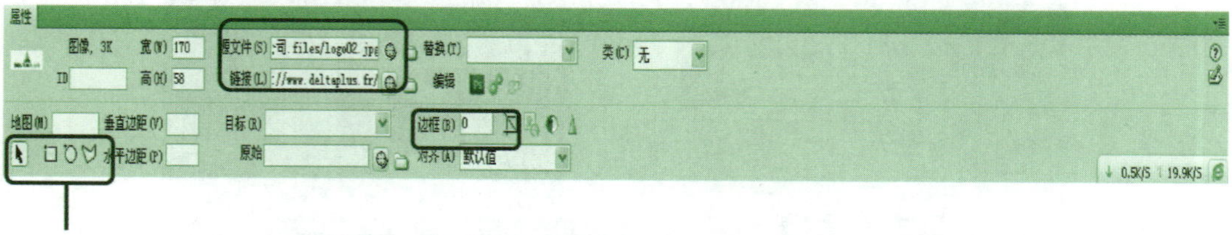

热区工具：主要用于在图像上创建热区链接时使用

图5－88 链接属性面板（图像链接）

温馨提示

Dreamweaver cs5默认图像设置链接后会添加像素为“1”的黑色边框，为了取消边框效果，故设置图像的【边框】为“0”。

3. 用同样的方法，分别给图片“体验分享”、“关于我们”、“下载区”创建空链接。

4. 选中图片“成功案例”，打开【文件】面板，将“aiteminuo”站点设为当前站点，然后单击并拖动单击【链接】文本框右侧的指向文件按钮，至【文件】面板中aiteminuo

站点根目录下“html”→“cgal”的 index. html，如图 5-89 所示。

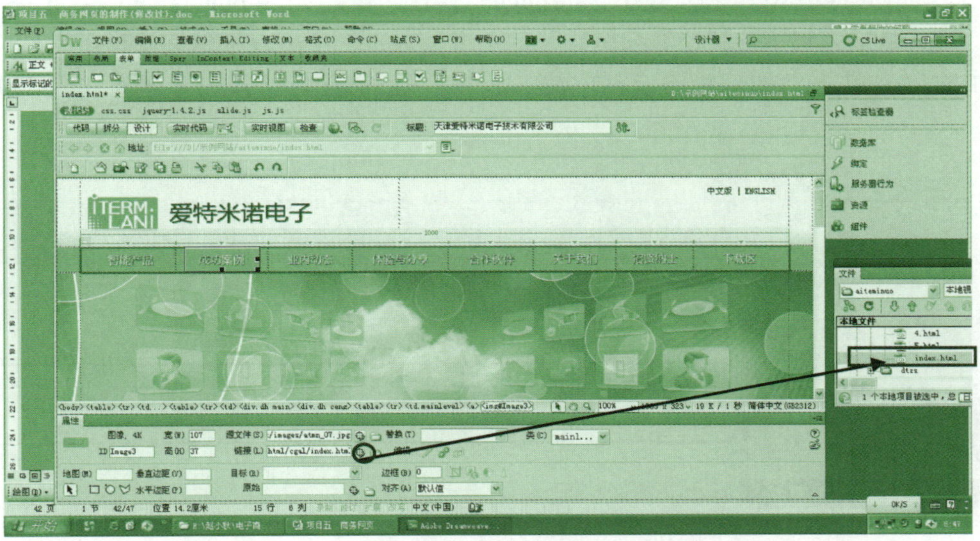

图 5-89　利用指向文件按钮创建链接

5. 用同样的方法为“业内动态”、“合作伙伴”、“招贤纳士”等图片创建链接。
6. 保存网页，按 F12 预览网页效果。

步骤四　插入表单

在互联网的应用中，表单是不可或缺的一个网页组成元素，在人机交互过程中起到了越来越重要的作用，如在论坛、留言板、网络调查问卷中，都可看到表单运用的影子，是用户沟通的一个桥梁。在原先的规划当中，张家豪未考虑周全，缺少了如“留言板”之类的页面，为及时掌握客户的信息，现在制作一个“客户留言”页面，效果如图 5-90 所示。

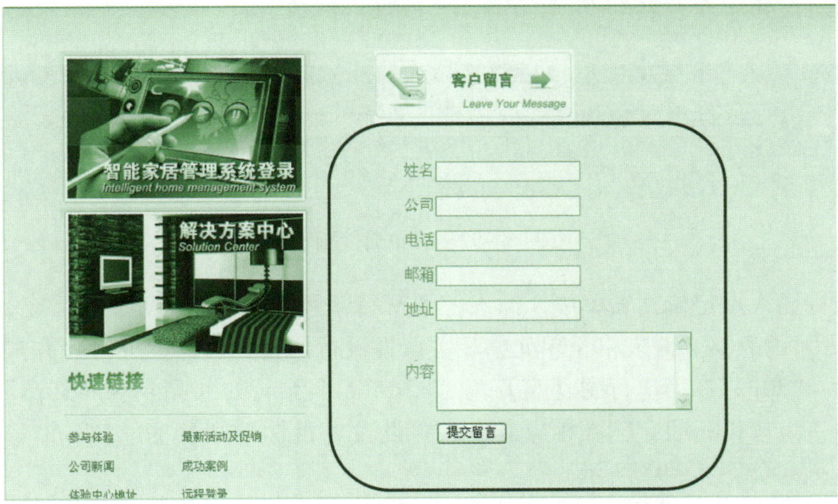

图 5-90　“客户留言”效果

（一）插入表单

1. 启动 Dreamweaver cs5，打开“aiteminuo”站点中的“khly. html”。

2. 将光标插入点定位到“客户留言”的下方，插入一个1行1列的表格，选择“插入栏”中的“表单”类别，并单击其中的“表单”按钮，插入一个表单，如图5－91所示。

图5－91 插入表单效果

相关链接

表单的组成部分

- 表单标签：包含了处理表单数据的方法。
- 表单域：包含用于采集信息的表单对象。
- 表单按钮：包括提交按钮、复位按钮和一般按钮。

3. 将插入点光标定位于表单中，通过属性面板设置表单的相关属性，具体如图5－92所示。

图5－92 表单属性面板

4. 将光标插入点定位到表单中，插入一个9行2列，【宽】90%，【填充】为2，【间距】为“1px”的表格。对表格及单元格相关属性进行调整：第9行进行合并操作，并将其【高】设置为“30px”；第7行的【高】为“82px”，其余行的【高】为“30px”；将第1列的【宽】调整为“108px”。输入相应文字，并设置【目标规则】为“bdfont1”（宋体、18号、#09f），效果如图5－93所示。

图 5－93　在表单中插入表格效果

（二）插入表单对象

1. 将插入点光标定位于表格的第 2 行的第 2 列，单击“插入”→“表单”类别中的“文本字段”按钮 ，弹出【输入标签辅助功能属性】对话框，如图 5－94 所示，单击“取消”按钮，插入“文本域”表单对象，如图 5－95 所示。

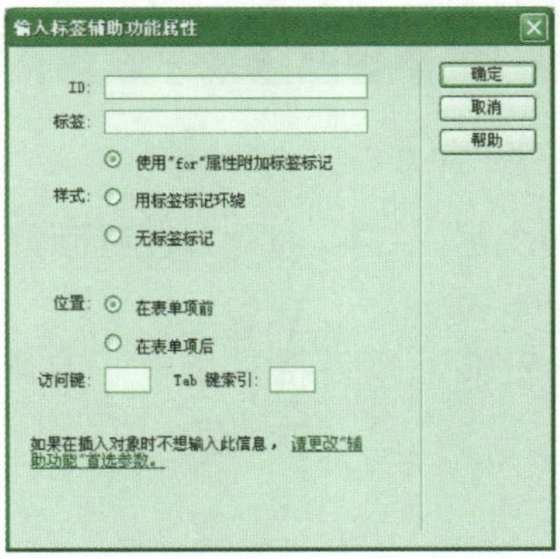

图 5－94　输入标签辅助功能属性

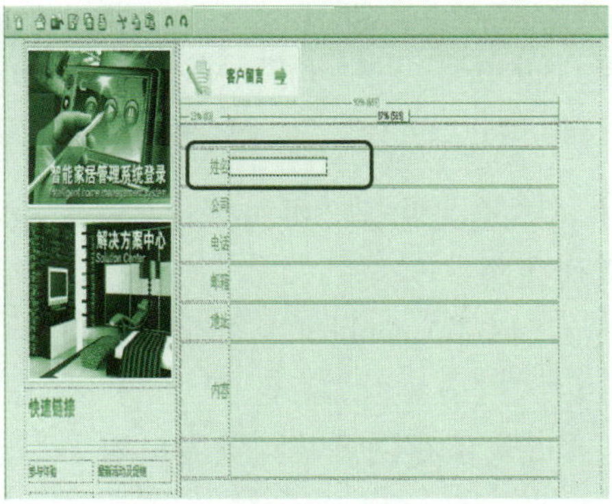

图 5－95　插入文本域

2. 将插入点光标定位于“文本域”中，通过属性面板可设置其属性，具体如图 5－96 所示。

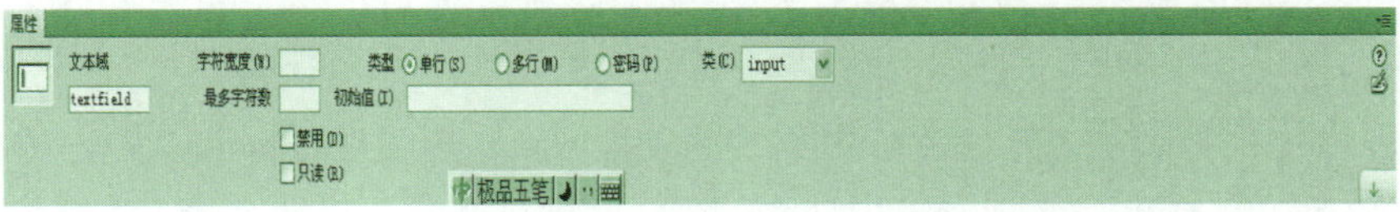

图 5－96　“文本域”属性面板

3. 用相同的方法，在第 3、4、5、6 行的第 2 列分别插入“文本域”表单对象，并进行相同的属性设置。

4. 用相同的方法，在第 7 行的第 2 列插入“文本域”表单对象，并将【字符宽度】设为 35，【行数】为 5，【类型】为多行。

5. 用同样的方法，在第 8 行的第 2 列插入“按钮”表单对象，并将【值】设为“提交留言”，其余为默认值。

6. 按【Ctrl + s】保存网页，按 F12 预览网页效果如图 5 – 90 所示。

步骤五　制作简单动画

为优化网页的视觉效果，舒缓眼睛疲劳，制作者们经常会在网页中增加一些简单的动画，如滚动字幕、滚动图片等。下面我们与张家豪一起为“天津爱特米诺电子有限公司”网站首页增加一些简单动画吧。

（一）制作滚动字幕

滚动字幕在网页经常会用到，如公告栏、网页文档头的标题或欢迎辞等。张家豪准备在“公司网站”首页的顶部增加“欢迎光临天津爱特米诺电子有限公司网站”水平自右向左滚动的滚动字幕。

1. 启动 Dreamweaver cs5，打开“aiteminuo”站点中的“index. html”，在网页的顶部输入“欢迎光临天津爱特米诺电子有限公司网站”，并设置合适的文本格式，效果如图 5 – 97 所示。

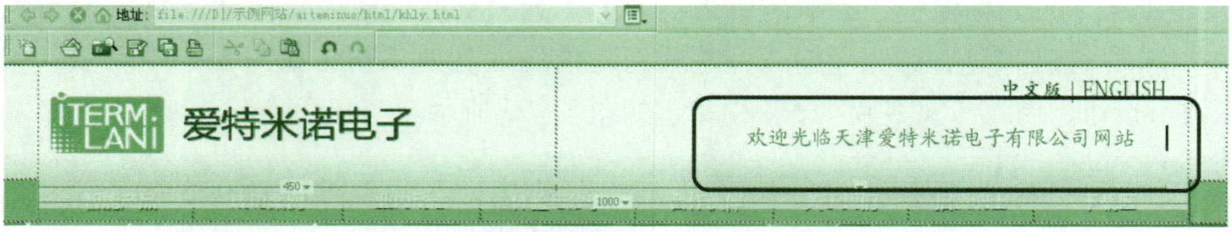

图 5 – 97　网页顶部输入文字效果

2. 选中“欢迎光临天津爱特米诺电子有限公司网站”文本，并切换到代码窗口，在其位置增加下列代码：

< marquee scrollAmount = 2 width = 500 > 欢迎光临天津爱特米诺电子有限公司网站 </marquee >

3. 按“F12”保存网页并预览网页效果。

相关链接

marquee 各参数详解

（1）ascrollAmount：它表示速度，值越大速度越快。如果不设置，默认为 6，建议设为 1 ~ 3 比较好。

（2）width 和 height：表示滚动区域的大小，width 是宽度，height 是高度。特别是在做垂直滚动的时候，一定要设 height 的值。

（3）direction：表示滚动的方向，默认为从右向左：←。可选的值有 right、down、up。滚动方向分别为：right 表示→，up 表示↑，down 表示↓。

（4）scrollDelay：这也是用来控制速度的，默认为 90，值越大，速度越慢。通常 scrollDelay 是不需要设置的。

（5）Behavior：用它来控制属性，默认为循环滚动，可选的值有 alternate（交替滚动）、slide（幻灯片效果，指的是滚动一次，然后停止滚动）。

（二）制作动态导航图像

所谓动态导航图像，就是诸如鼠标经过图像时，图像会发生变化等情况。为使网页导航更显特色，张家豪决定将网页导航制作成当鼠标经过时变成另外一图像。

1. 启动 Dreamweaver cs5，打开“aiteminuo”站点中的“index. html”。

2. 选中导航条上的“成功案例”图像并删除，选择“插入”→“图像对象”→“鼠标经过图像”，弹出【插入鼠标经过图像】对话框，如图 5－98 所示。

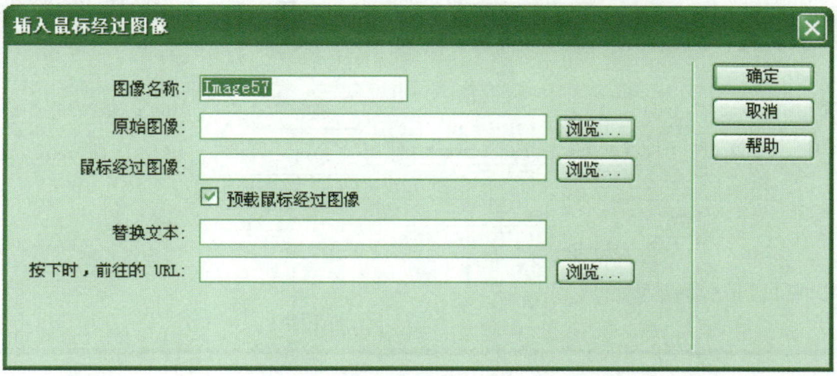

图 5－98　“插入鼠标经过图像”对话框

3. 分别单击“原始图像”、“鼠标经过图像”、“按下时，前往的 URL”处的“浏览”按钮，分别打开“原始图像”（见图 5－99）、“鼠标经过图像”（见图 5－100）、“单击后，转到 URL”（见图 5－101）等对话框，并插入相应的图片或网页。

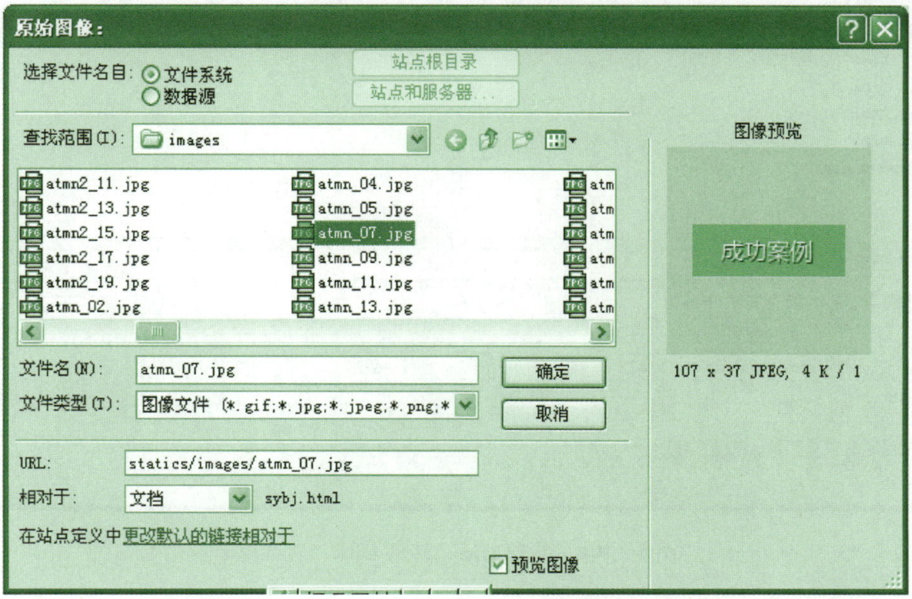

图 5－99　“原始图像”对话框

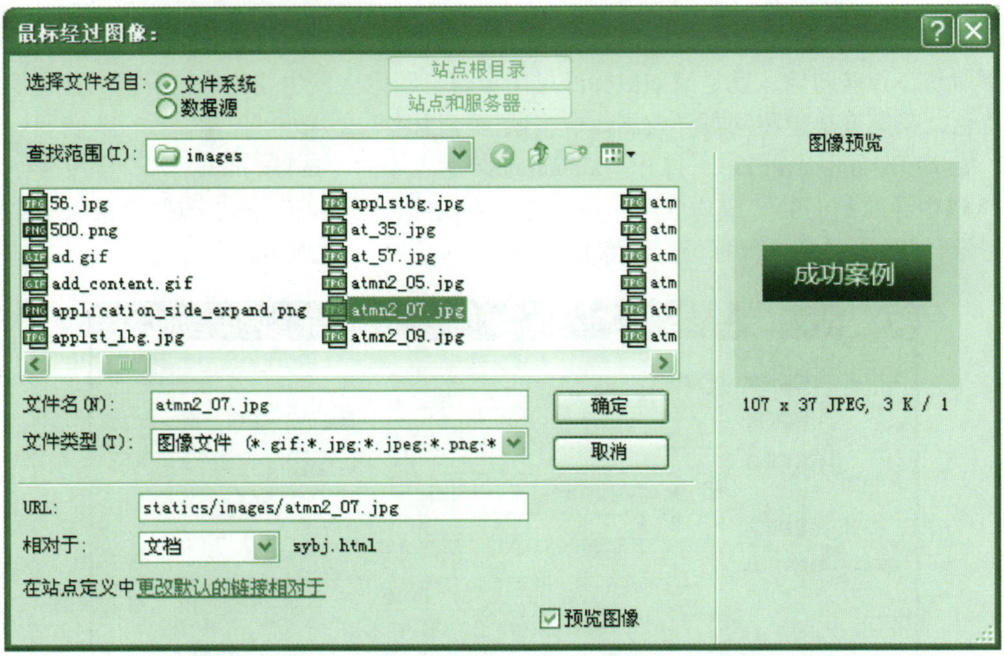

图 5 – 100 “鼠标经过图像”对话框

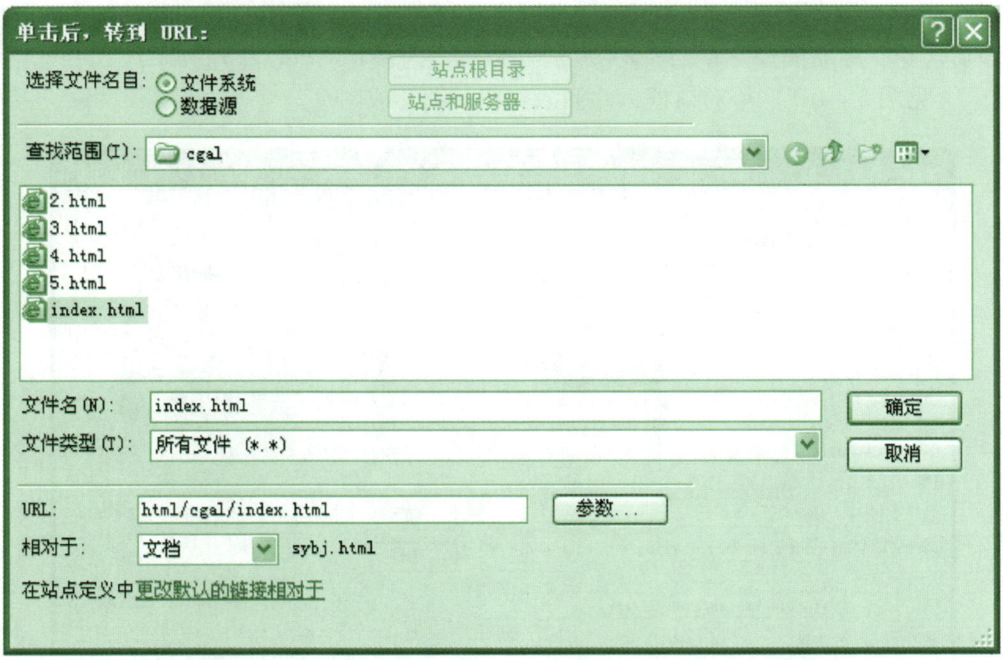

图 5 – 101 “单击后，转到 URL”对话框

4. 单击“确定”按钮，按“F12”保存网页预览网页，效果如图 5 – 102 所示。

图 5－102 设置鼠标经过发生变化的效果图

5. 用同样的方法，为其他导航条图像设置鼠标经过发生变化的图像效果。

（三）制作晃动图像

所谓晃动图像，就是鼠标经过（或单击等）时，该图像会晃动几下。若网页中的关键图像想引起浏览者的特别注意时，往往会将其设置成特殊的效果。在此，张家豪要将首页中“产品展示”栏中的图像引人注意，决定将其制作成晃动的效果。

1. 启动 Dreamweaver cs5，打开“aiteminuo”站点中的“indext. html”。

2. 选中“产品展示”栏目中的“智能家居”图片（见图 5－103 所示），选择“窗口”→“行为”菜单，弹出【行为】面板，如图 5－104 所示。

图 5－103 产品展示栏目

图 5－104 “行为”面板

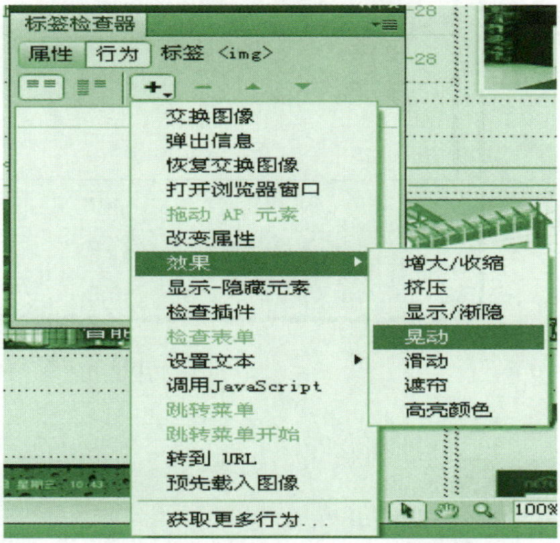

图 5－105 选择“晃动”行为

3. 单击“添加行为”按钮 ，并选择“效果”→“晃动”命令（见图 5－105），弹出【晃动】对话框，指定【目标元素】，此处为“当前选定内容”，如图 5－106 所示。

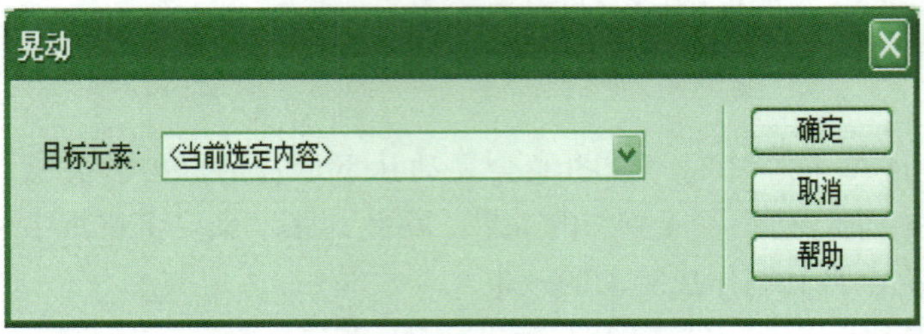

图 5 - 106 “晃动”对话框

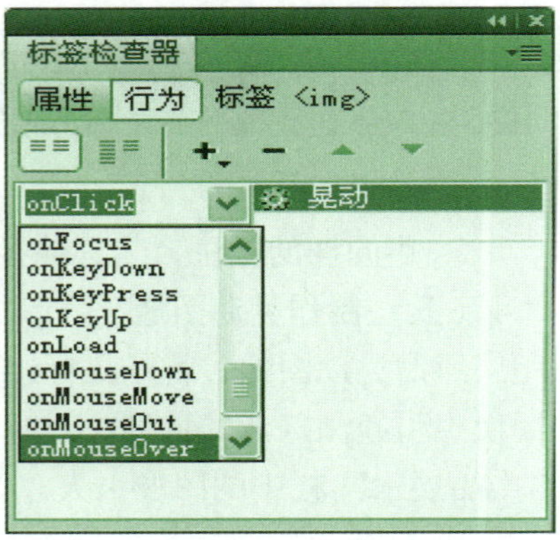

图 5 - 107 修改“事件”

4. 修改事件，此处为“onmouseover”，如图 5 - 107 所示。

5. 按【Ctrl + S】保存网页，此时会弹出【复制相关文件】对话框（见图 5 - 108），单击“确定”即可，此时将鼠标移到该图片就可预览“晃动”效果。

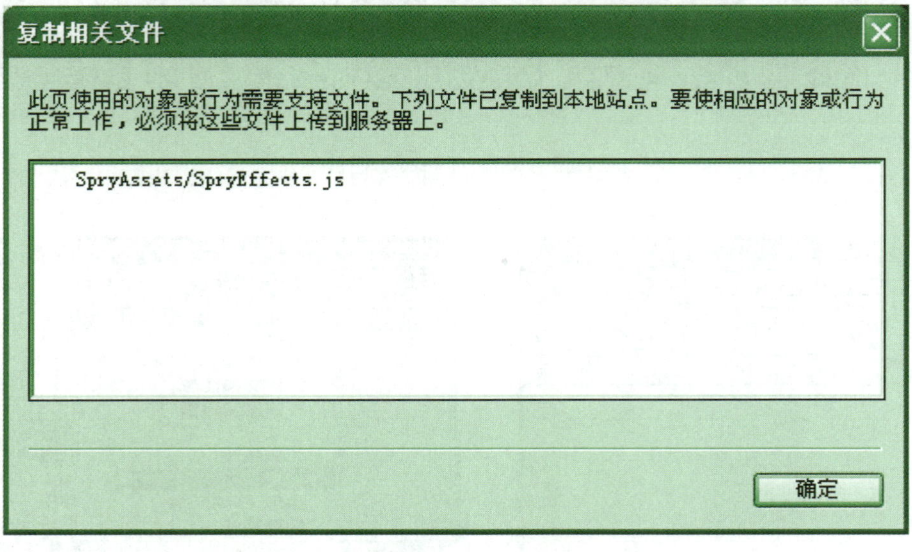

图 5 - 108 “复制相关文件”对话框

相关链接

行为及其事件与动作

行为由事件和动作两部分组成，事件是指“用户的操作”，如鼠标移到对象上方、离开对象或双击对象等；而动作是指“发生什么”，如打开浏览器窗口、播放声音或弹出信息等。一般的行为都是由事件来激活动作。

1. 事件。

Onload：在浏览器中加载完网页时发生的事件。

Onclick：鼠标单击对象时发生的事件。

Onfocus：对象获得焦点时发生的事件。

Onmousedown：单击鼠标左键（不必释放鼠标键）对发生的事件。

Onmousemove：鼠标指针经过对象时发生的事件。

Onmouseover：鼠标指针移至对象上方时发生的事件。

Onmouseup：当按下的鼠标按键被释放时发生的事件。

2. 动作。

拖动 AP 元素：利用该动作允许用户拖动 AP 元素。

转到 URL：发生指定事件时跳转到指定的网页。

打开浏览器窗口：在新窗口中打开网页，并可设置新窗口的宽度和高度等属性。

弹出信息：显示带指定信息的 JaveScript 警告。

设置状态栏文本：在浏览器左下角的状态栏中显示信息。

显示-隐藏元素：显示、隐藏一个或多个 AP 元素，或者恢复其缺省属性。

（四）制作浮动窗口

浮动窗口在网页中的使用频率很高，一般都是为了打广告或链接一个新链接时使用。张家豪想及时了解客户动态，但制作首页时并没有“客户留言”的导航，故决定在页面上制作一个浮动的客户留言窗口。

1. 启动 Dreamweaver cs5，打开“aiteminuo”站点中的“indext. html”。

2. 单击 代码 按钮，切换代码视图，将下列代码粘贴到 <body→与 </body→之中，并将链接地址与图片地址修改成自己需要的地址。

```
<DIV id=" img" style=" position: absolute; left: 311; top: 815; visibility : hidden;" onMouseOver=" clearInterval (interval)" onMouseOut=" interval = setInterval ('changePos ( ) ', delay)" align=" middle" →
<span style=" CURSOR: hand; color: red; font-weight: bold; font-size: 12px" onClick=" clearInterval (interval); img.style.visibility='hidden' " →关闭</span→
<DIV id=" fdck" → <a href=" D: \ 示例网站 \ aiteminuo \ html \ kfly.html" target=" _ blank" →
<img src=" D: \ 示例网站 \ aiteminuo \ statics \ images \ Mario.png" border=" 0" align=" bottom" →
</DIV→
</DIV→
<script language=javascript→
```

```
var xPos = 20;
var yPos = document.body.clientHeight;
var step = 1;
var delay = 30;
var height = 0;
var Hoffset = 0;
var Woffset = 0;
var yon = 0;
var xon = 0;
var pause = true;
var interval;
img.style.top = yPos;
function changePos () {
width = document.body.clientWidth;
height = document.body.clientHeight;
Hoffset = img.offsetHeight;
Woffset = img.offsetWidth;
img.style.left = xPos + document.body.scrollLeft;
img.style.top = yPos + document.body.scrollTop;
if (yon) {
yPos = yPos + step;
}
else {
yPos = yPos - step;
}
if (yPos < 0) {
yon = 1;
yPos = 0;
}
if (yPos→= (height - Hoffset)) {
yon = 0;
yPos = (height - Hoffset);
}
if (xon) {
xPos = xPos + step;
}
else {
xPos = xPos - step;
```

```
}
if (xPos < 0) {
xon = 1;
xPos = 0;
}
if (xPos→= (width - Woffset)) {
xon = 0;
xPos = (width - Woffset);
}
}
function start () {
img.style.visibility = " visible";
interval = setInterval (´changePos () ´, delay);
}
start ();
</script→
```

3. 按“F12”保存网页并预览，效果如图 5 - 109 所示。

图 5 - 109　浮动窗口预览效果

温馨提示

诸如浮动广告窗口等网页特效，现在有很多网站都提供下载，只需对代码适当加以修改即可。

任务 4
美化网页

任务要点

- **关 键 词：**规范布局、色彩搭配。
- **理论要点：**理解色彩搭配的原理与技巧，了解规范布局时注意的细节。
- **实践要点：**会科学搭配网页色彩，分析并规范网页布局。

任务情境

经过一段时间的紧张忙碌，张家豪终于完成了公司网站的制作。在这一段反反复复的制作与修改中，张家豪也体会到一个网站是否吸引网上冲浪者的眼球，除了有丰富的内容之外，网页美化也是至关重要的。下面张家豪就网页美化的个人经验与大家分享、探讨。

任务分析

本任务主要是分析网页美化时，如何做到合理的规范布局与色彩的完美搭配。

知识准备

色彩五颜六色、千变万化。且色彩有冷暖色之分，冷色（如蓝色）给人的感觉是安静、冰冷；而暖色（如红色）给人的感觉是热烈、火热。冷暖色的巧妙运用可以让网站产生意想不到的效果。

色彩与人的心理感觉和情绪也有一定的关系，利用这一点可以在设计网页时形成独特的色彩效果，给浏览者留下深刻的印象。一般情况下，不同的色彩给人的感觉会不一样（见表 5－1）。

表 5－1　色彩的含义

红色	代表热情、活泼、热闹、温暖、幸福、吉祥
橙色	代表光明、华丽、兴奋、甜蜜、快乐
黄色	代表明朗、愉快、高贵、希望
绿色	代表新鲜、平静、和平、柔和、安逸、青春

续表

蓝色	代表深远、永恒、沉静、理智、诚实、寒冷
紫色	代表优雅、高贵、魅力、自傲
白色	代表纯洁、纯真、朴素、神圣、明快
灰色	代表忧郁、消极、谦虚、平凡、沉默、中庸、寂寞
黑色	代表崇高、坚实、严肃、刚健、粗莽

任务实施

步骤一　规范布局

（一）风格定位

网页的美化首先要考虑风格的定位。对于不同性质的行业，应体现出不同的网页风格。例如，政府部门的网页风格一般应比较庄重（见图 5－110），娱乐行业则可活泼生动一些（见图 5－111），文化教育部门的网页风格应该高雅大方些，而像“天津爱特米诺电子有限公司”这些电子商务类的网页则应贴近网民，为大众喜闻乐见。

图 5－110　中国政府网

图 5－111　迪士尼网站

网页风格的形成主要依赖于网页的版式设计，依赖于页面的色调处理，还有图片与文字的组合形式等。这些原则看似简单，但往往需要网页的设计和制作者具有一定的美术素质和修养。同时，动画效果（滚动、闪烁文字、动画文本等）也不宜在网页设计中滥用，特别是一些内容比较严肃的网页。

（二）版面编排

网页作为一种版面，既有文字，又有图片。图片和文字都需要时时展示给浏览者，不能简单地罗列在一个页面 上，这样往往会做得杂乱无章。因此，必须根据内容的需要将这些图片和文字按照一定的次序进行合理的编排和布局，使它们组成一个有机整体展现出来。

1. 主次分明，中心突出。在一个页面上，必然要考虑视觉的中心，这个中心一般在屏幕的中央，或者在中间偏上的部位。因此，一些重要的文章可以安排在这个部位，在视觉中心以外的地方就可以安排那些稍微次要一些的内容，这样，在页面上就突出了重点，做到了主次有别，如图 5－112 所示。

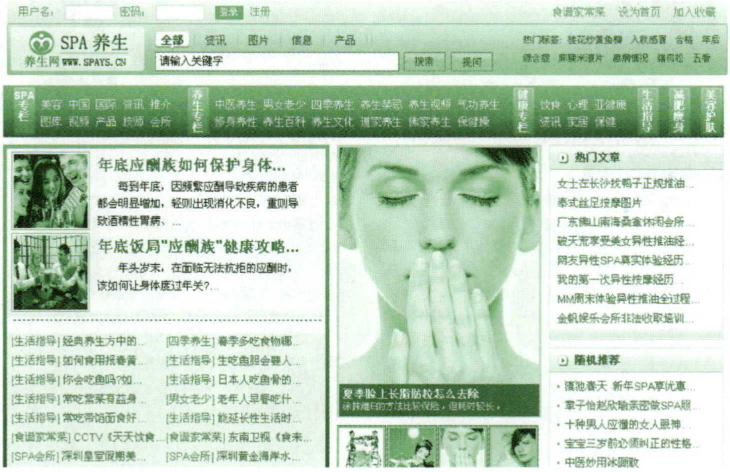

图 5－112　SPA 养生网

2. 大小搭配，相互呼应。较长的文章或标题不要编排在一起，要有一定的距离，同样，较短的文章也不能编排在一起。对待图片也是这样，要互相错开，造成大小之间有一定的间隔，这样可以使页面错落有致，避免重心偏离。

3. 图文并茂，相得益彰。文字和图片具有一种相互补充的视觉关系，页面上文字太多，就显得沉闷，缺乏生气；页面上的图片太多，缺少文字，必然会减少页面的信息容量。因此，最理想的效果是文字与图片密切配合，互为衬托，这样既能活跃页面，又使页面具有丰富的内容。

步骤二　色彩搭配

色彩搭配既是一项技术性工作，也是一项艺术性很强的工作，设计网页时除了要考虑网站本身的特点外，还要遵循一定的艺术规律，从而设计出色彩鲜明、性格独特的网站。

（一）网页色彩搭配的原理

网页的色彩是树立网站形象的关键要素之一，而色彩搭配却是网页设计者感到头疼的问题，如网页的背景、文字、图标、边框、链接等应该采用什么样的色彩，应该搭配什么样的色彩才能最好地表达出网站的内涵和主题呢？

1. 色彩的鲜明性。

2. 色彩的独特性。

3. 色彩的合适性。就是说色彩和所表达的内容气氛相适合，如用粉色体现女性站点的柔性。

4. 色彩的联想性。不同色彩会产生不同的联想，蓝色想到天空，黑色想到黑夜，红色想到喜事等，选择色彩要和网页的内涵相关联。

（二）网页色彩搭配技巧

色彩的搭配是一门艺术，灵活运用能让网页更具亲和力。要想制作出漂亮的网页，需要灵活地运用色彩加上自己的创意和技巧。

1. 使用单色。尽管网站设计要避免采用单一色彩，以免产生单调的感觉，但通常要先选定一种色彩，然后通过调整透明度或者饱和度（将色彩变淡或加深），所产生的新色彩用于网页，这样的页面看起来色彩统一，有层次感，也避免了网页色彩单调（见图 5－113）。

图 5－113　单色网页

2. 使用邻近色。所谓邻近色，就是在色带上相邻的颜色，如绿色和蓝色、红色和黄互为邻近色（见图 5－114）。采用邻近色设计网页可以使网页避免色彩杂乱，易于达到页面的色彩丰富、和谐统一。如“天津爱特米诺电子有限公司”网站的首页，导航为绿色，banner 为蓝色图片，这样的搭配看上就很自然、舒服。

图 5－114　紫色邻近色配色：紫色＋紫红色

3. 使用对比色。对比色可以突出重点，产生强烈的视觉效果，通过合理使用对比色，能够使网站特色鲜明、重点突出。在设计时，一般以一种颜色为主色调，对比色作为点缀，这样可以起画龙点睛的作用，如图 5－115 所示。

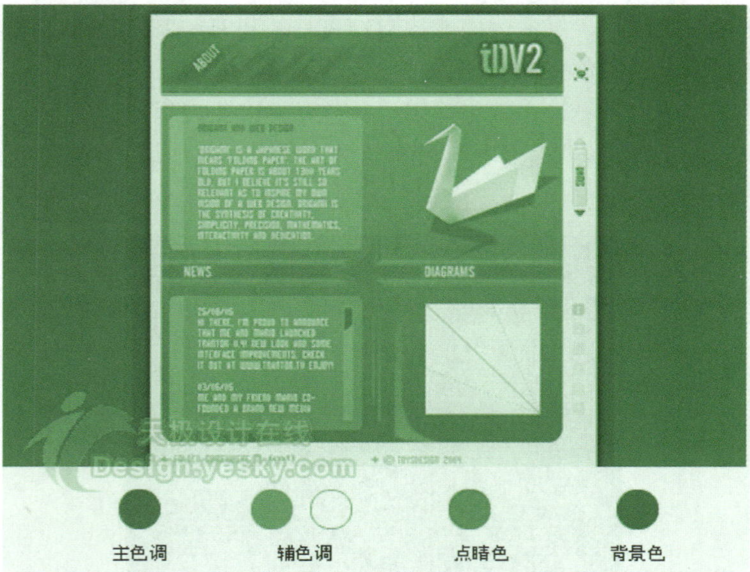

图 5－115　高纯度对比：蓝色＋玫瑰色

4. 使用黑色。黑色是一种特殊的颜色，如果使用恰当、设计合理，往往能产生很强的艺术效果（见图 5－116）。黑色一般用来作为背景色，与其他纯度的色彩搭配使用。

图 5－116　漂亮的黑色网站

5. 背景色的使用。背景的颜色不要太深，否则会显得过于厚重，这样会影响整个页面的显示效果。一般可采用素淡清雅的色彩，要避免采用花纹复杂的图片和纯度很高的色彩作为背景色。同时，背景色要与文字的色彩对比强烈一些。

6. 色彩的数量。一般初学者在设计网页时往往会使用多种颜色，使网页变得很“花”，缺乏统一和协调，缺乏内在的美感，给人一种复杂的感觉。事实上，网站用色并不是越多越好，一般应该控制在 4 种色彩以内，然后可以通过调整色彩的各种属性来产生颜色的变化，保持整个网页的色调统一。

7. 要和网站内容匹配。应当了解网站所要传达的信息和品牌，进而选择可以加强这些信息的颜色。如在设计一个强调稳健的金融机构时，就要选择冷色系、柔和的颜色，像蓝、灰或绿（见图 5－117 易融网）。

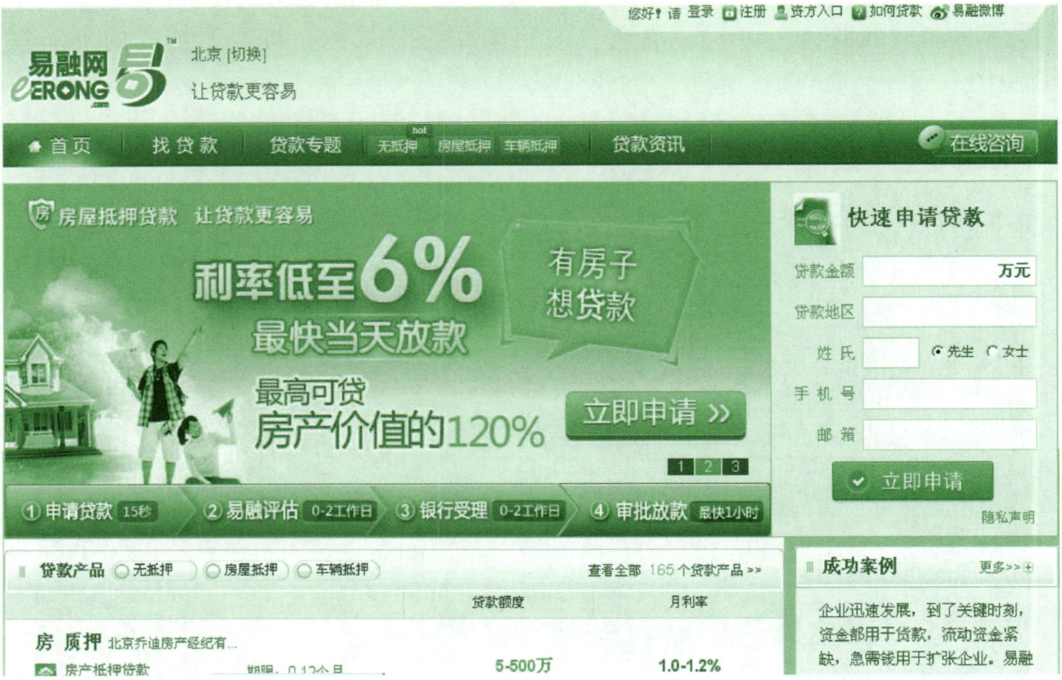

图5－117 易融网

8. 围绕网页主题。根据主题确定网站颜色，同时还要考虑网站的访问对象，文化差异也会使色彩产生非预期的反应，不同地区与不同年龄层对颜色的反应亦会有所不同。

总之，色彩的使用并没有一定的法则。如果一定要套用某个法则，效果只会适得其反。色彩的运用还与每个人的审美观、喜好、知识层次等密切相关。一般应先确定一种主题色，然后根据具体的需要应用颜色的近似和对比来完成整个页面的配色方案。整个页面在视觉上应该是一个整体，以达到和谐、悦目的视觉效果。

项目小结

本项目主要介绍了利用 Dreamweaver cs5 软件制作静态的电子商务网站。制作网站首先得建立站点，并在其下创建多个子文件夹，用来存放不同网页素材；其次，根据要求对网页进行规划与布局，布局可以采用表格或 CSS + DIV 或混合等方式；最后，为网页添加文字、图像、动画等元素，并创建相应的链接，使之可以相互之间跳转。另外，网站的子页布局几乎相似，可以创建模板和库来提高工作的有效性。为增加网页动态效果，可增加一些简单的动画，如晃动的图像、浮动窗口等效果。

实战强化

1. 创建站点“reddragonfly”，并在其下创建“html”、“image”、“swf”文件夹，分别用来存放网页、图片、动画等素材，整理素材并放到相应的文件夹中。

2. 根据图 5 – 118 的效果图，为网页进行布局，布局方式自行选择（表格或 CSS + DIV 或混合）。

图 5 – 118 红蜻蜓集团

3. 为网页搭配色彩（根据自己的审美观自行决定），并添加相应的文字、图像、动画等素材（Logo 与 Banner 等可自行准备或上网搜索合适的），使它们与网页融为一体。

4. 大多网站的子页布局都是相似的，根据图 5 – 119 为网页创建模板，并以“zymb. dwt”保存。

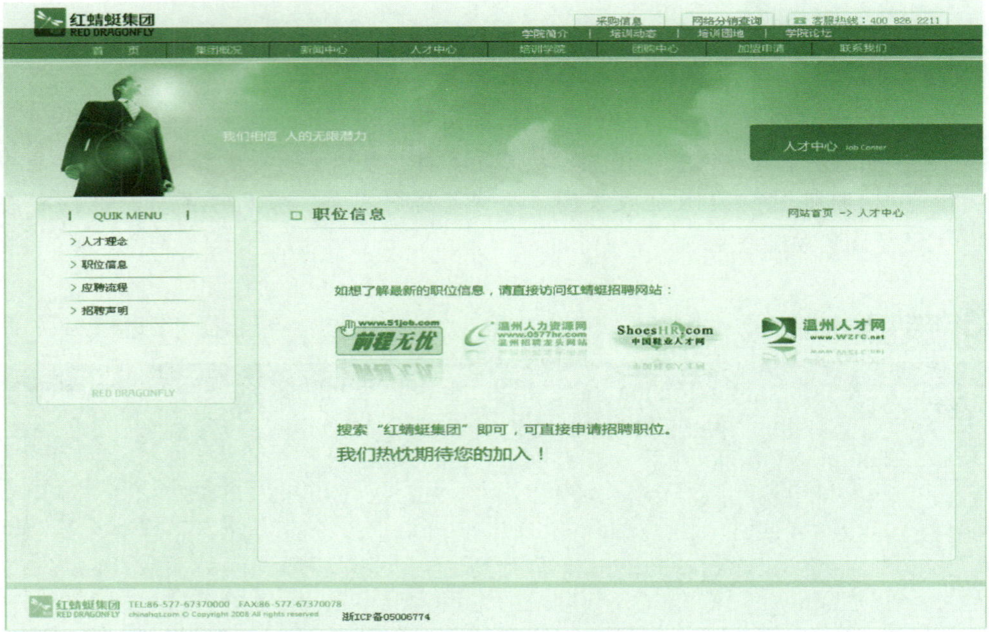

图 5－119　职位信息网页

5. 为导航条中的各导航设置图像经过发生变化的效果（变化效果图自行准备）。

思考与练习

一、填空题

1. Dreamweaver 提供了三种常的站点类型，即________、________和________。

2. 插入水平线是在________菜单的________选项。

3. 创建超链接时如需要为指向的内容新打开一个窗口，则需要设置将“超级链接”对话框中“目标”项设置为________。

4. 要将选择中的文字“张三”链接到电子邮箱地址 zhangsan@163. com，执行“插入”→“电子邮件链接”，在对话框的【电子邮件】处的文本框中输入________。

5. 在“新建 CSS 样式”对话框中可用的选择器有________、________和________。

6. CSS 样式处部文件的扩展名是________。

7. 自定义样式（类）名称，必须以________作为开头，但如果不输入，Dreamweaver 会自动输入。

8. 目前常用的网页布局方式有：________和________。

9. 在用 CSS + DIV 布局网页时，可以选择“插入”菜单中的________命令。

10. 一般表单是由________、________和________三部分组成。

11. 文本域的类型有________、________和________三种。

二、选择题

1. 以下不适合作为网页图像素材的文件类型是（ ）。

A. JPEG 文件　　B. GIF 文件

C. PNG 文件　　D. PSD 文件

2. 图像属性面板中的“替换”属性的作用是（ ）。

A. 当浏览器无法显示图像时会显示相关的文字

B. 当浏览器无法显示图像时会显示另一幅图像

C. 当鼠标指向图像时会显示另一幅图像

D. 当鼠标指向图像时会链接到另一幅图像

3. 要在网页文本编辑时实现换行效果，需要敲（ ）。

A. shift + 空格　　B. shift + 回车键

C. ctrl + 回车键　　D. tab + 回车键

4. 在表格属性设置中，间距指的是（ ）。

A. 单元格内文字距离单元格内部边框的距离

B. 单元格内图像距离单元格内部边框的距离

C. 单元格内文字距离单元格左部的距离

D. 单元格与单元格之间的距离

5. 下列用于单元格拆分的是（ ）。

A. 　　B. 

C. 　　D. 

6. （ ）几乎可以控制所有文字的属性，它也可以套用到多个网页，甚至整个网站的网页上。

A. CSS 样式　　B. HTML 样式

C. 页面属性　　D. 文本属性面板

7. 下列属于类样式的是（ ）。

A. . aa　　B. #bb

C. table　　D. a：link

8. 下面用于新建 CSS 规则的按钮是（ ）。

A. 　　B. 

C. 　　D. 

9. 在选择器中，用来表示鼠标指针移动到超链接上的状态是指（ ）。

A. a：link　　B. visited

C. hover　　D. active

10. 在图片上有些文字，如果要给这些文字制作超链接，应创建（　　）。

A. 文本链接　　B. 图像链接

C. 热点链接　　D. 脚本链接

11.（　　）不是组成表格的最基本元素。

A. 行　　B. 列

C. 边框　　D. 单元格

12. 下面说法错误的是（　　）。

A. 单元格可以相互合并

B. 在表格中可以插入行

C. 可以拆分单元格

D. 在单元格中不可以设置背景图片

13. 在网页中插入提交按钮选择“插入”菜单中的（　　）命令。

A. “表单”——“表单”

B. “表单”——“按钮”

C. “表单”——“列表/菜单”

D. “表单”——“单选按钮”

14. 要设置DIV的对齐方式，在CSS规则定义对话框中选择（　　）。

A. 类型　　B. 方框

C. 边框　　D. 定位

三、简答题

1. 在Dreamweaver cs5中站点管理有哪几项？

2. 使用表格进行网页布局时，就应注意哪些问题？

3. CSS全称是什么？保存CSS一般有哪两种方式？如何确定CSS效果存在？

4. 如何在模板中删除已定义的可编辑区域？

5. 如何创建自定义项目符号的项目列表文本？

6. 空链接、锚点链接、电子邮件链接、下载链接分别在什么情况下使用及如何创建？

项目六

6 电子商务网站的发布与推广

企业建立电子商务网站后，如何通过互联网来宣传企业、开拓市场，这就需要在互联网上将企业的电子商务网站进行发布和推广。

知识目标：

□ 能描述电子商务网站发布的流程和方法

□ 了解申请域名的流程和方法

□ 能理解电子商务网站推广的意义

□ 能描述电子商务网站网络推广的方式和技巧

技能目标：

□ 能使用软件上传本地站点至服务器中，并能对站点进行简单维护

□ 能通过互联网申请免费域名，将电子商务网站发布到免费网站空间中

□ 能通过网站链接、网络广告、搜索引擎、邮件列表、撰写论坛热帖等推广方式对电子商务网站进行推广

任务1
注册电子商务网站域名

任务要点

- **关 键 词：** 域名组成、费用，注册域名。
- **理论要点：** 域名的作用、组成，理解域名注册的基本步骤，学会在网络管理机构或者代理机构注册域名的具体操作，并了解域名注册费用的市场行情。
- **实践要点：** 能够注册电子商务网站域名。

任务情境

经过紧张的工作之后，张家豪为公司制作的网站已经完成了。这时，他想到需要把网站放到互联网上，能够让所有的人看到并了解公司的网站。经过向有关专家咨询和查阅资料，张家豪获知想要在互联网上发布和推广网站，首先要为公司网站注册一个域名，只有这样，别人才能够通过互联网来访问公司的网站。

任务分析

本次任务的目标是根据公司性质及网站内容，确定自己的域名，然后选择适合的域名注册商来进行域名注册。针对以上内容，张家豪主要有以下问题需要解决：

◆确定网站域名

◆注册域名

◆设置域名

知识准备

（一）域名及其管理

域名对网站来说是极其重要的一个部分，是网站的“商标”。名牌企业的商标代表品牌和声誉，知名网站的域名也是一样。企业要想在网上发布信息，就需要注册自己的域名，不但可以方便访问者浏览，而且可以避免当存放主页的服务器改变时，影响访问者浏览网站主页。

1. 域名定义。

（1）域名是指一种基于IP地址的层次化的主机命名方式。它从技术上解决了IP地址不易记忆的问题，层次化的域名体系使IP地址的使用更有秩序、更容易管理，是比IP地址更高级的地址形式。域名具有世界唯一性，域名注册机构保证全球范围内没有重复的域名。如 www. 163. com，www. yahoo. com. cn，www. tencent. com，www. baidu. com。

（2）域名中的标号都由英文字母和数字组成，每一个标号不超过 63 个字符，也不区分大小写字母。标号中除连字符（-）外不能使用其他的标点符号。级别最低的域名写在最左边，而级别最高的域名写在最右边。由多个标号组成的完整域名总共不超过 255 个字符。

（3）对于一个全称域名，从最右边开始，第 1 节称为顶级域名或一级域名（Top Level Domain，TLD），第 2 节和第 1 节加上之间的点号是二级域名（Second Level Domain，SLD），第 3 节和二级域名加上之间的点号是三级域名，以此类推。例如，域名“cctv. com”中，“cctv”就是顶级域名“. com”下的二级域名。“cctv. com”还可以有“mail. cctv. com”的形式，这里的“mail”可以称为“主机”或“子域名”。

2. 顶级域名。

（1）通用顶级域名。顶级域名由 ICANN（Internet Corporation for Assigned Names and Numbers，负责名字和号码分配的国际组织）定义，由 2 ~ 4 个英文字母组成。一个域名由两个以上的词段构成，最右边的就是顶级域名。目前，国际上出现的顶级域名有“. com”、“. net”、“. org”、“. gov”、“. edu”、“. mil”等，如表 6 – 1 所示。

表 6 – 1

域名	组织	域名	组织	域名	组织
. com	商业机构	. biz	商业机构	. int	国际机构
. net	网络服务机构	. name	个人网站	. museum	博物馆
. org	非营利性组织	. info	信息提供	. aero	航空机构
. gov	政府机构	. mobi	专用手机域名	. post	邮政机构
. edu	教育机构	. pro	医生，会计师	. rec	娱乐机构
. mil	军事机构	. travel	旅游网站	. asia	亚洲机构

其中最通用的是“. com”、“. net”、“. org”。虽然“. com”代表商业机构，但个人也可以注册“. com”域名，换句话说，不是所有的“. com”域名都是商业机构，“. net”、“. org”等顶级域名也是如此。

（2）国家顶级域名。还有一种以地理域名命名的顶级域名，如“kr”代表韩国、“cn”代表中国，共有 150 多个。它们属于国家顶级域名，每个国家被赋予一个唯一的域名。

3. 中文域名。中文域名是含有中文字符的域名，同英文域名一样，是互联网上的门牌号。中文域名在技术上符合多语种域名国际标准。作为互联网上的基础资源服务，中文域名支持“WWW”、“Email”、“FTP”等应用服务。

目前 CNNIC 负责管理维护的中文域名体系中，包含“. cn”、“. 中国”、“. 公司”和“. 网络”结尾的四种形式，“. 中国”是全球互联网上代表中国的中文顶级域名。注册的中文域名至少需要含有一个中文文字。可以选择中文、字母（A—Z，a—z，大小写等价）、数字（0 ~ 9）或符号（-）命名中文域名，但最多不超过 20 个字符，联想电脑 . cn，联想电脑 . 中国，联想电脑 . 公司，联想电脑 . 网络。

4. 域名管理。国内域名注册由中国互联网络信息中心（CNNIC）管理，而国际域名申请由设在美国的 Internet 信息管理中心 InterNIC 和其设在世界各地的分支机构负责批准。

域名解析是由 DNS 服务器完成的。DNS 服务器逻辑上按层状结构组织（见图 6－1），上一层域的 DNS 服务器负责定位下一层域的 DNS 服务器地址或者直接定位到主机地址。最顶层是根服务器（Root Server），负责找到相应的顶级域名服务器。目前世界上有 13 个根服务器，美国维护 10 个，日本、英国和瑞典各维护 1 个。

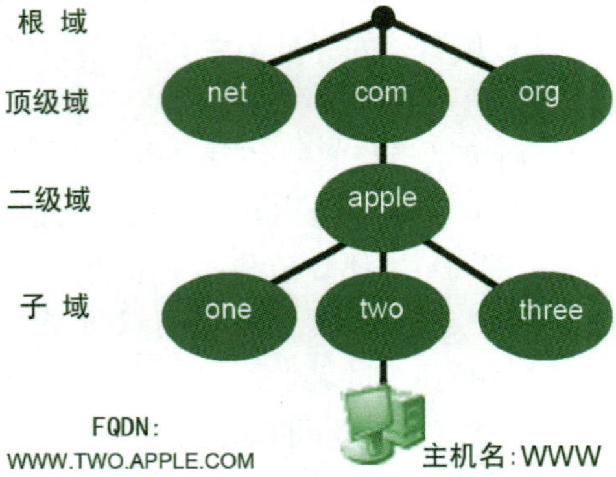

图 6－1　域名结构

DNS 服务器内都有域名系统数据库，数据库中存储着很多解析记录，包括域名到 DNS 服务器地址以及域名到主机 IP 地址的对应记录，总体上成为一个巨大的分布式数据库。

（二）中国互联网络信息中心

CNNIC（China Internet Network Information Center）是成立于 1997 年 6 月 3 日的非营利管理与服务机构，行使国家互联网络信息中心的职责。CNNIC（见图 6－2）在业务上接受信息产业部领导，在行政上接受中国科学院领导。中国科学院计算机网络信息中心承担 CNNIC 的运行和管理工作，由国内知名专家、各大互联网络单位代表组成的 CNNIC 工作委员会，对 CNNIC 的建设、运行和管理进行监督和评定。

图 6－2　CNNIC

任务实施

步骤一　确定网站域名

能够拥有一个有特色、便于记忆、符合网站特点的域名，将会是网站发展的良好开端，可以无形中增加网站的浏览量，减少网站的推广费用。所以选择网站的域名很重要，张家豪为公司网站选取域名主要从如下五个方面来进行：

（一）选取域名后缀

域名由三部分组成：前缀、核心和后缀。顶级域名前缀都是“www”，表示采用的协议，核心是要进行选取的部分，代表网站或企业的名称，而后缀通常代表网站性质。

通过对域名后缀的了解，张家豪决定为爱特米诺公司网站选择一个“. com. cn”为后缀的域名。

（二）熟悉选取域名原则

核心部分是域名的关键所在，所以一定要认真思考。在选取域名的时候，首先要遵循两个基本原则。

1. 域名应该简明易记。

2. 域名要有内涵和意义。用有一定意义和内涵的词作域名，不但可记忆性好，而且有助于实现企业的营销目标。例如，企业的名称、产品名称、商标名、品牌名等都是不错的选择，这样能够使企业的网络营销目标和非网络营销目标达成一致，如当当网“dangdang. com”，海尔“haier. com”等。选择域名还要注意遵守国家规定，例如“zf”被认为是政府的缩写，这样的组合不允许出现在域名中。

（三）掌握选取域名技巧

1. 用企业名称的汉语拼音作为域名。这是为企业选取域名的一种较好方式，实际上大部分国内企业都是这样选取域名。例如，新飞电器的域名为“www. xinfei. com”，海尔集团的域名为“www. haier. com”，四川长虹集团的域名为“changhong. com”，华为技术有限公司的域名为“www. huawei. com”。这样的域名有助于提高企业在线品牌的知名度，即使企业不做任何宣传，其在线站点的域名也很容易被人想到。

2. 用企业名称相应的英文名作为域名。这也是国内许多企业选取域名的一种方式，这样的域名特别适合与计算机、网络和通信相关的一些行业。例如，中国电信的域名为“www. chinatelecom. com. cn”，中国移动的域名为“www. chinamobile. com”。

3. 用企业名称的缩写作为域名。有些企业的名称比较长，如果用汉语拼音或者用相应的英文名作为域名就显得过于繁琐，不便于记忆。因此，用企业名称的缩写作为域名不失为一种好方法。缩写包括两种方法：一种是汉语拼音缩写，另一种是英文缩写。例如，广东步步高公司的域名为“www. gdbbk. com”，贵州习酒公司的域名为“www. gzxijiu. cn”。

4. 用汉语拼音的谐音形式作为域名。采用这种方法的企业也不在少数。例如，美的集团的域名为“www. midea. com. cn”，格力集团的域名为“www. gree. com”，新浪用“www. sina. com. cn”作为域名。

5. 以中英文结合的形式作为域名。中国人网的域名为“www. chinaren. com”。

6. 在企业名称前后加上与网络相关的前缀和后缀。常用的前缀有“e”、“i”、“net”等；后缀有“net”、“web”、“line”等。例如，中国营销传播网域名为“www. emkt. com. cn”，太平洋网络“www. pconline. cn”。

7. 避免使用易混淆的符号。这样的域名不利于用户输入，很容易被人嫌弃，也容易造成输入错误，例如“－”（连词号）与“_”（下划线）易混淆，不懂域名的人很容易造成输入错误，从而无法访问网站。

8. 不要注册其他公司拥有的独特商标名和国际知名企业的商标名。如果选取其他公司独特的商标名作为自己的域名，很可能会引起纠纷，特别是当注册的域名是一家国际或国内著名企业的驰名商标时。

（四）确定网站域名

通过对域名选取原则和技巧的了解，张家豪意识到域名是连接企业和互联网网址的纽带，是企业在互联网上存在的标志，像商标一样担负着标志站点和导向企业站点的双重作用。张家豪决定为公司选取域名为“www. iterminal. com. cn”，域名里面既包含了公司的名称“爱特米诺”的谐音，也指明了公司的服务性质，这样无论是国内还是国外的客户都可以很容易记住公司的网站。

（五）核查域名

在进行域名注册之前，还要对域名进行核查，看它以前是否被注册过。没有当然最好，如果有的话还要了解这个域名曾经的使用情况。例如，该域名是否存在不良记录，如果有被搜索引擎封杀的历史，那么将会对新网站的收录和优化造成影响，即使再简便易记也不要选择。还有，如果原来域名有备案过，那么将影响你再次备案，如果无法撤销原来的备案信息这样的域名也不要选择。经核查，张家豪为公司选取的“www. iterminal. com. cn”域名之前并未被注册使用过，下面就可以进行域名注册了。

想一想

选择域名应考虑的问题：

1. 选取的域名容易记吗?
2. 人们可以仅凭听到它就拼出名字吗?
3. 它和网站的内容或者产品有联系吗?

步骤二　注册域名

（一）选择域名代理商

根据《中国互联网络域名管理办法》的规定，域名注册服务由 CNNIC 认证的域名注册服务机构提供。

国内有很多域名代理商，如万网（见图 6－3）、新网（见图 6－4）、新网互联、35 互联、中资源等，这些代理商解析平台有所差别，服务质量也有区别，最主要的是续费和过户的价格差别很大，所以还要对代理商进行全面了解，选择质优价廉的合作伙伴。

图 6－3　万网

图 6－4　新网

（二）注册域名流程

注册域名过程如图 6－5 所示。

1. 查询注册域名。有许多注册管理机构的网站是经过 CNNIC 授权的。因此，在任一经过授权的注册管理机构网站上可以直接查询企业所要注册的域名是否已被别人注册过。通常，只要按提示输入要注册的域名，提交之后，检索结果会自动反馈。如果域名已经被别的企业注册，则需重新选取新的域名。

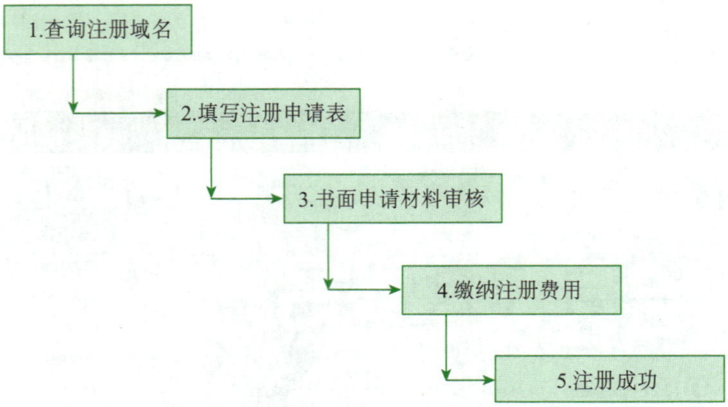

图 6－5 注册流程

2. 填写注册申请表。如果选取的域名尚未被注册，则可以填写注册申请表了。目前，企业注册既可以采用 Web 方式，也可以用电子邮件的方式。在 Web 方式下，企业在 CNNIC 授权代理的注册管理机构网站上联机填写域名注册申请表，然后在申请表上填写注册域名的名称、申请单位的中英文名称、单位负责人、域名管理联系人、承办人、技术联系人、缴费联系人、各种联系方式、域名服务器放置地与 IP 地址等。填好后，单击“注册递交”按钮。这样，申请表格就会被域名注册系统接收。如果用电子邮件方式，则可以将表格从网上下载，填写完毕后，再发给注册管理机构。

3. 等待审核书面申请。提交申请表后，还必须等候注册管理机构网站系统对申请表的初步审核，并准备营业执照（副本）复印件等申请材料。一般在 48 小时之内，注册管理机构网站系统就会自动回复电子邮件，通知企业递交书面申请材料。按照要求将书面材料邮寄后，等候下一步的电子邮件通知即可。

4. 书面申请材料的审核。注册管理机构将审查邮寄的申请材料，并采用电子邮件的方式通知企业其审查结果。如果审查合格，企业将进入缴费阶段。如果审查没有通过，获得未通过原因与修改建议后，需重新进行注册。

5. 缴纳注册费用。按照要求通过邮政汇款、银行电汇或来访缴纳域名注册费用。

6. 注册成功。注册管理机构收到域名注册费用后，发出“域名注册证”和付款发票，至此，域名注册成功。

张家豪查询注册的域名无冲突，在万网缴了注册费用之后，几天之后，他为公司申请的域名“www. iterminal. com. cn”被成功地审核通过了。

温馨提示

注册域名时要注意以下问题：

1. 注册一个域名有时限，最短为 1 年，在域名期满前应注意更新注册。

2. 为确保服务质量，尽量选择优质的注册商。

（三）注册免费域名

目前，免费域名注册的网站比较多，如酷易米“www. kuyi. me”（见图 6－6）、域客士“www. uqc. cn”等。

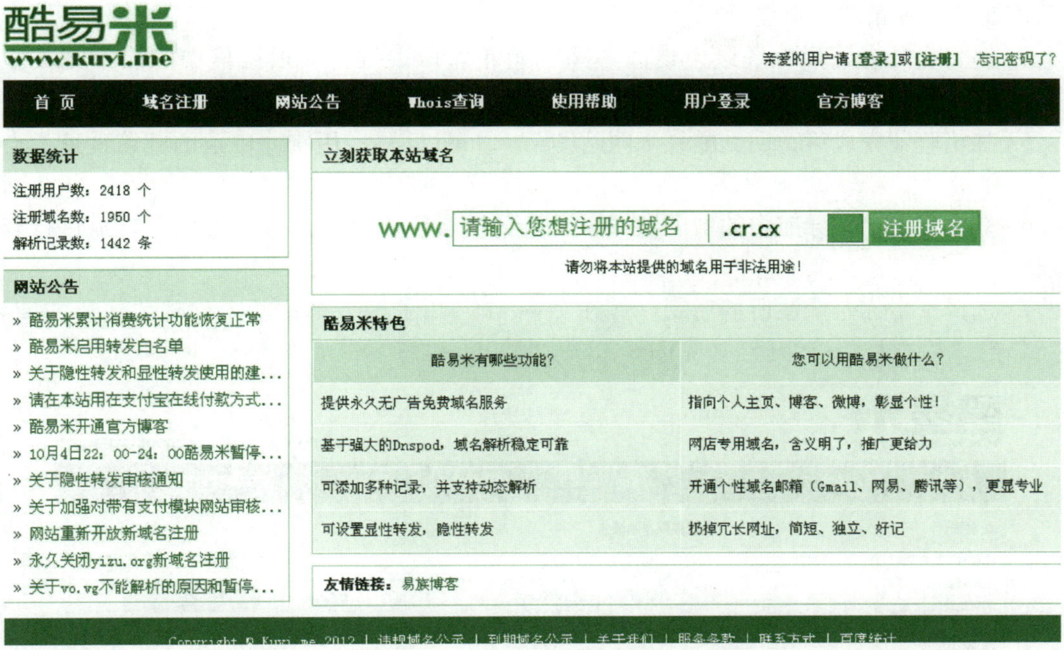

图 6 -6　酷易米网站

用于测试，我们选择免费的域名注册网站，以酷易米“www. kuyi. me”为例，我们注册申请域名“www. dzswtest. cr. cx”。

1. 打开酷易米网站“www. kuyi. me”。

2. 单击网站右上方的“注册”（如果您已有了会员账号，则单击“登录”），进入新会员注册页面，如图 6 -7 所示。

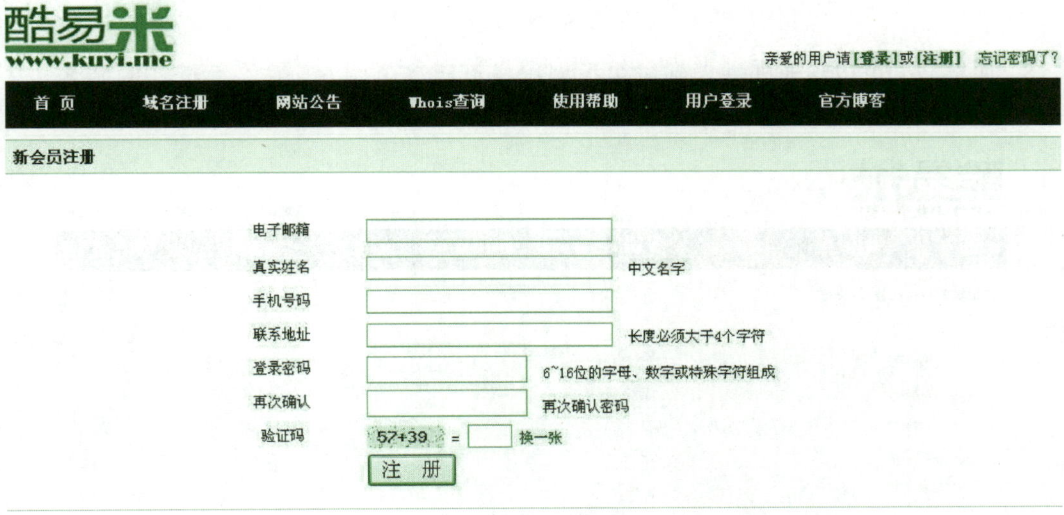

图 6 -7　新会员注册

3. 按会员申请要求认真填写资料后提交注册申请（注意：邮箱务必真实有效，会员申请后需要验证邮箱才正常登录）。

4. 提交会员申请后，登录申请时填写的邮箱获取验证信，根据信中的提示完成验证步骤。

5. 邮箱验证完成后，回到酷易米网站“www. kuyi. me”，用刚才申请的邮箱地址为会员号进行登录。

6. 登录后，单击导航中的域名注册，进入到域名注册页面，或者直接在首页进行查询注册。

7. 选择一个你希望注册的后缀，并在“www. ”后的输入框中输入你想要注册的域名，然后单击“检查是否可注册”（见图6－8）。

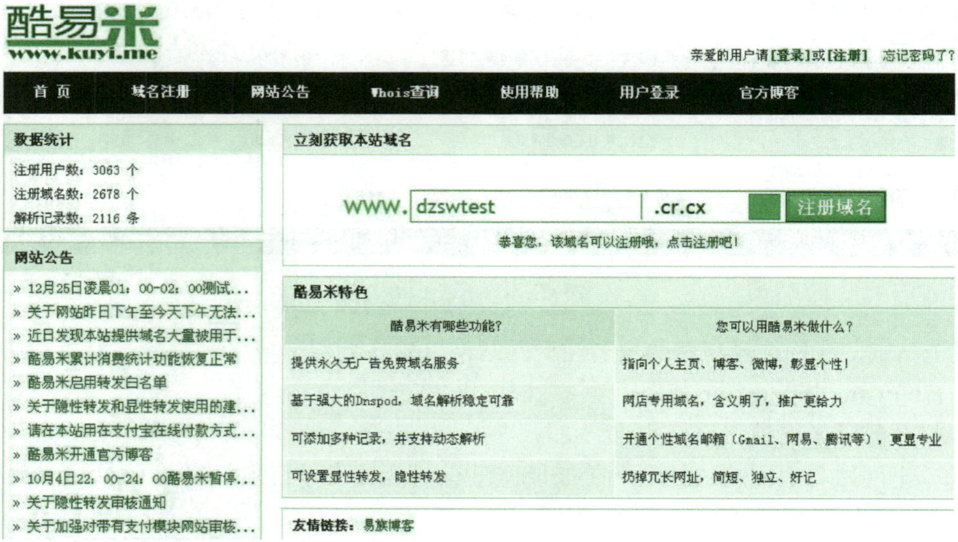

图6－8 查询

8. 如果域名可以注册即进入到域名类型选择页面（见图6－9），根据您的域名，选择注册的类型后确认提交注册申请单即可开通，然后你就可以开始管理域名了（见图6－10）。

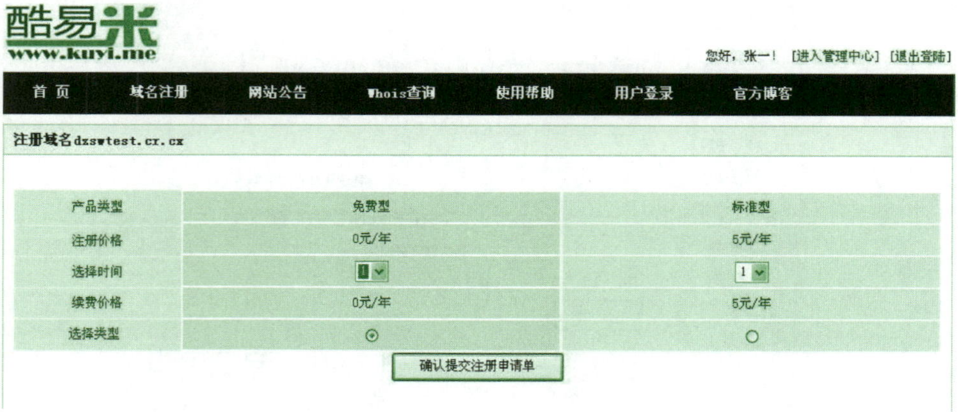

图6－9 选择域名类型

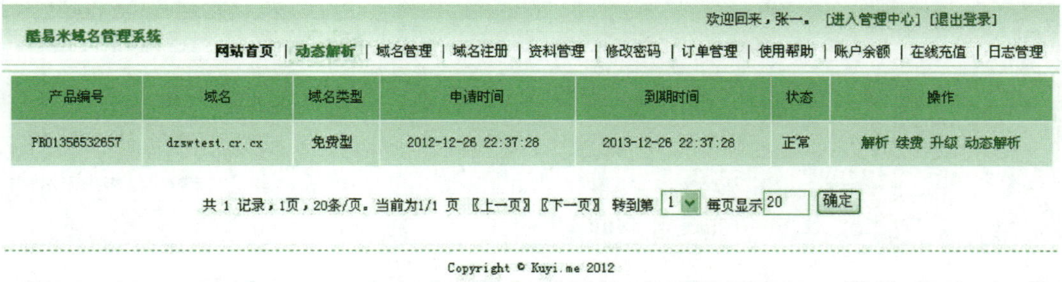

图 6-10 域名开通

9. 注册成功后，还不能马上访问，需要 8～12 小时的审核时间（见图 6-11）。

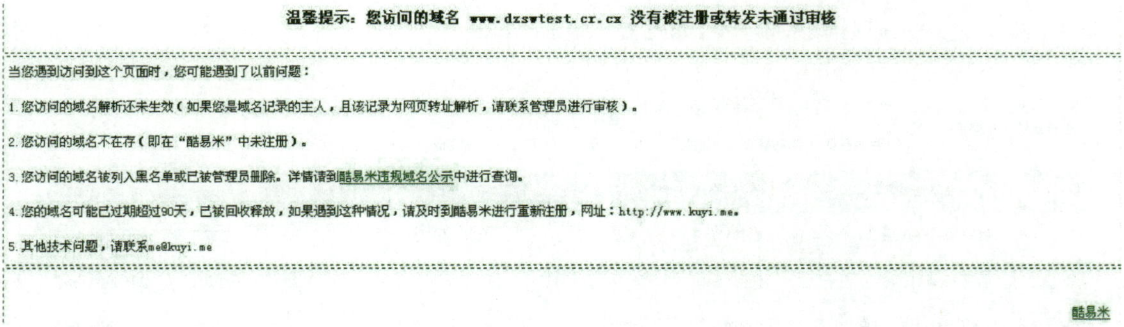

图 6-11 等待审核

相关知识

免费域名和收费域名的区别

1. 免费的域名一般都是别人域名的二级子域名。

2. 收费域名可以是顶级域名。比如，收费的可能是 www. pcdos. cn，免费的只能是 my. pcdos. cn。有实力的大公司都会注册收费的顶级域名。

步骤三 设置域名

（一）添加一条 A 记录解析

这里以添加 blog. dzswtest. cr. cx 指向 198. 74. 100. 228 为例，讲解如何用酷易米域名添加一条 A 记录。

1. 会员登录后，点域名管理，进入域名管理列表页面。

2. 选择需要解析域名的域名，单击其操作项中的“解析”。

3. 因为我们要添加的域名是“blog. dzswtest. cr. cx”，所以主机名填写“blog”，如果要添加“dzswtest. cr. cx”，那就留空即可，记录类型选择“A”，线路类型默认，记录值填写要解析到的 IP 地址“198. 74. 100. 228”，MX 值默认，TTL 值默认，如图 6-12 所示，填写好单击“提交”按钮。

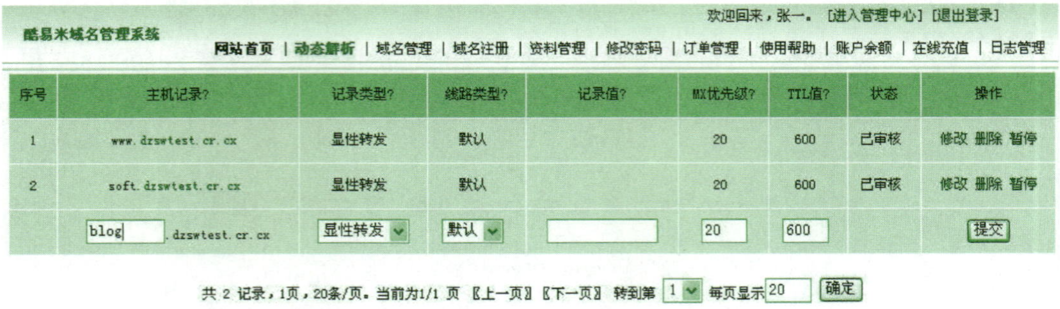

图 6 – 12 添加记录

4. 添加记录完成后，系统显示如图 6 – 13 所示。

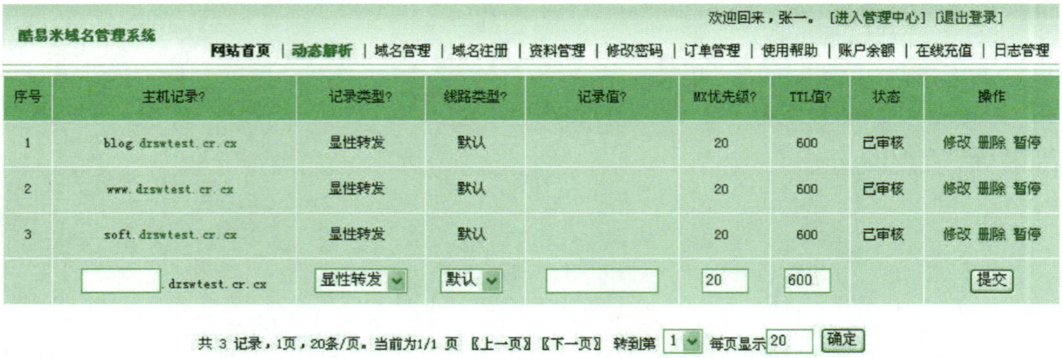

图 6 – 13 添加成功

5. 检查域名生效情况。本地电脑“开始”→“运行”→键入“cmd”，进入命令提示窗，输入“ping blog. dzswtest. cr. cx ”，然后回车即可查看生效情况。

想一想

如何添加 www. dzswtest. cr. cx 和 soft. dzswtest. cr. cx 等主机记录？

（二）设置显性转发与隐性转发

例如，将域名“www. dzswtest. cr. cx”转发到域名“www. kuyi. me”，如设置显性转发，访问“www. dzswtest. cr. cx”时，就会跳转到“www. kuyi. me”，地址栏显示的域名是“www. kuyi. me”。如果设置隐性转发，访问“www. dzswtest. cr. cx”时，地址栏只显示“www. dzswtest. cr. cx”域名本身，访问者并不知道实质访问的网址。目前只有很少的服务商提供隐性转发服务，酷易米提供此项服务，为了更好杜绝隐性转发违法信息，在设置隐性转发时均需要审核。

相关链接

域名解析就是域名到 IP 地址的转换过程。IP 地址是网格上标识您站点的数字地址，为了简单好记，采用域名来代替 IP 地址标识站点地址。域名的解析工作由 DNS 服务器完成。

（一）什么是 IP 解析

IP 解析又叫 A 记录，A（Address）记录是用来指域名对应的 IP 地址记录，用户可以将该域名下的网站服务器指向到自己的 web server 上。同时也可以设置您域名的子域名的 IP 解析记录。比如，域名“dzswtest. cr. cx”解析到“202. 99. 96. 113”，访问“dxswtest. cr. cx”时就是访问 IP 地址为“202. 99. 96. 113”服务器上的网站。

（二）什么是 cname 解析

cname 记录是用来指域名对应的一个域名的 IP 记录。用户可以将您的域名指向某一个已生效的域名上，最后解析到这个生效域名所解析的 IP。比如，域名“dxswsuc. cr. cx”做 cname 解析到“dzswtest. cr. cx”，则访问“dzswsuc. cr. cx”时就是访问“dzswtest. cr. cx”所解析的 IP，当“dzswtest. cr. cx”解析变更时，“dzswsuc. cr. cx”的解析将同步更新。

做一做

查找并浏览提供免费域名注册的网站，申请自己的个人网站域名。

任务 2
选择 ISP

任务要点

- **关 键 词：** ISP 定义、服务、费用。
- **理论要点：** 理解 ISP 定义、作用，了解 ISP 提供服务的方式，并掌握不同的服务方式所需费用的市场行情。
- **实践要点：** 能够根据电子商务网站需求，选择适合的 ISP 服务方式并申请网站开通空间。

任务情境

域名注册完成之后，张家豪得知想要把网站发布到互联网上，只为公司网站注册一个域名是不够的，必须在互联网上有一个能够存放网站的空间，类似店铺的店面，电子商务网站也需要有属于自己的适合的网站空间。

任务分析

本次任务的目标是根据公司性质及网站内容，选择适合的ISP服务方式，确定自己的网站空间大小及方式。针对以上内容，张家豪主要有以下问题需要解决：

◆选择适合的ISP主机方案

◆分析网站空间需求

◆申请免费空间

知识准备

（一）认识ISP

ISP（Internet Service Provider）是Internet的接入服务提供商。每一个ISP都有自己的服务器，且通过专门的线路24小时不间断地连接在Internet上。需要进入Internet时，只要通过与ISP端的服务器连接，就可与世界各地连接在Internet上的计算机进行数据交换了。

用户必须通过ISP来接入Internet，用户通过ISP上网时，都要向这个所选择的ISP服务商交纳一定的上网费用。由于地域不同，在中国内地，用户在选择ISP时，可以选择电信、联通、铁通和长城等ISP服务商提供的宽带接入服务。

（二）ISP服务方式

1. 专用服务器。专用服务器方式就是购买一台服务器，然后向互联网服务商ISP申请一条专线和一个固定的IP地址，安装相应的软件，将网站放在单位内部的方式。这种方式需要自己建立机房，配备专业人员，购买服务器、路由器、网管软件等，再申请专线、出口，从而建立一个完全属于自己的、自己管理的独立网站。

这种方式的优点是可以自由设置功能、自由使用软件、不受ISP的限制，缺点是需要有水平较高的专业技术人员，要投入较大的资金购置软硬件，还要支付日常维护和线路通信费，建设周期也较长。一般大公司或大型网站才会选择专用服务器方式。

2. 服务器托管。服务器托管就是将购置的网络服务器，托管给ISP网络服务机构进行网站的构建、管理与维护，每年支付一定数额的费用。ISP为客户提供优越的主机环境，客户通过远程控制进行网站服务器的配置、管理和维护。主机托管可以减轻中小企业缺少网站设计与管理人员所带来的压力，解决网站建设后期在技术支持及维护等方面可能出现的各种问题，它适用于技术实力欠缺的中小企业构建中型网站。

3. 虚拟主机。虚拟主机适合于一些小型、结构较简单的网站。虚拟主机技术是使用特殊的软、硬件技术，把一台运行在互联网上的服务器主机分成很多台“虚拟”的主机，每一台虚拟主机都具有独立的域名和IP地址，具有完整的互联网服务器（WWW、FTP、E-mail等服务）功能。虚拟主机之间完全独立，并可由使用者自行管理。因此，在外界看来，每一台虚拟主机和一台独立的主机完全一样。由于多台虚拟主机共享一台真实主机的资源，每个用户承担的硬件费用、网络维护费用和通信线路的费用均大幅度地降低。同时，网站使用和维护服务器的技术问题由ISP服务商负责，中小企业不用担心技术障碍，更不必聘用专门的管理人员。

（三）网站空间

网站建成之后，要购买一个网站空间才能发布网站内容。所谓网站空间（Webhost），就是存放网站内容所占用的服务器的空间。网站空间也称为“虚拟主机空间”，通常中小企业做网站都不会自己架设服务器，而是选择以虚拟主机空间作为放置网站内容的网站空间。网站空间大小指能存放网站文件和资料的容量，其中包括文字、文档、数据库、网站的页面、图片等文件。

任务实施

步骤一　选择 ISP

为网站选择 ISP 的时候，应考虑以下两个方面：

（一）ISP 服务质量

决定 ISP 提供服务质量的因素是专线带宽、可靠性和可用性。

1. 专线带宽。专线带宽指的是 ISP 的服务器与 Internet 连接时的专线数据传输速率。因为所有的 ISP 用户在与 ISP 服务器连通之后，都使用这条专线，所以专线的带宽越宽，用户的连线速度也就越快。国内大多数 ISP 都是使用 Chinanet 的国际出口与 Internet 连接，它们所提供的专线带宽是指与 Chinanet 连接专线的数据传输速率。

2. 可靠性。可靠性可以用两种标准来衡量：平均无故障工作时间（mean time between failure，MTBF）和平均维修时间（MTTR）。设备制造商通过生产期间执行的测试来确定 MTBF。测量设备耐用性的标准是容错能力，MTBF 越长，表示容错能力就越强。维修时间则是由保修协议或服务协议确定。

3. 可用性。可用性一般是根据资源可访问时间所占的百分比来衡量。完美的可用性百分比是 100%，这意味着系统从来不会停机、发生故障或无法访问。为保障较高可用性，ISP 可利用专门的技术设置备用网络设备和服务器。使用冗余配置时，如果其中一台设备发生故障，另外一台便会自动代替该设备工作，如图 6－14 所示。

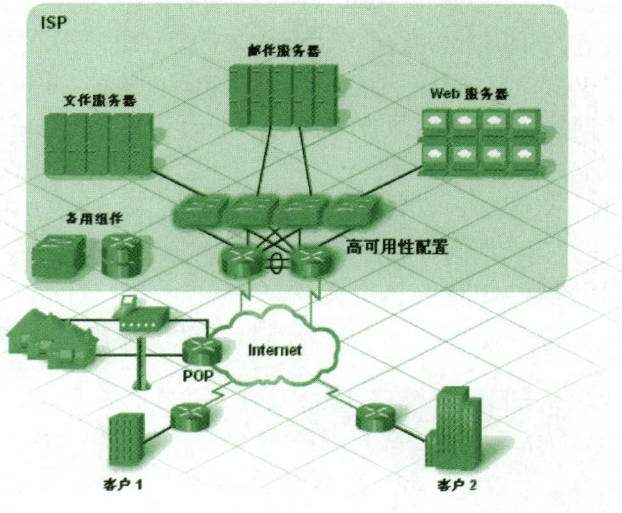

图 6－14　ISP 配置示意图

（二）选择 ISP 服务方式

不同的网站，需要的服务器也不尽相同。标准商业网站，内容翔实，功能繁多，需要的服务器空间较大，并且对服务器的功能要求、扩展性要求较高，对未来访问量的承受能力和带宽要求也较高，因此，在服务器的选择上，要做到够用和好用，能够保障网站的快速发展需要。在选择自建服务器还是进行主机托管或者租用虚拟主机方面，要慎重考虑，追求最高最好的性能价格比。

网站建设和推广初期，可以考虑租用虚拟主机，降低费用。随着网站内容与功能的不断完善，访问量逐渐增加，可以考虑进行主机托管或者自建服务器，用以保证网站发展和访问速度需求。

综合以上因素，根据公司的资金投入和业务范畴等要求，张家豪决定为爱特米诺公司的网站选择虚拟主机方式。

步骤二 分析网站空间需求

选择网站空间时，主要应考虑如下四方面内容：

1. 网站空间稳定性。这是选择网站空间的第一要素，如果选择了质量比较低的空间服务商，很可能会在网站运营中遇到各种问题，甚至经常出现网站无法正常访问的情况，或者遇到问题时很难得到及时的解决，这样都会严重影响网站的正常工作。

2. 网站空间类型。根据网站程序所占用的空间，以及预计以后运营中所增加的空间来选择虚拟主机的空间大小，应该留有足够的余量，以免影响网站正常运行。一般说来虚拟主机空间越大价格也相应较高，因此需在一定范围内权衡，也没有必要购买过大的空间。虚拟主机可能有多种不同的配置，如操作系统和数据库配置等，需要根据自己网站的功能来进行选择，如果可能，最好在网站开发之前就先了解一下虚拟主机产品的情况，以免在网站开发之后找不到合适的虚拟主机提供商。

3. 网站空间价格。现在提供网站空间的服务商很多，质量和服务也千差万别，价格同样有很大差异，一般来说，著名的大型服务商的虚拟主机产品更有保证，但是价格要贵一些，而一些小型公司可能价格比较便宜，可根据网站的重要程度来决定选择哪种层次的虚拟主机提供商。

4. 网站空间服务。网站空间的服务质量主要表现在出现问题后，主机托管服务商的响应速度和处理速度，如果这个网站空间商有全国的“800 免费电话”，空间服务质量就增加几分信任。

通过对各种因素的分析，由于目前公司的网站规模不大，功能仅仅限于宣传和浏览，没有在线商务订单等功能。张家豪预算公司网站初期大小在 100M ~ 300M 之间，考虑后期会逐渐增加产品的宣传，正式运营期间可能在 500M 左右，决定为公司网站在中资源注册 1000M 的虚拟主机空间，费用大约为 1000 ~ 1500 元/年。

温馨提示

目前国内有很多免费的网站空间，但是不稳定，随时有关闭的可能，出现损失一概不负责，所以建议选择正规公司的服务。

若公司后期准备建设动态的网站，要求有动态语言和数据库的支持，在选择网站空间的时候，要注意选择提供包括 PHP、ASP、. NET 数据库以及 MYSQL、SQL 和 ACCESS 这类服务的网站空间，费用会稍高一些。

步骤三　申请网站空间

目前，网络上提供免费空间的网站有很多，以“中国 8U”免费空间网站为例，介绍如何为爱特米诺公司网站申请免费空间。

1. 打开浏览器，在地址栏中输入“www. 8u. cn”，进入网站首页。

2. 单击“注册”，进入会员注册页面，填写详细信息，进行会员注册，如图 6 – 15 所示。

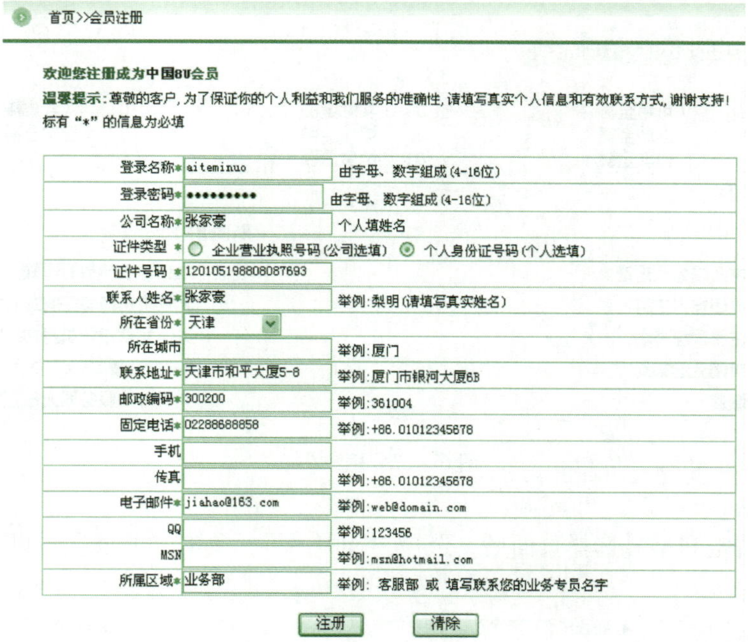

图 6 – 15　注册界面

3. 注册账号成功后，返回网站首页，输入刚注册申请的用户名、密码和相应的随机验证码，进行登录，如图 6 – 16 所示。

图 6 – 16　登录界面

4. 登录后，会自动进入用户中心，用鼠标单击红色字体的链接“点击申请传统免费空间”，如图 6－17 所示。

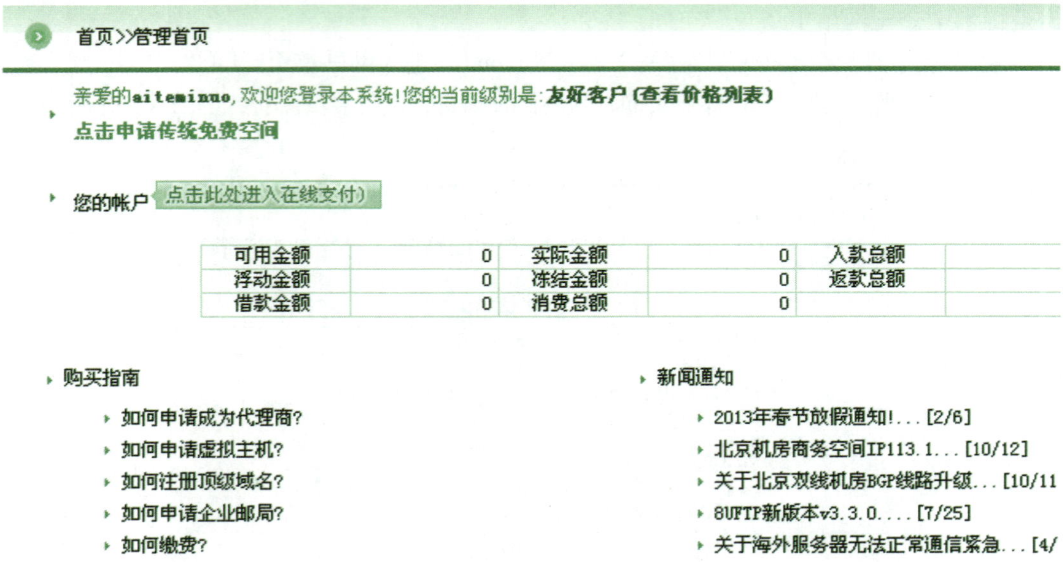

图 6－17　用户中心

5. 进入免费空间型号选择页面后，选择“mf01 型”，单击“开通”，如图 6－18 所示。

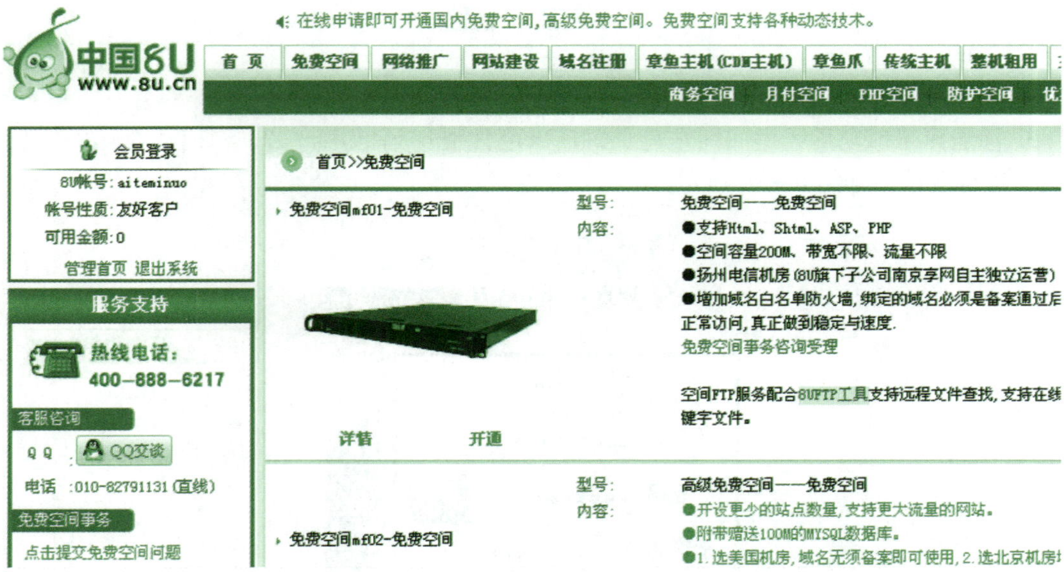

图 6－18　选择空间类型

6. 接下来要填写详细申请免费空间的详细信息，如图 6－19 所示。

图 6－19　申请空间

7. 信息输入完成后，单击“立即申请”按钮，系统出现等待处理界面，如图 6－20 所示。

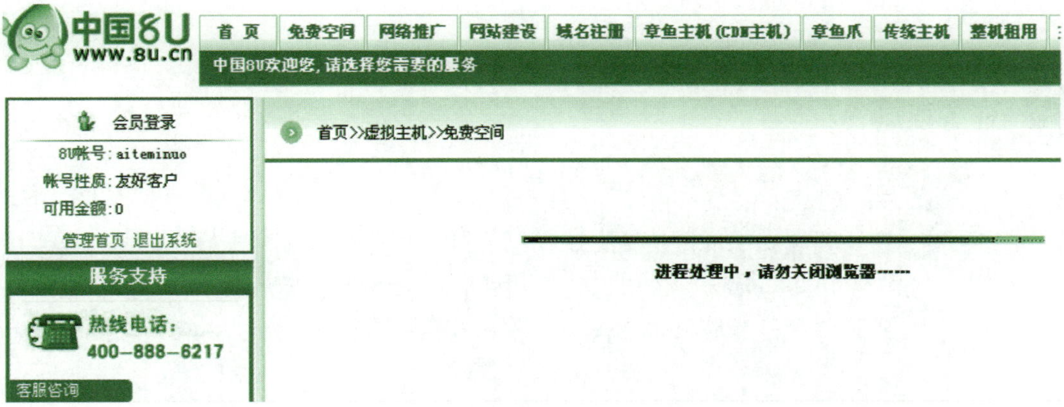

图 6－20　等待处理

8. 稍等片刻，出现“成功”，就完成了。申请好了的页面上会清楚的显示 FTP 的地址、用户名、密码等，如图 6－21 所示，接下来就可以进行后续网站上传的工作了。

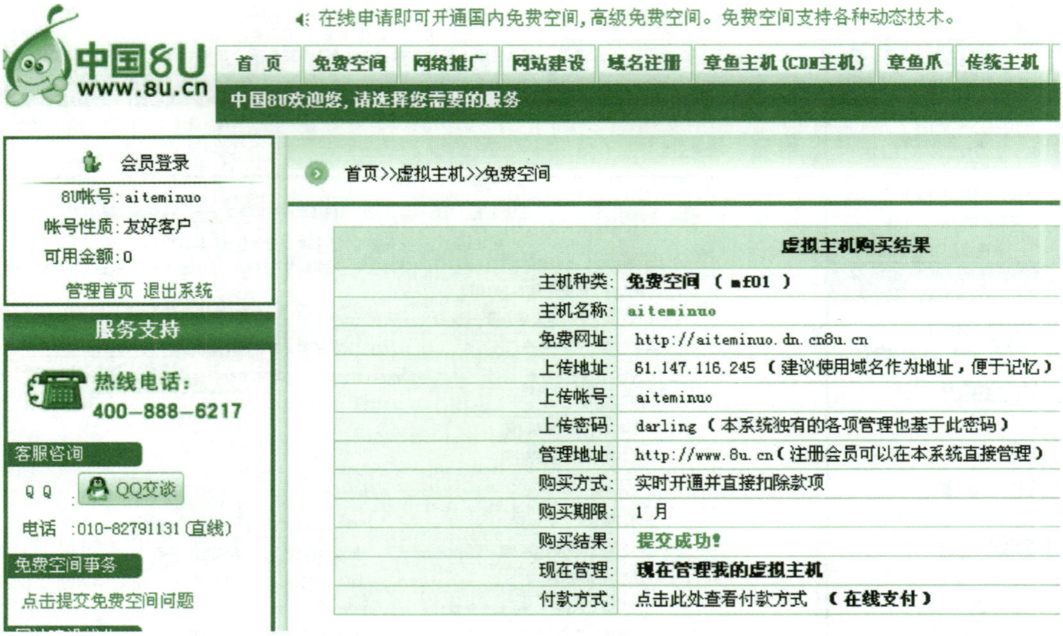

图 6-21 申请成功

由于网络中的免费虚拟主机，服务质量不稳定，而且不利于公司的长远发展，张家豪决定为公司网站在中资源网站注册收费空间，方法与在“中国 8U”注册相似。

任务 3
发布电子商务网站

任务要点

- **关 键 词：** 备案、发布、FTP、测试。
- **理论要点：** 了解网站备案流程，掌握不同类型网站发布的方式，理解 FTP 定义、方法，并掌握发布后网站测试的方法。
- **实践要点：** 能够根据电子商务网站内容形式、制作技术，选择适合的方式发布网站并进行网站测试。

任务情境

已经申请开通了网站空间之后，张家豪开始着手把网站发布到互联网上的服务器空间，以供人们通过互联网或者企业内部网访问该站点。

任务分析

本次任务的目标是将制作完成的网站备案，然后选择适合的发布方式，将网站内容上传到互联网的 Web 服务器中，并进行网站内容的测试。针对以上内容，张家豪主要有以下问题需要解决：

◆网站备案

◆发布网站

◆测试网站

知识准备

（一）网站备案

根据我国《非经营性互联网信息服务备案管理办法》的规定，在中国境内提供非经营性互联网信息服务，应当办理备案。未经备案，不得在中国境内从事非经营性互联网信息服务。而对于没有备案的网站将予以罚款和关闭。

1. 网站备案所需资料。

（1）企业执照副本、法人身份证正反面复印件。

（2）法人免冠半身照（带有接入商背景布的照片，法人不能到场拍照可以由企业其他人员代为办理，需要额外提供代办人身份证及法人授权书一份盖红色公章）。

（3）网站备案核验单 2 份（盖企业红色公章，复印无效）。

（4）座机、手机号码、详细办公地址、执照注册地址。

2. 当资料搜集完全后，快递资料到接入商（网站服务器提供商），接入商在核验单上盖章后，快递资料到“省通信管理局”，最后由“省通信管理局”审核，审核通过后会对备案域名（如 www. iterminal. com. cn）分配一个对应的备案号，例如：津 ICP 备 12003234 号。

省通信管理局在收到备案人提交的备案材料后，材料齐全的，应在 20 个工作日内予以备案；材料不齐全的，不予备案，在 20 个工作日内通知备案人并说明理由。首次备案的，用户备案信息须经过接入商核实后才会递送到通信管理局进行审核；备案信息修改的，备案信息最后修改日期为起始计算时间。

（二）网站发布方式

由于提供网站空间服务的方式不同，网页发布有多种方式。

1. 直接目录方式发布。对于专用服务器的用户，Web 服务器相当于本地设备，网页发布可以由网站管理员直接在 Web 服务器上操作，只需要将待发布的网页直接复制或移动到服务器相应的目录中，即完成网页发布的操作过程。

2. 使用 FTP 软件发布。早期在 Internet 上传输文件，并不是一件容易的事，Internet 是一个非常复杂的计算机环境，有 PC、工作站、MAC、服务器、大型机等，而这些计算机可能运行不同的操作系统，有 Unix、Dos、Windows、MacOS 等，各种操作系统之间的文件交流，需要建立一个统一的文件传输协议，这就是所谓的 FTP。虽然基于不同的操作系统有不同的 FTP 应用程序，而所有这些应用程序都遵守同一种协议，这样用户就可以把自己的文件传送给别人，或者从其他的用户环境中获得文件。

（1）FTP的作用。FTP全称是File Transfer Protocol（文件传输协议），就是专门用来传输文件的协议。FTP的主要作用，就是让用户连接上一个远程计算机并察看远程计算机有哪些文件，然后把文件从远程计算机上拷贝到本地计算机，或把本地计算机的文件传送到远程计算机中去。

（2）用户授权。在FTP的使用过程中，必须首先登录，在远程主机上获得相应的权限以后，方可上传或下载文件。也就是说，要想与哪一台计算机之间传送文件，就必须具有该计算机的适当授权。只有在有了一个用户标识和一个口令后才能登陆FTP服务器，享受FTP服务器提供的服务。

（3）FTP地址格式。FTP地址如下：

ftp：//用户名：密码@FTP服务器IP或域名：FTP命令端口/路径/文件名

上面的参数除FTP服务器IP或域名为必要项外，其他都不是必需的。

目前有很多的FTP客户软件，各有千秋 。比较著名的FTP客户软件有“CuteFTP”、“LeapFTP”、“FlashFXP”以及网络蚂蚁“NetAnt”等，其中“CuteFTP”功能强大，简便易用，拥有较多的用户。

3. 使用网页制作工具发布。如果提供网站空间的ISP服务器是Windows系统，使用微软的IIS，用户就可以使用Microsoft Web发布向导来发布网站，也可以向拥有账户的UNIX系统的Web服务器以FTP方式发布网站。一般的网页制作工具软件都具有发布网站功能，如Microsoft公司的FrontPage XP和Macromedia公司的Dreamweaver cs5。

4. 使用专用程序发布。对于一些大型网站，由于网页发布数量较多，为了便于网站的维护和管理，往往使用专门的网页发布程序。这种程序一般由软件开发商根据用户需求进行专门开发设计。常用的功能一般包括网站栏目管理、模板管理、网站编辑排版、超文本文件生成、网页上传发布、网站维护管理等。

任务实施

步骤一　网站备案

（一）网站备案必要性

网站建设完成以后，接下来就要发布网站，网站备案是指向主管机关报告事由存案以备查考。网站备案的目的是防止在网上从事非法的网站经营活动，打击不良互联网信息的传播，如果网站不备案的话，很有可能被查处以后关停。

（二）网站备案过程

在开始网站的正常运营之前，一定要进行网站备案，以下是网站备案详细操作。

1. 首先登录到网址“www. miibeian. gov. cn”，进入工业和信息化部的网站。

2. 登录接入服务商企业侧系统。网站主办者进行网站备案时，选择自行备案导航方式：

（1）网站主办者登录部级系统，通过主页面“自行备案导航”栏目输入服务商的名称，如图6－22所示，以进入相应系统。

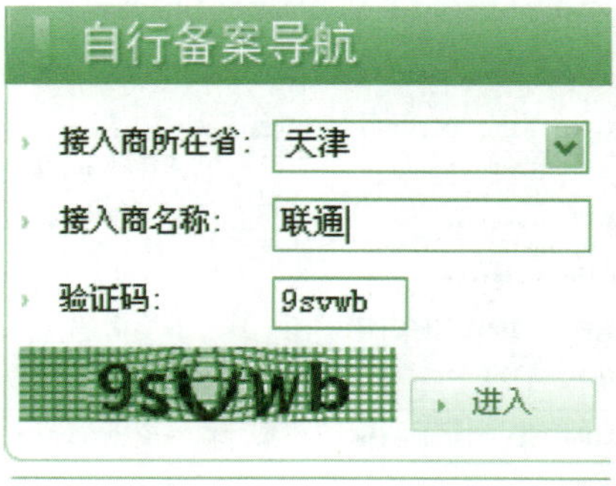

图 6－22　自动备案导航

（2）进入接入商查询页面后，将显示为网站提供接入服务的企业名单，如图 6－23 所示。

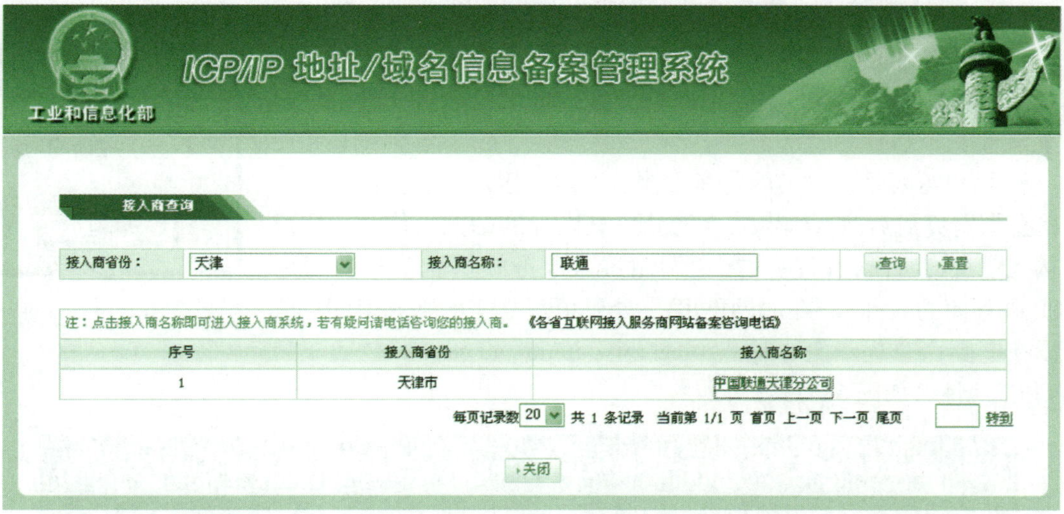

图 6－23　选择接入商

3. 单击相应接入商名称，进入企业侧备案系统，如图 6－24 所示，接下来就可以进行办理网站备案业务。

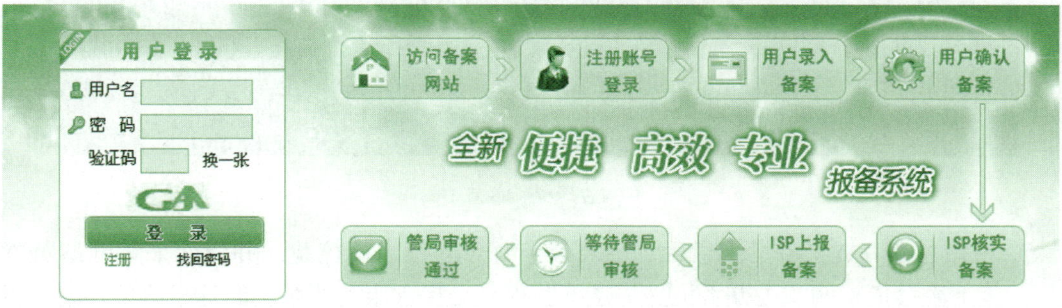

图 6－24　接入商网站

4. 首先需要注册用户，根据页面提示和要求填写注册信息，如图 6－25 所示，完成后确认。

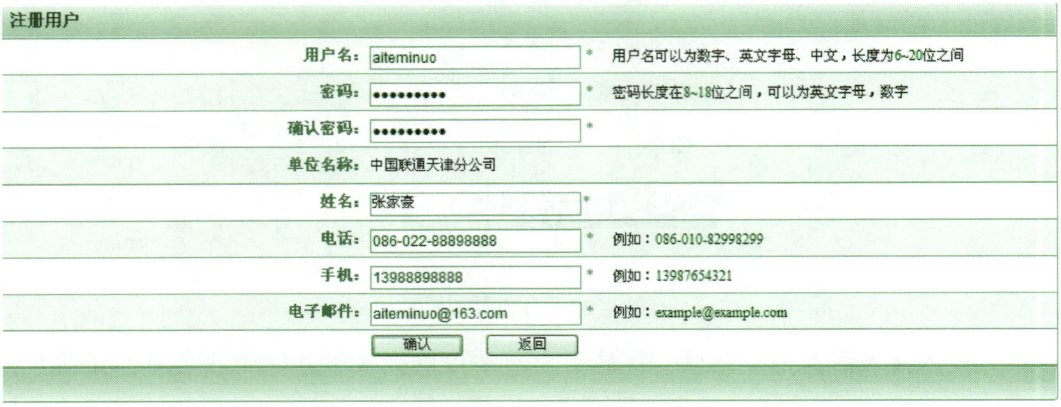

图 6－25　注册用户

5. 用户注册信息填写完成后，单击提交，会显示成功界面，如图 6－26 所示，接下来，需要返回首页进行登录，然后就可以填写备案信息了。

图 6－26　注册成功

6. 用户需要录入真实的备案主体、网站、接入信息，在备案主体信息填写完成后，要继续录入网站信息以及网站接入信息，在录入接入信息的时候，请注意在“网站接入服务提供者”处要填写“ISP 服务商的名称”。在“网站 IP”处要填写真实的网站 IP 地址，可以在电脑命令提示符中输入 ping www. iterminal. com. cn，回车后得到 IP 地址，如图 6－27 所示。

图 6－27　查看 IP

7. 网站主办者提交备案信息后，接入服务商会进行当面核验，并当面采集网站负责人照片，接下来会依据网站主办者证件信息核验提交至接入服务商系统的备案信息，同时填写“网站备案信息真实性核验单”。如果备案信息无误，接入服务商提交给省管局进行审核。如果信息有误，接入者在备注栏中注明错误信息提示后退回给网站主办者进行修改。

8. 最后一个过程由网站主办者所在地省管局对备案信息进行审核，审核不通过，则退回企业侧系统由接入服务商修改；若审核通过，则将生成的备案号、备案密码（并发往网站主办者邮箱）和备案信息上传至部级系统，并同时下发到企业侧系统，接入服务商将备案号告知网站主办者，这样就完成了网站 ICP 备案工作。

温馨提示

1. 填写“主办单位名称”时，如果“主办单位性质”为个人，应填写个人真实姓名；若为其他组织机构，则应填写相关的组织机构名称。

2. 填写“主办单位通信地址”时，应详细填写到街道、门牌及楼层房号或信箱号。

3. 如实填写有效证件类型及对应的证件号码，否则有可能造成备案信息不能通过上级主管部门的审核。

4. 主办单位电话、手机、邮箱都需要填写真实，特别是邮箱是为收取备案中心发送的备案成功邮件的。

步骤二　发布网站

下面以“CuteFTP”软件为例，为爱特米诺公司网站进行文件上传操作。

（一）启动“CuteFTP”，进入“CuteFTP”软件的界面（见图 6－28）

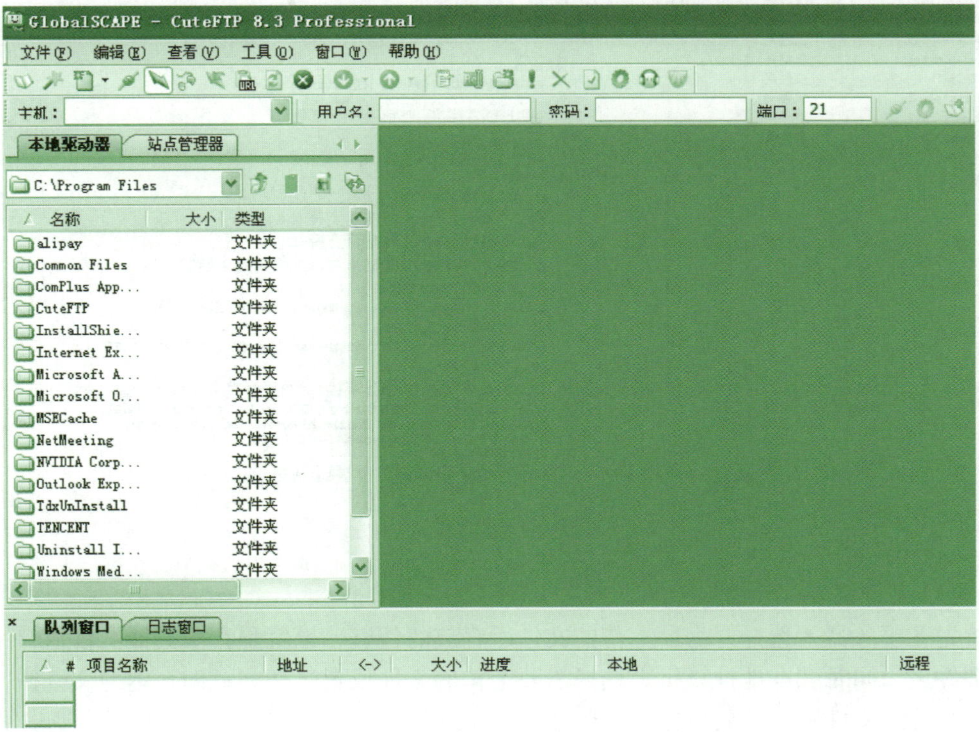

图 6－28　CuteFTP 界面

窗口中上面横向空白区是信息显示区，这里是 FTP 站所显示的信息区，可以由这里知道目前连接的情形，如该站给使用者的欢迎或者提示信息、是否支援断点续传、正在下载哪个文件、是否已经连接中断等。下部左面窗口是本地文件区，显示的是本地计算机硬盘要上传及要下载文件的所在目录，未设定前默认显示的是 CuteFTP 的安装目录（如 C：\ Programs Files \ CuteFTP）。右边则是服务器端文件区，这里显示的是 FTP 站点的目录和文件，文件名、文件大小、属性等都可以非常清楚地在这里看见。

（二）输入服务器地址、用户名与密码

在主菜单下方主机栏（Host）里服务器域名或者服务器 IP 地址，在用户名栏（ID）输入 FTP 账号，在密码栏（P/W）里输入密码，然后按 Enter 键，或者单击“连接”按钮，即可开始连接，连接成功后的界面如图 6 – 29 所示。

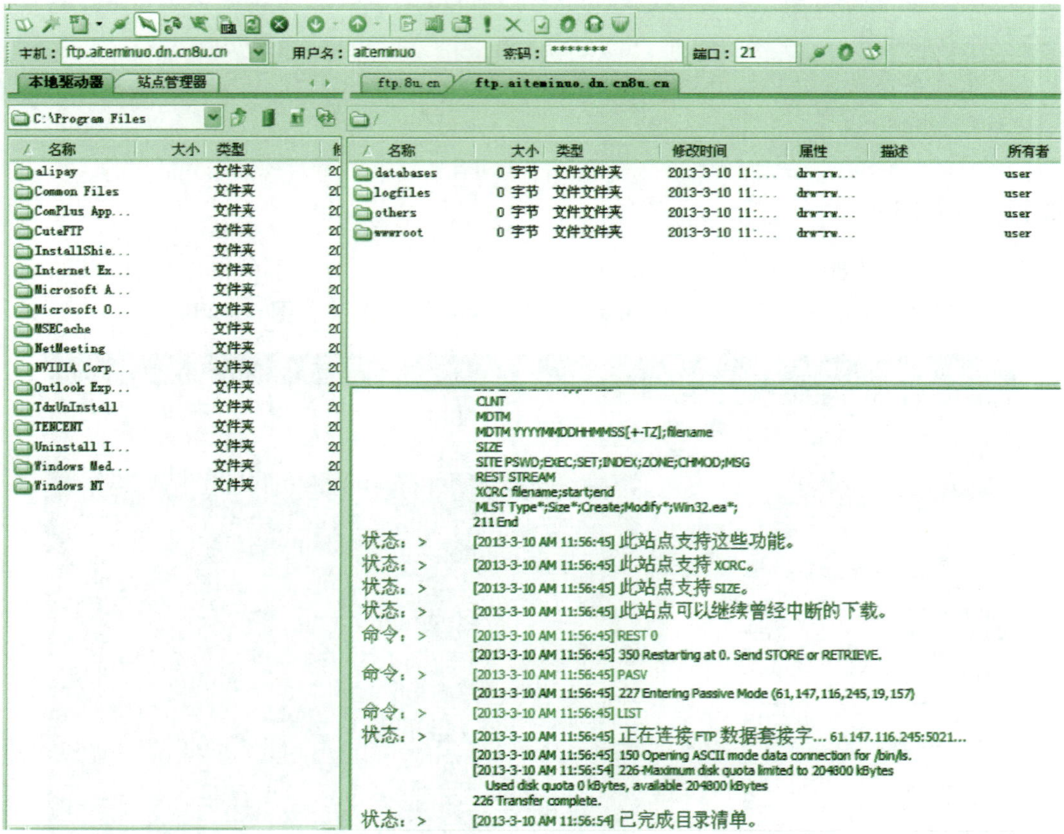

图 6 – 29　连接成功

（三）上传文件

首先在服务器上选择好需要上传的文件所存放的位置，也就是在服务器文件窗口中选择某个文件夹，同时在本地计算机上选择需要上传的文件或者文件夹，即在本地文件窗口中单击某个文件或文件夹。然后单击左右两个窗口中间带指向服务器窗口箭头的按钮，文件就开始上传，如图 6 – 30 所示。

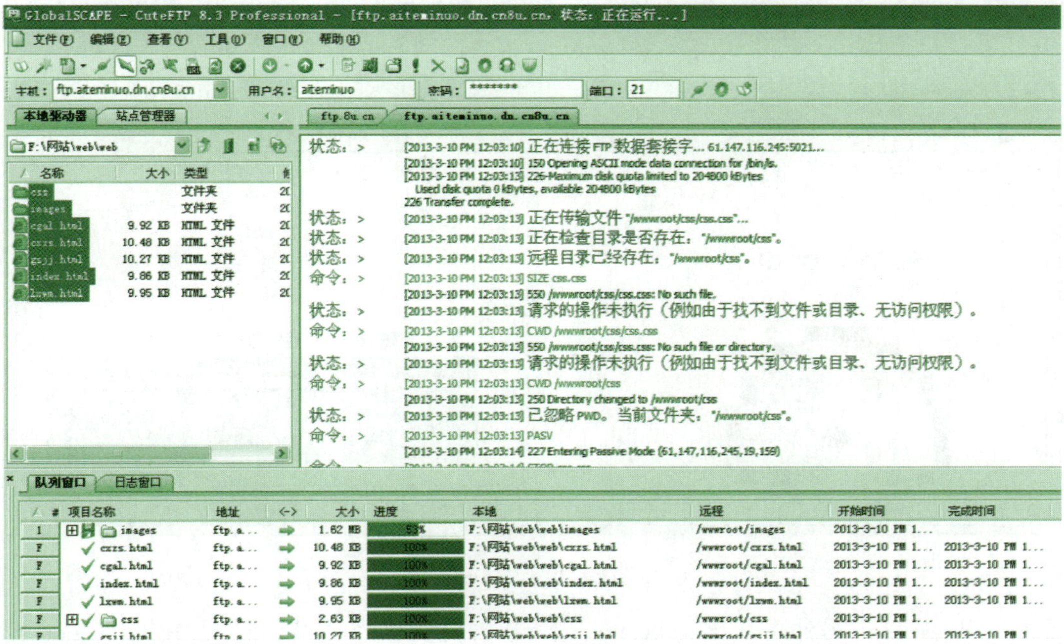

图 6－30　网站上传

步骤三　测试网站

（一）测试网页对浏览器的兼容性

浏览器的测试，是指测试网页在不同浏览器及不同版本下的运行和显示状况。在实际工作中，用户会使用不同的浏览器登录互联网。通过此项测试和修改，可以保证网页在大多数的浏览器中都能正确显示。浏览器是 Web 客户端最核心的构件，来自不同厂商的浏览器对 Java、JavaScript、ActiveX、Plug－ins 或不同的 HTML 规格有不同的支持。

为了实现网站与用户的良好交互性，在浏览器兼容性测试的过程中，还可以考虑使用一些软件进行配合测试，更能提高网站的兼容性，达到更好的交互性与用户体验性，对浏览器的兼容性测试有以下四种方法。

1. IE Tester 和 IE Collection。IE Tester 可以帮我们模拟页面在 IE5.5、IE6、IE7 与 IE8 beta1 等浏览器的相容性，验证 CSS 样式或网站版面是否可以在各个主要浏览器正常显示。IE Tester 以“分页标签”的方式分别在不同的页签中显示，软件采用了类似于 Office 2007 的界面呈现方式，使用起来非常方便，如图 6－31 所示。

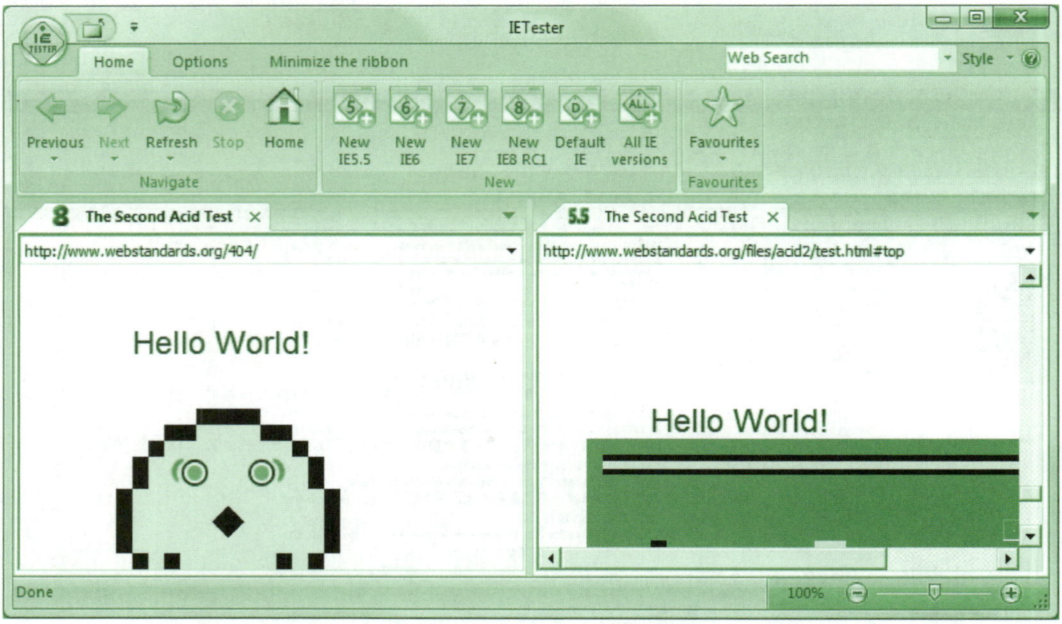

图 6 – 31 IE Tester

除了 IE Tester，另外还有 IE Collection 也可以解决多 IE 版本共存问题。IE Collection 包含了 IE 1.0、1.5、3.0、5.5、6.0、7.0、8.0 等版本的网络浏览器，如图 6 – 32 所示。

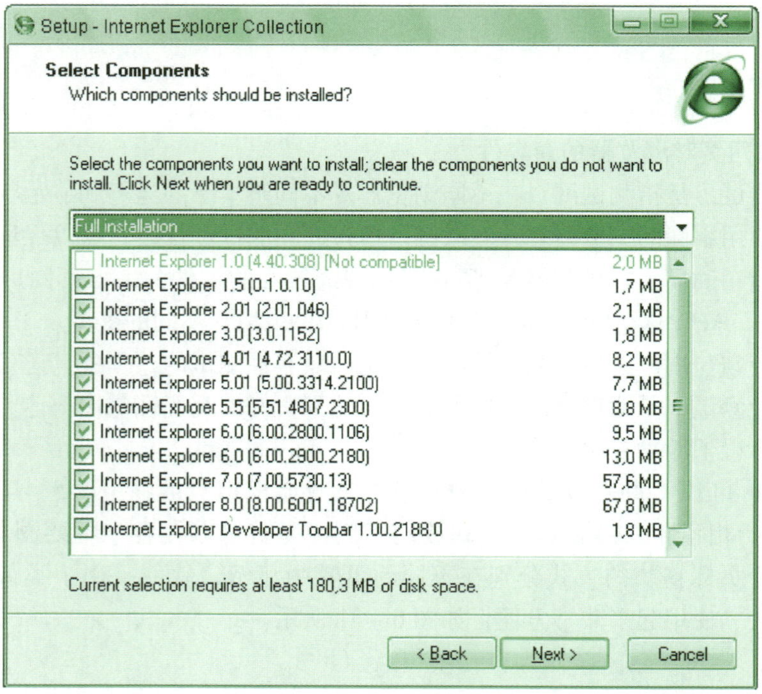

图 6 – 32 IE Collection

通过 IE Collection，设计师可以在不同的 IE 里面测试版面样式与功能。此外，IE Collection 还提供了 Internet Explore Developer Toolbar 工具，通过这些工具检查网页内容的样式、版面错乱或程序错误等。

2. IE 字段的“开发人员工具”。自从 IE8 推出以后，微软在该浏览器内置了 Developer Tools，通过菜单栏的“工具”→“开发人员工具”可以开启这个功能，快捷键为“F12”，如图 6－33 所示。

图 6－33　IE 自带工具

3. 基于虚拟平台的浏览器测试。为了方便各个环境下的应用，可以使用虚拟机配合测试。例如，Windows 7 已经很好地集成了 Windows Virtual PC。安装好操作系统后，使用 Virtual PC 的一大主打功能“发布虚拟应用程序到桌面”，直接在本机桌面建立一个快捷方式，此快捷方式直接启动虚拟机的应用，同时虚拟机也在后台启动并运行。通过这些工具，可以在本机轻松简单地搭建兼容性测试环境，不需要为了兼容性测试而耗费更多的机器资源，提高了网站测试的效率。

4. Dreamweaver cs 5 测试兼容性。在 Dreamweaver cs 5 中单击“结果”面板的“目标浏览器检查”按钮，单击左上角的按钮，在弹出的菜单中单击“设置”按钮，打开“目标浏览器”对话框进行浏览器选择。单击“浏览报告”按钮，弹出一个关于网页中与浏览器不兼容的报表，报表详细地列出了检测的浏览器及不兼容网页信息的位置。

（二）分辨率测试

测试网站在不同显示器分辨率的设置下，查看网站内容的变化，可以设置常用的分辨率，如在 1024 × 768 像素、800 × 600 像素及 1366 × 768 像素等情况下，查看网页有哪些变化。

（三）操作系统测试

市场上有很多不同的操作系统，最常见的有 Windows、UNIX、Linux 等。Web 应用系统的最终用户究竟使用哪一种操作系统，取决于用户系统的配置。这样，就可能会发生兼容性问题，同一个应用可能在某些操作系统下能正常运行，但在另外的操作系统下可能会运行失败。因此，在 Web 系统发布之前，需要在各种操作系统下对 Web 系统进行兼容性测试。

（四）HTML 语法检查

不正确的 HTML 语法会影响浏览器的编译速度，而且可能会导致页面在容错性差的浏览器中出错，在 Dreamweaver cs 5 中也提供了语法检查功能。

（五）链接情况检查

链接测试需要从以下三个方面内容来进行：

1. 测试所有链接是否按指示的那样确实链接到了该链接的页面。

2. 测试所链接的页面是否存在。

3. 保证网站应用系统上没有孤立的页面。所谓孤立页面是指没有链接指向该页面，只有知道正确的 URL 地址才能对其进行访问。

链接测试可以自动进行，现在已经有许多工具可以采用。链接测试必须在集成测试阶段完成，也就是说，在整个网站系统的所有页面开发完成之后进行链接测试。在 Dreamweaver cs 5 中，单击“站点”菜单下的“检查站点范围链接”选项，选择“检查当前文档中的链接”或“为整个站点检查链接”命令，可以检查网站中的链接情况，如图 6－34 所示。

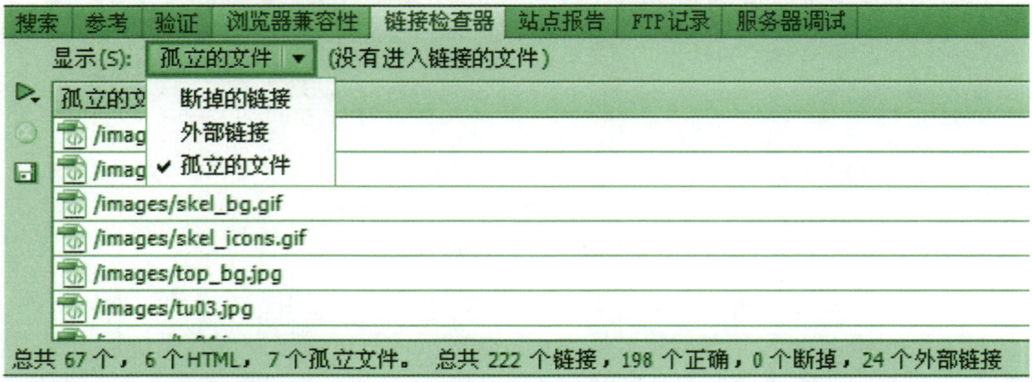

图 6－34 链接检查器

（六）下载时间测试

测试网页在不同连接速度下的下载时间，并且指出被测试页面所链接的文件（如图片文件、框架页面、样式表文件、脚本文件等）中哪个过于庞大。

（七）拼写检查

检查网页上的中英文语言的语法及文字错误。

任务 4
推广电子商务网站

任务要点

- **关 键 词：** 网站推广、作用、方法。
- **理论要点：** 理解网站推广的概念、作用，掌握电子商务网站推广的必要性，掌握网站注册到著名搜索引擎的基本操作方法以及网站推广的其他途径。
- **实践要点：** 能够根据电子商务网站需求，选择适合的网站推广方式来为所建立的网站做宣传。

任务情境

张家豪已经把网站发布到互联网上，但网站处于低人气阶段，几乎没有人知道。这就需要在互联网上宣传推广，让网站的权重提升，成为大家经常光顾的网站。

任务分析

本次任务的目标是为了让更多的用户了解并访问公司的网站，增加公司网站的访问量。根据公司性质及网站内容，张家豪应从以下六个方面来推广宣传：

◆搜索引擎推广

◆网站交换链接推广

◆Email 邮件推广

◆论坛推广

◆博客推广

◆分类信息网站推广

知识准备

（一）网站推广的意义

电子商务网站是以宣传产品、提供网上交易为主的工具。只有提高网站的访问量，网站的效益才能提高。网站推广的目的在于让尽可能多的潜在用户了解并访问网站，通过网站获得有关产品和服务等信息，为最终形成购买决策提供支持。通过对各种网站推广工具和资源充分认识和合理应用，企业依据实际情况制定和实施有效的网站推广方法，便可提高网站的访问量。

（二）网站推广注意事项

1. 明确目标。网站推广不应只重视首页的推广，而是要注重整体推广效果。因为网站推广的目的并不是为了让用户记住网址，而是获得更多的潜在用户，增加企业收益。因此，企业网络推广不要只侧重于关注网站的流量，而忽视了真正的业务目标。企业进行网络推广，必须定位准确。

2. 影响因素。网站推广效果受到如下六方面因素的影响：

（1）行业及业务因素。网站之所以需要进行推广，有一个重要原因是因为行业环境因素，同一个行业中有太多企业来争夺有限的潜在用户。不同的行业和同行业内不同的业务在推广中表现出来的效果大相径庭，在进行推广预估及优化过程中要考虑这方面的影响。教育行业、汽车行业、金融行业等往往有比较高的推广效果。

（2）品牌因素。网站推广过程中品牌因素的影响可以说是决定性的。推广要根据品牌不同的影响力阶段，合理设置投放预算及投放渠道，从而获得最优效果。大品牌已经形成公信力，容易实现销售转化。

（3）搜索引擎因素。不同的搜索引擎市场份额不同，受众群体各异，在推广中要根据品牌定位、产品及地域特点等，选择合适的搜索引擎进行投放。前期试探市场可以在百度注册，而谷歌常用来定位专业人士及港澳台用户。

相关链接

统计表明，50%以上的自发访问量来自于搜索引擎，有效注册搜索引擎是网站推广的必备手段之一。搜索引擎是指根据一定的策略、运用特定的计算机程序从互联网上搜集信息，在对信息进行组织和处理后，为用户提供检索服务，将用户检索相关的信息展示给用户的系统。搜索引擎包括全文索引、目录索引、元搜索引擎、垂直搜索引擎、集合式搜索引擎、门户搜索引擎与免费链接列表等。

（4）广告形式因素。企业在推广的过程中常投放不同形式的广告。注重品牌展示的推广以选择网盟产品为宜，注重效果的推广则可以选择竞价推广。当然在推广的过程中品牌及效果的推广只是权重不同，很少有企业进行单方面的推广。

相关链接

百度网盟推广，以30万家优质网站为推广平台，通过多种定向方式帮助客户锁定目标人群，并以丰富的样式将客户的推广信息展现在目标人群浏览的各类网页上，在其上网全程产生深入持久的影响，有效提升客户的销售额和品牌知名度。

（5）投放优化因素。广告在投放后需要定期优化，不同的搜索引擎有不同的投放规则及媒体特征，还会涉及预算调整、用户定位、季节因素、地域因素、素材的创意等各方面。

（6）网站因素。网站作为推广的最基本因素，其打开速度、网站内容及用户体验直接影响推广的效果，做好网站优化和运营可以达到几倍的效果。

3. 客户服务。在客户服务保障方面，应成立客户服务中心，专业处理网站运行中客户所反映的问题，及时跟客服沟通，满意服务客户。在此基础上建立各种网站推广项目，推动客户的参与，以获取其更多信息到企业数据库中。这样获取的信息越多，销售效率就越高。

任务实施

步骤一　搜索引擎推广

（一）认知搜索引擎

搜索引擎推广是通过搜索引擎优化、搜索引擎排名以及研究关键词的流行程度和相关性在搜索引擎的结果页面取得较高排名的营销手段。搜索引擎优化对网站的排名至关重要，因为搜索引擎在通过Crawler（或者Spider）程序搜集网页资料后，会根据复杂的算法（各个搜索引擎的算法和排名方法是不尽相同的）来决定网页针对某一个搜索词的相关度并决定其排名。当客户在搜索引擎中查找相关产品或者服务的时候，通过专业的搜索引擎优化的页面通常可以取得较高的排名。

（二）注册搜索引擎

目前，比较著名的搜索引擎有百度、Google、雅虎、新浪、搜狐等公司，下面我们以在百度注册为例（其他搜索引擎类似），介绍如何使用搜索引擎来推广企业的网站。

1. 首先注册百度账户，如图 6－35 所示。

图 6－35　注册百度

2. 注册用户后，登录百度推广管理系统，如图 6－36 所示。

图 6－36　百度推广

3. 在线申请加入百度推广，提交相关资质证明，如图 6－37 所示。

在线申请
全国销售热线（免长途费）：400-800-8888
公司所在地 天津 *
联系电话（至少填写一项）*
公司名称 天津爱特米诺电子有限公司 *
座机 022-88688858
电子邮件 zhjiahao@163.com
提交申请
联系人 张家豪 *
手机 13988898888
公司网址 天津市和平大厦5-8
中国互联网协会
2010年度最佳网络营销平台
2010年度最佳搜索引擎营销平台
2010年度最佳精准营销平台
2010年优秀中小企业服务机构大奖
2010年优秀中小企业服务产品大奖
2010年中国营销标杆企业
诚信网站

图 6－37 在线申请

4. 百度在收到申请后，会与客户联系，并确定关键词，撰写网页标题及描述等信息，签订服务合同，缴纳推广费用，具体收费方式如图 6－38 所示。

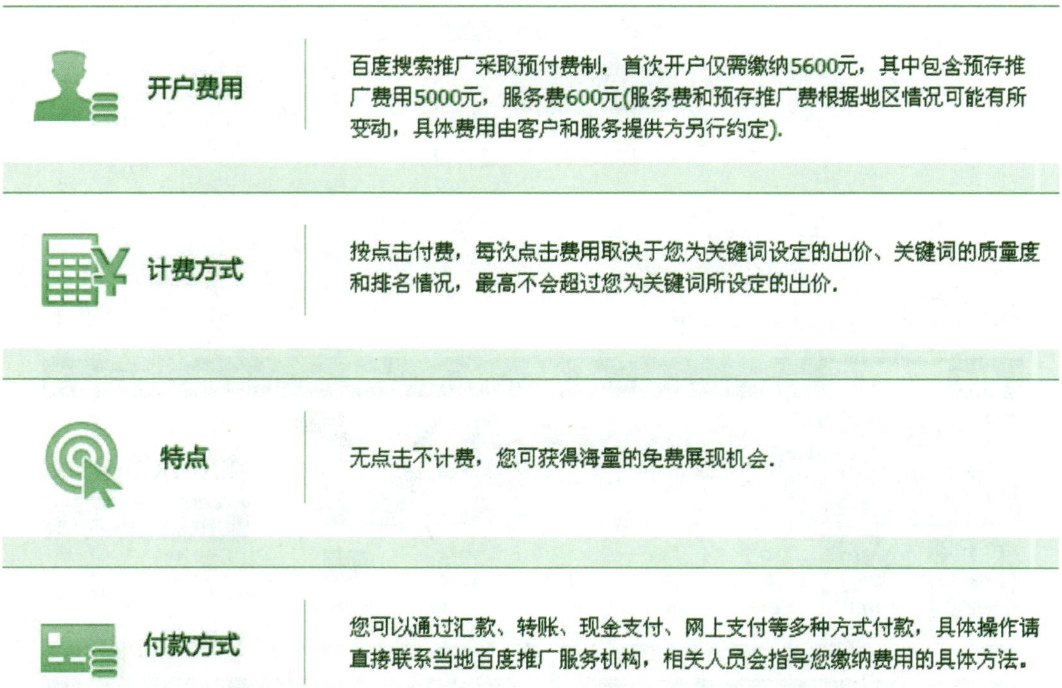
开户费用
百度搜索推广采取预付费制，首次开户仅需缴纳5600元，其中包含预存推广费用5000元，服务费600元(服务费和预存推广费根据地区情况可能有所变动，具体费用由客户和服务提供方另行约定).
计费方式
按点击付费，每次点击费用取决于您为关键词设定的出价、关键词的质量度和排名情况，最高不会超过您为关键词所设定的出价.
特点
无点击不计费，您可获得海量的免费展现机会.
付款方式
您可以通过汇款、转账、现金支付、网上支付等多种方式付款，具体操作请直接联系当地百度推广服务机构，相关人员会指导您缴纳费用的具体方法.

图 6－38 收费方式

5. 百度在收到合同、资质证明和相关款项并确认客户的账户内已添加关键词后，两个工作日内将审核通过客户的信息。审核通过后即可为客户开通账户，提供推广服务。

温馨提示

除了竞价排名外，百度在对搜索结果进行排名时，会把自己的产品排在前面，如百度知道、百度空间、百度贴吧等。

6. 在百度网站中搜索“爱特米诺”，测试推广效果（见图 6－39）。

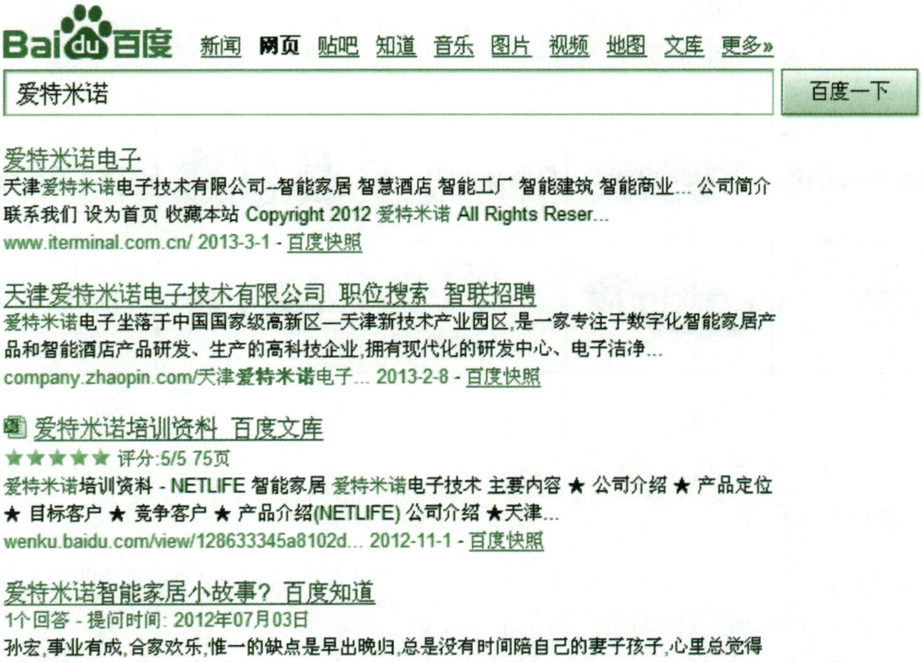
Bai du 百度
新闻 网页 贴吧 知道 音乐 图片 视频 地图 文库 更多»
爱特米诺
百度一下
爱特米诺电子
天津爱特米诺电子技术有限公司--智能家居 智慧酒店 智能工厂 智能建筑 智能商业... 公司简介 联系我们 设为首页 收藏本站 Copyright 2012 爱特米诺 All Rights Reser...
www.iterminal.com.cn/ 2013-3-1 - 百度快照
天津爱特米诺电子技术有限公司 职位搜索 智联招聘
爱特米诺电子坐落于中国国家级高新区—天津新技术产业园区,是一家专注于数字化智能家居产品和智能酒店产品研发、生产的高科技企业,拥有现代化的研发中心、电子洁净...
company.zhaopin.com/天津爱特米诺电子... 2013-2-8 - 百度快照
爱特米诺培训资料 百度文库
★★★★★ 评分:5/5 75页
爱特米诺培训资料 - NETLIFE 智能家居 爱特米诺电子技术 主要内容 ★ 公司介绍 ★ 产品定位 ★ 目标客户 ★ 竞争客户 ★ 产品介绍(NETLIFE) 公司介绍 ★天津...
wenku.baidu.com/view/128633345a8102d... 2012-11-1 - 百度快照
爱特米诺智能家居小故事? 百度知道
1个回答 - 提问时间: 2012年07月03日
孙宏,事业有成,合家欢乐,惟一的缺点是早出晚归,总是没有时间陪自己的妻子孩子,心里总觉得

图 6－39　网站搜录

步骤二　网站交换链接

通过网站交换链接、交换广告、内容合作、用户资源合作等方式，在具有类似目标网站之间实现互相推广的目的。在这些资源合作形式中，交换链接是最简单的一种合作方式，调查表明也是新网站推广的有效方式之一。交换链接也称为“友情链接”，是具有一定互补优势的网站之间的简单合作形式，即分别在自己的网站上放置对方网站的 Logo 或网站名称并设置对方网站的超级链接，使得用户可以从合作网站中发现自己的网站，达到互相推广的目的。

互换友情链接是网站一项重要工作，不可轻视。在选择链接的网站时，要尽量选择网站的排名与 PR 值高的网站。知名度比较高的网站，即使是内页链接也可以达到效果。还有要选择同类型网站，相关度比较高。

相关链接

PR

PR 值全称为 PageRank（网页级别），2001 年 9 月被授予美国专利，专利人是 Google 创始人之一拉里·佩奇（Larry Page）。级别从 1 到 10，10 级为满分。PR 值越高说明该网页越受欢迎（越重要）。例如，一个 PR 值为 1 的网站表明这个网站不太具有流行度，而 PR 值为 7 到 10 则表明这个网站非常受欢迎（或者说极其重要）。一般 PR 值达到 4，就算是一个不错的网站了。Google 把自己网站的 PR 值定到 9。

例如，为爱特米诺电子公司网站加入了一些知名电子品牌的 Logo 作为链接，见图6－40。

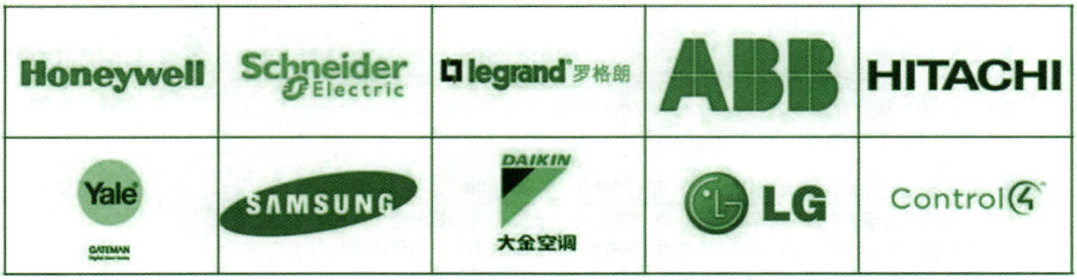

图 6－40　交换链接

步骤三　电子邮件推广

电子邮件与我们的工作和生活已经密不可分，不仅私人通信和公司正常业务联系需要电子邮件，电子邮件对于企业网站推广的价值也早已得到证实。

电子邮件网站推广是基于用户许可的前提下向用户发送电子邮件信息的网络网站推广手段，邮件送达率直接影响着 Email 网站推广的效果，由于垃圾邮件对网络网站推广环境的破坏，即使是经过用户许可的邮件列表，同样面临着邮件送达率降低引起的整体效果下降的难题。新竞争力（营销管理顾问网站）对于许可 Email 网站推广的研究认为，作为常用网络网站推广手段之一，Email 网站推广仍不要轻言放弃，但同时有必要采取多种网络网站推广手段组合，以尽可能将信息有效地传递给目标用户。

电子邮件推广方案如下：

1. 搜集客户邮箱地址，包括：（1）通过自己的公司网站充分搜集已注册客户的邮箱地址；（2）租用专业服务商的电子邮件地址；（3）上网搜集与自己网站相关客户的邮箱地址。

2. 准备群发邮件软件。可把客户建立不同的组，以便群发。群发软件有很多，如信鸽邮件群发软件、百亿邮件群发软件等。

温馨提示

邮件推广的技巧

（1）邮件内容要有趣，吸引人。

（2）邮件要短。

（3）做超链接让客人直接点进你的公司网站了解更多信息。

（4）绝对不要发送垃圾邮件。

3. 电子邮件反馈。电子邮件发送后，部分潜在的客户会回复邮件进行咨询，这就需要客服人员认真回复每个用户反馈的信息，一定要在一个工作日内回复，尽量给用户满意的解答，争取把潜在的客户变成顾客，增加公司的效益。

步骤四 论坛推广

在互联网迅速发展的时代，企业为了节约宣传投资成本，把推广都指向了网络，在网络推广中，论坛推广更是吸引了众多企业的目光，不少企业纷纷开展论坛推广，想要取得良好的论坛推广效果，需要注意以下三个方面：

（一）选择合适的论坛

企业在实施论坛推广时，一定要根据企业产品的特点，选择合适的论坛。例如，爱特米诺属于电子企业，那么可以选择电子行业相关的论坛。企业论坛推广失败的原因通常是由于片面追求论坛人气，不考虑发布信息与论坛板块是否相符，以为人气越高，关注企业信息的人就越多，这是失败的最重要原因。

（二）巧妙设计帖子

作为传递产品信息的载体，信息传达的成功与否主要取决于帖子的标题、主题、跟帖三部分。如果一个帖子能够吸引访客点击，并巧妙传递企业产品信息，同时让网民感受不到在做广告，那么这则帖子是非常成功的。

（三）跟踪维护帖子

随着论坛中新帖子的不断发布，旧帖子很快就会下沉。沉下去的帖子显然是难以起到推广作用的，因此论坛推广维护帖子是最重要的一步。及时顶贴让帖子处于首页，让企业传递信息持续更久非常重要。维护帖子的时候，可以从正反两方面去炒作、辩驳、挑起争论，可以把帖子“炒热”从而吸引更多的网民关注。

步骤五 博客推广

博客推广是目前非常流行的一种网络推广策略，这种策略非常适合咨询服务类企业来开展。下面介绍一下系统开展博客推广的策略。

（一）博客定位

1. 博客名称定位。博客的取名一定要主题突出。

2. 博客内容定位。一个博客如果想吸引忠实的用户，最重要的就是内容要有特点。俗话说，帮助别人就是帮助自己。准备做网络推广主题时，写博客主要就是分享网络推广策划经验。这些经验可能会帮助读博客的网友在进行网站运营时少走弯路，直接用一些比较好的策略和技巧。所以，读博客的网友都会喜欢所发布博客的内容，同时，他们也会将博客转发到各种各样的网站去帮助宣传。

（二）博客注册

博客推广要效果好，就需要宣传的面广，要宣传的面广，门店一定要多，所以如果你想要把博客推广的效果最大化，可以在 20 家知名博客网站同时注册博客（见表 6－2）。

表 6－2

新浪博客	http：//blog. sina. com. cn/
搜狐博客	http：//blog. sohu. com/
博客网	http：//www. bokee. com/

续表

斗牛士	http：//www. donews. net/
赛迪博客	http：//blog. ccidnet. com/
和讯博客	http：//blog. hexun. com/
百度空间	http：//hi. baidu. com/
MSN 博客	http：//spaces. live. com/
Blogbus	http：//www. blogbus. com/
Tom 博客	http：//blog. tom. com/
天涯博客	http：//www. tianyablog. com/
网易博客	http：//blog. 163. com/
凤凰博客	http：//blog. phoenixtv. com/
中国博客网	http：//www. blogcn. com/
Google 博客	http：//www. blogger. com/
天极博客	http：//blog. yesky. com/
歪酷博客	http：//www. yculblog. com/
博客天下	http：//blog. com. cn/
博客园	http：//www. cnblogs. com/
中华网博客	http：//blog. china. com/
网商博客	http：//blog. china. alibaba. com/

（三）博客撰写和更新

博客的更新非常关键，最好每天都能够更新，这样才能吸引读者天天关注。博客的撰写需要注意以下三方面技巧：

1. 博文口语化。博客写得太生硬，大家看起来会很累，所以写的时候最好能够用口语化的语言，这样会让读者感觉很切近，读起来也轻松。

2. 内容排版错落有致。经常看到许多人写的博客，密密麻麻一篇，连一个段落都没有，看一眼就让人头大，这样的博客很难让用户去读完。所以写博客一定要善于利用段落和空格。可以写上几句话，就分一个段落，这样会让读者的眼睛有一个休息停顿的时间，读起来也轻松愉快。

3. 结尾注明版权。在文章结尾注明“版权所有，欢迎大家转载，请注明作者和出处！”这句话特别重要，能提醒你的读者帮你到处宣传。

（四）博客推广

博客的推广很关键，除了以上的那种提示网友转载的方法外，还有以下几种常用的博客推广方法：

1. 与朋友的或者相关网友的博客进行友情链接交换。

2. 各大博客网站都有主编或者栏目编辑，和编辑关系搞好了，而你的博客写得又不错，可以让他们经常在网站显著位置推荐你的博客，这样你的博客想不火都难。

3. 博客的设置符合搜索引擎的要求，搜索引擎也会源源不断地给你带来流量。

（五）博客推广管理

博客推广工作开始后，效果怎么样呢？这需要检测博客推广的效果。目前各大博客网站都提供简单的计数器功能，这个可以简单统计博客流量。但若要更加详细的流量数据，可使用其他网站提供的专业流量统计分析服务，如“www. cnzz. com”、“www. 51. la”51。

在这两个网站申请账号后，把统计代码插入博客模板中，就可以统计博客的详细流量信息了，包括这些流量是从什么地区来的，通过哪些推广方式来到你的博客，浏览了哪些页面等，都可以一目了然。

步骤六 分类信息

分类信息又称“分类广告”或“主动式广告”。通常在电视、报刊上所看到的广告，不管你愿不愿意，它都会强加给你，我们称这类广告为“被动广告”。而人们主动去查询招聘、租房、旅游等方面的信息，对这些信息，我们称它为“主动广告”。在信息社会逐步发展的今天，被动广告越来越引起人们的反感，而主动广告却受到人们的广泛青睐。

1. 很多企业都喜欢在分类信息平台上发布信息，分类信息推广逐渐成为网络推广的一种重要方式。现在很多大型平台都可以免费发布信息，也为分类信息推广提供了便利，企业要进行分类信息推广需要注意以下五方面内容：

（1）分类信息平台的选择。平台的选择，当然是选择 PR 值高，排名靠前，收录好的分类信息平台比较好。

（2）分类信息的编写。发布的信息要让用户觉得有安全感、信任感。首先是联系方式。如果一则信息连联系方式都没有，那用户又怎么求证，又怎么会产生信任感呢。其次是内容的排版方式要有专业的感觉，格式清晰整齐，内容也要有可信度，描述的内容要准确且有利于用户。

（3）信息要原创。分类信息推广要达到好的效果，就要使信息被多数人浏览到。要想信息被更多的用户浏览，最好的方式是信息被百度等搜索引擎收录。由于原创的信息更受搜索引擎的欢迎，所以分类信息推广要达到好的效果，最好是原创信息。

（4）遵守网站规则。每个分类信息网站都有自己的规则，如果不遵守网站规则，所发信息最后结局就是被删除。所以发布信息之前最好仔细阅读网站规则，才能让信息的存活率更高，才能被收录。

（5）信息发布软件的选择。分类信息推广是为了提升信息的覆盖面，所以分类信息需要发布到多个平台。可以选择一款好的网络营销软件，这样，发送信息省时又省力，更高效一些。例如，利用 SKYCC 组合营销软件发布信息，可以大大提高成功率。

2. 目前，很多分类信息网站开展得非常成功，如 58 同城网站“tj. 58. com”、赶集网“www. ganji. com”、网址大全“www. hao123. com”等。

3. 以赶集网为例，发布爱特米诺公司网站信息。

（1）进入赶集网站后，首先要注册赶集网账号。

（2）填写用户名和密码，选择“立即注册”。

（3）选择相应类别，进行免费发布信息，如图 6－41 所示。

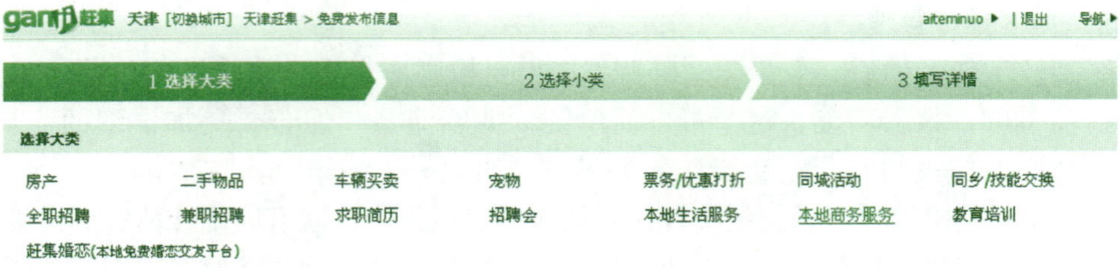

图 6－41　选择信息发布类别

（4）填写详细的店铺资料，如图 6－42 所示。

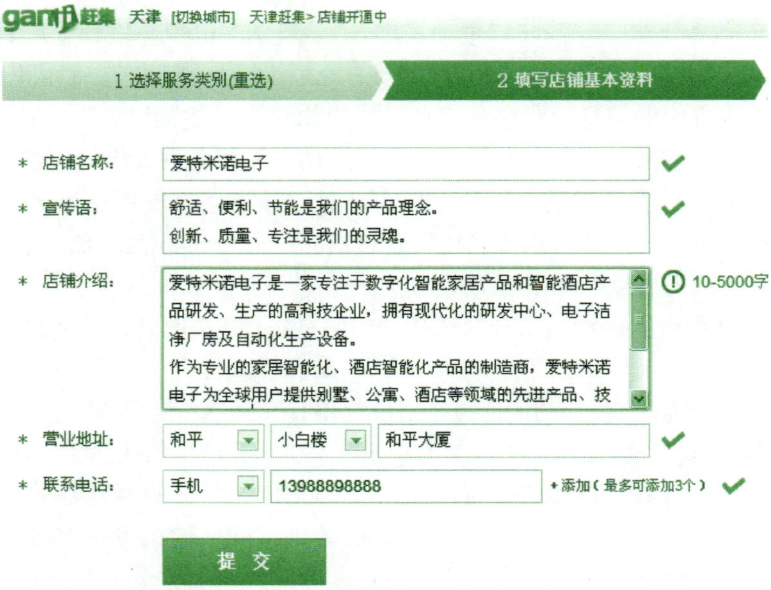

图 6－42　填写详细信息

（5）信息填写完成后，单击“提交”，可以查看店铺情况预览，如图 6－43 所示。

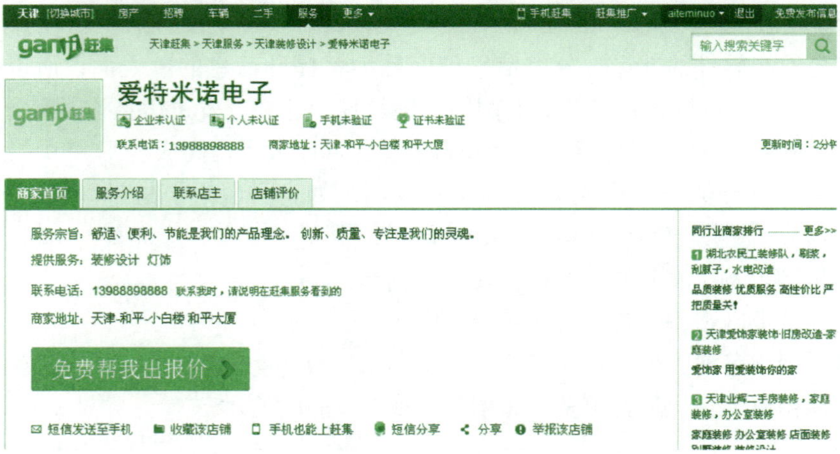

图 6－43　店铺预览

项目小结

本项目以爱特米诺电子公司网站为例，介绍了在电子商务网站制作完成后，如何将网站发布到互联网上，并进行宣传推广的具体操作，以及在这过程中的注意事项。其中包括网站域名的定义和申请、网站空间的选择和注册、网站上传的不同方式和多种推广网站的方法等。详细介绍了域名定义的原则和技巧、免费空间和收费空间的区别，以及各种网站推广方法的具体流程。

实战强化

天津普兰达电子公司成立于2009年，坐落于中国天津北辰经济技术开发区内。公司始终坚持以质取胜，以科技为主导，质量为主线，走高新技术、不断创新之路，专业致力于开发、生产、销售"高、精、尖"LED路灯产品。公司现为天津市重点企业、全国LED高新技术企业。

公司以良好的利益分配机制以及良好的创业平台为基础，近几年来凝聚了国内半导体照明领域最顶尖的人才，拥有一批经验丰富的电子工程师、亮化设计师和专业研发机构。公司同时邀请一批国外著名半导体研究专家、学者组成了一支技术力量雄厚的高科技研发队伍，与天津大学、天津电子行业协会等多所高等学府广泛合作，成功研发出一系列科技含量高、技术领先、市场前景巨大的绿色节能照明产品，拥有了多项自主创新的核心技术。

公司拥有完善和科学的质量管理体系，实行全面质量管理体系。在保持技术、产品领先的同时，不断在管理上持续改进和创新。公司通过了ISO9000认证，是国内LED生产企业里引入国际先进管理标准的为数不多的企业之一。产品也取得了CCC强制性产品安全认证。公司秉承"企业素质为基础，创质量优势，创成本优势"的经营理念，以"高素质、高标准、不断超越"的企业精神为指导，用"快速到位"的企业作风，建立"树形象、创品牌、争第一"的企业目标，为客户提供卓越品质的产品和服务。

该公司电子商务网站已经制作完成，网站定位为宣传企业形象的宣传型网站，现在要将公司网站发布到互联网上，并进行推广，需要完成以下任务：

1. 对网站进行测试，找出内容不够完善的地方，对其进行适当调整。
2. 为公司网站申请一个免费域名。
3. 申请一个300MB左右的免费虚拟主机空间。
4. 利用CueFTP软件将公司网站上传到申请的网站空间。
5. 将公司网站进行不同形式的推广宣传。

思考与练习

1. 简述域名的定义，以及企业如何选择域名。
2. 什么是虚拟主机？什么是主机托管？它们分别适合什么样的情况？
3. 专用服务器的特点是什么？它适用于什么样的商务网站？
4. 商务网站的测试包括哪些方面？哪些可以通过技术实现？
5. 如何使用 Dreamweaver cs5 实现文件上传？
6. 网站发布的常用工具有哪些？
7. 网站测试主要测试哪些项目？
8. 网上推广的方式主要有哪些？什么是交换链接方法？

7 项目七 综合实训

在完成对爱特米诺电子公司网站的制作之后，橙果科技公司的王经理认为张家豪制作的网站非常成功，各个功能模块突出了爱特米诺电子公司的风格和特点，并且各阶段的规划、设计和实施都符合网站制作的要求，完成了当初计划的目标。

由于橙果科技公司刚刚成立不久，一直没有开发自己的网站，现在准备制作自己公司的电子商务网站，以此来宣传推广公司。王经理决定把这个任务交给张家豪负责，张家豪开始按照之前制作网站的流程，从分析需求、规划和设计网站，到网站具体制作和后期的发布、推广，逐步来完成，目的是体现公司的服务和特色，展示公司的形象，让更多的人来认识并了解橙果科技公司。

知识目标：

☐ 能描述公司的建站需求

☐ 能描述网站总体设计步骤、结构、布局及色彩等方面的设计原则

☐ 能够描述申请免费域名和空间的方法，以及运营推广的细则

技能目标：

☐ 能根据客户的建站需求完成网站策划与需求分析，并对网站进行主题、风格、栏目等设计，完成图像和网页的设计与制作

☐ 能够申请免费域名及空间，并能够进行发布、测试网站

☐ 能够根据目标客户特点，采用多种方法对网站进行推广

任务 1
调研公司网站

任务要点

- **关 键 词：** 分析规划、设计、模块。
- **理论要点：** 根据用户的需求和网站建设的目的，对网站系统进行规划功能模块，设计相应栏目、风格和版式布局。
- **实践要点：** 通过分析规划电子商务网站的系统、功能模块和栏目内容，撰写网站策划书，作为后续制作网站内容的参照依据。

任务情境

接到公司王经理布置的工作任务之后，张家豪首先与王经理进行充分的交流与沟通，明确了公司建设网站的目的和具体要求。开始全面搜集和整理橙果公司的各种资料，然后与公司各部门人员进行交流，充分了解公司的各种情况。通过仔细分析，结合网站技术特点，很快便制定了公司网站的设计方案。

任务分析

橙果公司建设网站的目的是想对公司自身进行更好的宣传，要在互联网营销中占有一席之地，提供产品的技术支持和在线互动，以便更好地为客户服务，同时提高公司利润。在充分了解本公司客户的业务流程、所处环境、公司规模、行业状况的基础上，需要对公司网站进行整体设计。为了保证后续网站制作的规范，张家豪需要在网站制作之前，撰写公司网站策划书，策划书的内容应包括如下内容：

◆项目背景
◆目标分析
◆网站形象
◆网站模块结构
◆网站目录结构

任务实施

天津橙果天下科技有限公司网站策划书

（一）项目背景

1. 公司简介。天津橙果天下科技有限公司（以下简称“橙果科技”）是一家专注于公司形象整合设计的专业设计团队。自 2010 年创立以来，凭借对市场的开拓和创新，橙果科技以自己专业的实力和独具的思维、创造力，简洁大气、国际化的设计风格，完整的服务体系，赢得了众多的长期客户。服务的主要客户是广大中小型公司及机构，类型涉及政府机构、公司团体等。一流的设计、制作技术和严格的品质管理流程，这些因素都确保了橙果科技能够在各种规模的项目上保持优异品质。

2. 建立公司门户网站的意义。通过门户网站的建设，橙果科技可以对外展示公司的形象，提高公司知名度，树立良好的国内国际形象，同时节约运作成本、提高工作效率，让更多的人能够了解橙果科技，也让橙果科技与现代经济接轨。

（二）目标市场分析

橙果科技门户网站的目标访问群和消费群主要是来自天津市及周边地区的中小型公司，网站一方面要达到公司形象宣传的作用，另一方面，可以作为与客户交流的平台，吸引更多的客户，开发新的商业机会。随着网络经济和电子商务的发展，公司拥有独立的门户网站已经势在必行，这将切实解决公司运作成本过高、人员冗杂、工作效率低下等影响公司长远发展利益的问题。

（三）网站形象

1. 总体形象。公司网站应当具备以下五大特点：

（1）橙果科技网站应当符合公司形象标准，能够充分展示公司精神和公司文化，能够展示公司的风采。

（2）橙果科技网站应当是具有青春活力，看上去美观大方的网站，能够紧跟公司网站设计潮流，运用流行元素，使网站和公司一样充满现代气息。

（3）橙果科技网站应当让访问者最快找到所需信息，一目了然，轻松自如。同时，管理人员能够轻松进行网站内容更新和维护工作。实用、易用能使橙果科技网站走向良性循环轨道。

（4）访问者是一面镜子，橙果科技网站应当从访问者那里获取对网站的反馈，能够捕捉客户的需求，能够双向交流，能够使客户在网站中充分发表见解，并加以吸收。

（5）橙果科技网站应当是一个可扩展的网站，能够根据技术的发展而将其充分应用，能够将公司外部窗口和公司内部管理机制相结合，能够为管理决策提供数据统计与分析。

2. 网站风格。网站的风格表现为整个网站在前台显示时看到的字体、风格、图片等样式，通常用 CSS 网页样式语句来进行设计和控制整个网站的风格样式。本网站的风格设计将秉承橙果科技有限公司“开拓创新”的理念，以橙色、白色系为主要渲染色彩，风格简洁化，图片多角度真实化。

3. 规划栏目。一个商务网站的主题内容及素材确定之后，站点的设计者就应该搜集和组织大量的相关资料来充实、丰富它。而在大量的信息素材面前，如果网站没有一个合理的，符合网络技术特点、符合网民浏览习惯的栏目设计，再好的内容也展示不出来，达不到设立网站的初衷。

4. 网站版式。本网站前台首页设计的页面布局如图 7－1 所示。打开本公司网站的首页，将会看到网页的一级栏目是首页、服务项目、成功案例、关于橙果、橙果动态、热点新闻和联系我们。一级栏目的下方是公司形象标语，左侧是代表公司形象的网站 Logo，中间做动态的图片 Banner 宣传公司形象，在 Banner 下面依次是公司的服务项目、成功案例，右侧下面是关于橙果、热点新闻和联系我们，最后在网页的底部注明网站备案号，添加相应的流量分析和相关友情链接。

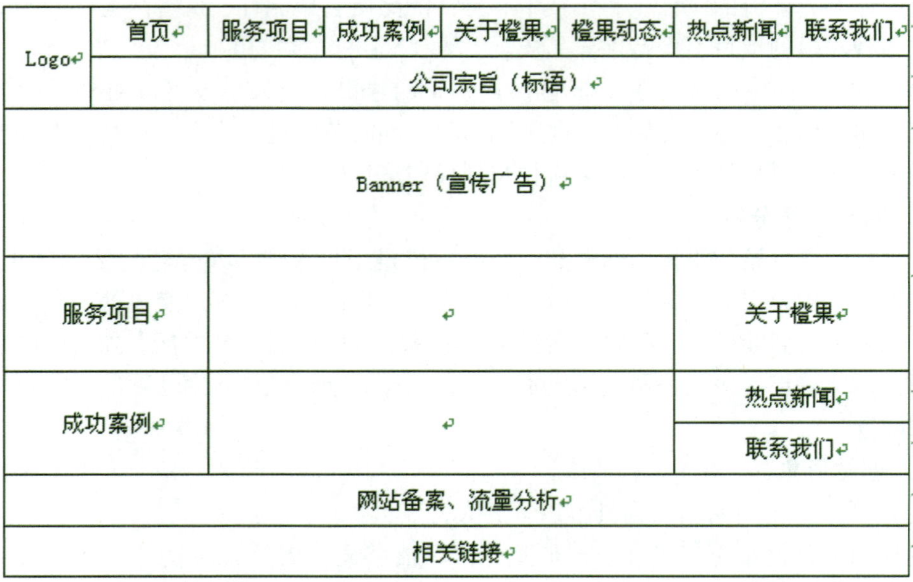

图 7－1　网站首页设计布局图

（四）网站模块结构和功能

为橙果科技网站设计模块结构如图 7－2 所示。

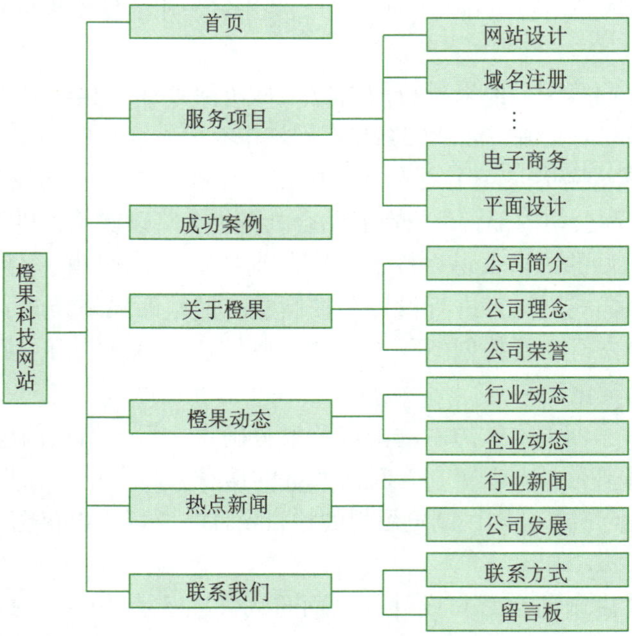

图 7－2　网站模块结构

1. 首页。客户通过单击“首页”查看该公司门户网站的基本概况。这是公司给访问者的第一印象，所以首页设计上注重简洁大方、访问方便。

橙果科技网站的首页页头包括 Logo、导航、Banner 等版块，页中包括服务项目、成功案例、关于橙果、热点新闻和联系我们等版块，页尾包括版权信息、流量分析、友情链接等版块。

2. 服务项目。客户通过单击“服务项目”来浏览橙果科技有限公司提供的服务类型，这是公司的业务信息展示平台，包括网站设计、域名注册、推广优化、虚拟主机、影视动画、平面设计、软件开发、电子商务。

3. 成功案例。网站首页中列出三个典型的成功案例项目，分别是中卫工业园区服务网、Curlygirls14k 珠宝网、滨新涂料，并以截图的方式显示。在成功案例对应的链接页面里，详细介绍已开发制作的公司网站。

4. 关于橙果。该模块包含公司的简介、人员组成结构、业务类型以及服务宗旨等。

5. 橙果动态。该模块内容包括公司的相关业务进展、项目签订与实施、新闻动态、IT 行业发生的相关重大事件等。

6. 热点新闻。作为发布本公司和行业最新信息的栏目，热点新闻是客户了解行业动态和公司动态的重要窗口。内容包括 IT 行业的热点话题、发展趋势、与公司业务相关新技术的发展、经济的发展给公司带来的机会等。

7. 联系我们。在这个栏目下，显示公司公布在外的电话、传真、电子邮箱、地址等信息。电子邮件可以搜集用户的投诉、建议、咨询等信息，并用于公司及时反馈信息，同时在网页中放置公司在百度地图中具体位置的截图，可以方便客户很容易找到公司。

8. 网站流量分析系统。网站流量分析系统可以向商业网站提供页面访问计数、排行和访问分析服务，使管理者随时可以了解网站乃至任意页面的流量动向和受欢迎程度，并做出相关调整策略。

（五）网站的目录结构

为橙果公司网站建立本地文件目录结构，如图 7－3 所示。

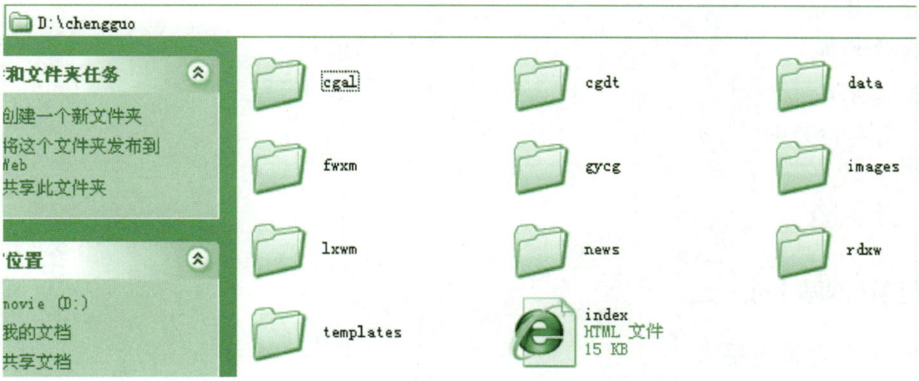

图 7－3 网站目录

任务 2
设计与开发公司网站

任务要点

- **关 键 词：** Logo、Banner、首页、分页。
- **理论要点：** 根据公司的性质和网站的规划思想，设计公司网站的 Logo 和 Banner，并能够依据网站策划书，制作公司网站。
- **实践要点：** 建立站点，设计公司网站的 Logo 和 Banner，制作网站的首页和分页，并建立链接。

任务情境

对公司的各种情况进行认真分析之后，张家豪撰写了网站策划书，详细规划了网站的布局、风格、形象的设计。接下来，张家豪将根据网站策划书的内容，对公司网站进行详细的制作。

任务分析

本次任务的目标是根据公司性质及网站规划的内容，参照网站策划书，对公司网站进行具体设计和制作，张家豪需要完成以下五部分内容：

- 设计 Logo
- 设计 Banner
- 制作首页
- 制作分页
- 设置超级链接

任务实施

步骤一 设计网站 Logo

（一）公司背景与要求

橙果天下科技有限公司是一家集培训认证、软件开发、域名注册、虚拟主机、网站建设、网络营销推广于一体的 IT 企业，以下简称“橙果科技”。

在 IT 领域，Logo 是标志、徽标的意思。网站的 Logo 就是网站的标志，也是互联网上各个网站用来与其他网站链接的图形标志。所以 Logo 设计要简洁并反映出企业性质。

（二）制作橙果科技网站 Logo

通过与公司经理进行意见交流之后，进一步修整方案，最后确定橙果科技的 Logo 主要采用图形、公司中文名称和公司正在申请的域名，设计反映出企业性质的网站标志。设置大小为 290×100 像素。Logo 的主题内容放齐中间区域 230×60 像素内，图形采用橙子横切截面的形状，中心用代表网络的字母“e”来覆盖，色彩上采用橙色和黑色，对比强烈，域名中的字母“e”、“o”分别使用变形的字母“e”和橙子横切面的形状来代替，包含了网络和橙果的元素。最终的设计如图 7－4 所示。

图 7－4 橙果 Logo

步骤二 设计网站 Banner

（一）设计要求

Banner 可以代表网站的形象，有时候甚至起到像标识一样的作用，一个设计好的 Banner，应该能够概括橙果公司网站的风格。

（二）制作公司 Banner

通过与公司经理的交流，张家豪决定为公司制作交替显示图片的动态 Banner，使用滑动效果来将更多信息填进到 Banner 区域。通过一些很有用的 Javascript 库及其插件，让这类效果更加活灵活现。

1. 预先在 Photoshop 中制作四幅大小、风格相同的图片。主题颜色选用橙色，渐变的背景再融入线条元素，让 Banner 更加动感夺目，单色的光线让线条和背景更加炫彩，使 Banner 充满迷幻进一步刺激用户的探索欲望，图片内的文字介绍由于后期可能更改，所以放到代码中进行添加。最终制作后的 Banner 效果如图 7－5 所示。

2. 在 Dreamweaver cs5 中，为橙果科技设计的 banner 是 4 幅宣传图片交替显示，并添加相应内容。具体制作代码如下：

```
<div id = " slider" >
<div class = " sliderItem" id = " slide1" >
<div class = " sliderText" >
<h2 >橙果科技长久以来致力于天津企业信息化建设</h2 >
<P >天津网站建设以客户为中心来策划、设计、运营和管理网站<br />
天津建站最终目的使企业通过网站获取订单<br />
橙果科技努力提升企业形象和建设企业网络品牌</P >
</div >
</div ><! - - /sliderItem - - >
<div class = " sliderItem" id = " slide2" >
```

橙果科技推出香港主机
无需备案，安全稳定
致力于天津企业信息化建设
提升企业品牌价值
CONTACT US
8789-1205
好的域名，就是最好的网站推广！
SEO的目标在于帮客户赚钱，争流量
专业、诚信、质量、双赢是做优化的基本准则

图7-5 橙果Banner

```
<div class="sliderText2">
<h2>天津网站建设对于天津域名注册的建议</h2>
<p>天津域名是天津网站建设的眼睛，通过它，网站的特色、产品、服务等可以比较完美地展现给用户。在五花八门的互联网上，天津域名就像一篇文章的题目，在海量信息中，文章的题目不吸引人，根本上就没有机会被阅读到。不被阅读，文章的内容再好，都体现不出文章本该拥有的价值，所以天津域名注册的重要性不言而喻。
</p>
</div>
</div><!--/sliderItem-->
<div class="sliderItem" id="slide3">
<div class="sliderText3">
<h2>天津网站优化，天津百度优化，天津网站推广，天津优化，天津推广</h2>
<p>SEO的中文意思是搜索引擎优化。天津网站优化通过总结搜索引擎的排名规律，对网站进行合理优化，天津百度优化使你的网站在百度和Google的排名提高，让搜索引擎给你带来客户。
</p>
</div>
```

```
</div><!--/sliderItem-->
<div class="sliderItem" id="slide4">
<div class="sliderText4">
<h2>天津虚拟主机提供香港主机无需备案</h2>
<p>天津虚拟主机提供的所有香港主机无需备案，可以放置BBS、BLOG、留言板、商城等类型网站<br />
香港机房作为亚洲的数据中心，国内访问速度快，国外访问流畅，是您开展国内外业务的最佳选择，7×24小时信息核查，保障所存放网站信息的安全合法性，避免了由于非法违规信息而被国内封闭IP的连带风险！</p>
</div>
</div><!--/sliderItem-->
</div><!--/slider-->
<div id="sliderNav">
<a href="#" class="previous">Previous</a>
<ul>
</ul>
<a href="" class="next">Next</a></div>
```

3. 编辑好图片代码后复制代码，回到 Dreamweaver 中，粘贴代码到相应表格所在位置的代码区域。选择“文件”菜单下的“保存全部”，这样 Banner 就制作完成了。

步骤三　设计网站首页

（一）规范文件目录

在站点的根目录下，可以创建首页、空白网页、子文件夹等，根据网站设计的栏目，依次建立各个二级目录，分别以栏目的汉语拼音首字母组合为名称，如图 7－6 所示。所创建各网页间的相互关系以及与网页相关的素材会自动保存至站点文件夹内。接下来，就可以编辑相应的网页了。

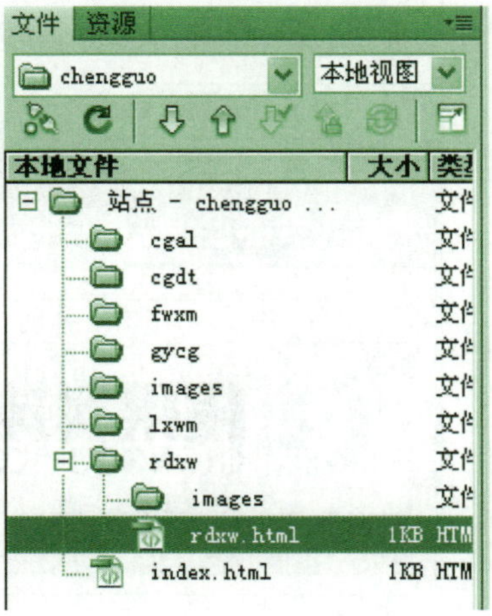

图 7－6　网站目录

（二）绘制草图

对首页设计进行认真构思，结合首页的功能模块与主题内容，充分发挥艺术想象力，构思新颖，布局合理，主题突出。构思结果不仅要有独特的创意，还要在技术上具有实现的可行性。

1. 设置布局。为橙果公司设计网站的首页，一级栏目是首页、服务项目、成功案例、关于橙果、橙果动态、热点新闻和联系我们。一级栏目的下方是公司形象标语，左侧是代表公司形象的网站 Logo，中间做动态的图片 Banner 宣传公司形象，在 Banner 下面依次是公司的服务项目、成功案例，右侧下面是橙果简介、热点新闻和联系我们，最后在网页的底部注明网站备案号，添加相应的流量分析和相关友情链接。

2. 设计首页尺寸规格、样式。考虑目前主流显示器的分辨率，把网站首页的宽度设置为1000px，通过对公司形象和主题的分析，把公司网站的主题色彩设置成橙色，象征着热情、阳光、健康。根据规划，绘制草图，版面布局设计如图7－7所示。

<table>
<tr><td rowspan="2">Logo</td><td>首页</td><td>服务项目</td><td>成功案例</td><td>关于橙果</td><td>橙果动态</td><td>热点新闻</td><td>联系我们</td></tr>
<tr><td colspan="7">公司宗旨（标语）</td></tr>
<tr><td colspan="8">Banner（宣传广告）</td></tr>
<tr><td colspan="2">服务项目</td><td colspan="4"></td><td colspan="2">关于橙果</td></tr>
<tr><td colspan="2" rowspan="2">成功案例</td><td colspan="4" rowspan="2"></td><td colspan="2">热点新闻</td></tr>
<tr><td colspan="2">联系我们</td></tr>
<tr><td colspan="8">网站备案、流量分析</td></tr>
<tr><td colspan="8">相关链接</td></tr>
</table>

图7－7　网站结构

（三）制作首页

1. 设计页头。在Dreamweaver cs5中新建文档，将其命名并保存。

（1）用布局表格工具绘制表格，表格宽度为1000像素。用布局单元格工具绘制单元格，在左边的单元格内插入网站Logo，如图7－8所示。

图7－8　设置Logo

（2）在右上部单元格内插入导航栏，在右下部单元格内插入公司的宗旨标语。

（3）在表格下面插入一个1000像素宽的表格，在表格中插入前面制作的Banner动画。最后的页头效果如图7－9所示。

图 7 – 9　首页页头

2. 设计页中。

（1）确定网页内容部分分为 3 列。插入一个宽为 1000 像素的表格，将其拆分成 3 列，宽度分别为 300px、300px、400px。

（2）制作左边的表格。插入一个百分比表格，然后将其拆分成 6 行 2 列，宽度为 50px、250px，在第一、第三、第五个单元格内插入栏目标识，在第二、第四、第六个单元格内插入文字，在第一列插入图标。

（3）制作中间部分的内容框。插入一个百分比表格，然后将其拆分成 6 行 2 列，宽度为 50px、250px，在第一、第三、第五个单元格内插入栏目标识，在第二、第四、第六个单元格内插入文字，在第一列插入图标。

（4）制作右侧内容部分。将表格宽度定位百分比，再将表格拆分成 4 行 2 列，在左侧插入公司图标，在右侧第一、第三个单元格内插入栏目标识，在第二、第四个单元格内插入相应内容。

（5）在下面继续插入一个宽度为 1000 像素的表格，设计结构如上，左侧插入“成功案例”，右侧插入“热点新闻”。设置完成后效果如图 7 – 10 所示。

图 7 – 10　首页页中

3. 设计页尾。插入一个宽为 1000 像素的表格，设置其高为 100 像素，以灰色填充（RGB = #535353），添加相应内容，如图 7 – 11 所示。

图 7 – 11 首页页尾

4. 填充内容。整个网页的样式设计已基本上完成，接下来要填充内容。在插入网页内容时，需要用到表格的 CSS 定义。在此，具体说一下如何给表定义 CSS 样式。选中单元格，然后右击鼠标，在弹出的菜单上选择“CSS 样式”→“新建”。由于网页中只用到虚线的边框，所以在弹出的对话框内选择“边框”，再根据需要对表格进行定义，最后应用到所要定义的表格上。

5. 首页设计完成后，浏览一下整体的效果，如图 7 – 12 所示。

图 7 – 12 公司网站首页

步骤四 设计分页

网站给人的第一印象来自于首页，但并不是说只要首页做好，网站的整体形象就好。网站整体形象是靠首页和其他的页面相配合来呈现的，所以在设计网页时，既要考虑怎样将网站好的一面展现给用户，又要考虑展现的方式与侧重点，不能都放在首页上，造成杂乱的现象。通过实训与练习，我们已经熟悉了电子商务网站二级页面的组成，掌握电子商务网站新闻、产品、客户支持等二级页面的设计方法，根据这些知识构造出站点整体和谐、风格统一的网站页面。

（一）为公司网站制作模板

在页面设计视图下插入网页框架、导航栏、Flash 标题等所有页面公有的元素，如图 7－13所示，然后运行“文件”→“保存”命令将这个模板保存下来。

图 7－13　公司模板

（二）使用模板

有了模板之后，接下来就要在编辑网页时候使用它们了。运行“文件”→“新建”命令即可看见新建窗口，接着进入“模板”标签即可查看到已经保存的模板，选择“创建”按钮打开这个模板。

最后，我们只要在可编辑区域添加网页的内容就可以了，如添加一些文字说明或者是插入相应的图片，最后通过“文件”→“保存”命令保存页面即可。

（三）服务项目

客户通过单击“服务项目”来浏览橙果科技有限公司提供的服务类型，它是公司的业务信息展示平台，制作后效果如图 7 - 14 所示，包括网站设计、域名注册、推广优化、虚拟主机、影视动画、平面设计、软件开发、电子商务。页面通常采用信息分层、逐层细化的方法展示公司产品或服务。所谓信息分层就是按一定的分类方法将信息放在不同的页面上详细介绍，从而使用户能找到最适合他们需要的信息层。例如，首先建立一个产品/价格清单（第一层），该清单允许用户为每一项选择一个产品页面（第二层），这个页面又能引出具有详细信息的页面（第三层）。

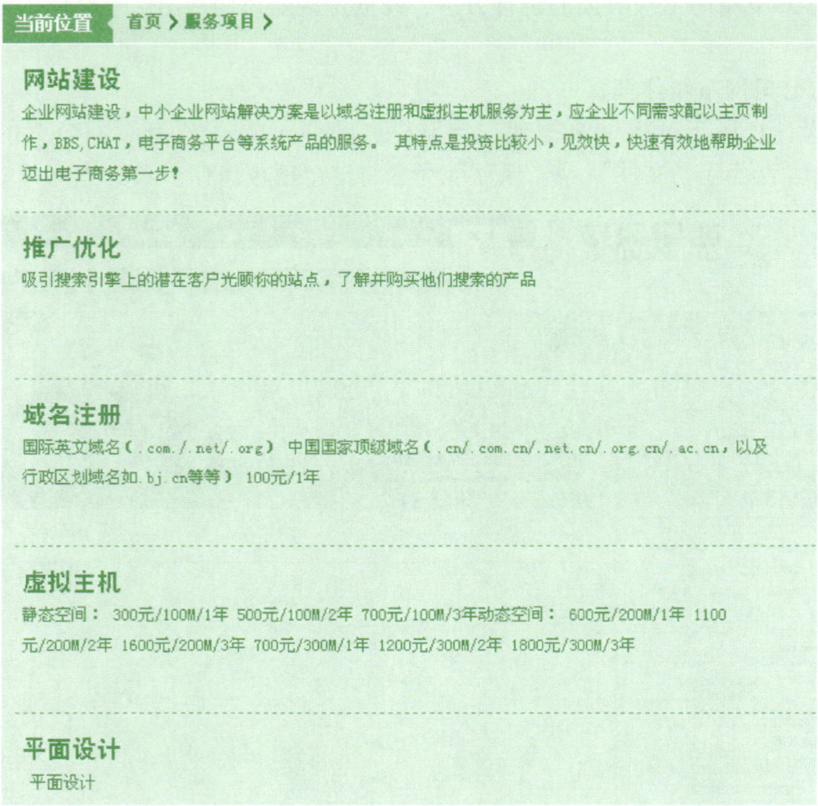
当前位置
首页 > 服务项目 >
网站建设
企业网站建设，中小企业网站解决方案是以域名注册和虚拟主机服务为主，应企业不同需求配以主页制作，BBS,CHAT，电子商务平台等系统产品的服务。 其特点是投资比较小，见效快，快速有效地帮助企业迈出电子商务第一步！
推广优化
吸引搜索引擎上的潜在客户光顾你的站点，了解并购买他们搜索的产品
域名注册
国际英文域名（.com/.net/.org） 中国国家顶级域名（.cn/.com.cn/.net.cn/.org.cn/.ac.cn，以及行政区划域名如.bj.cn等等） 100元/1年
虚拟主机
静态空间： 300元/100M/1年 500元/100M/2年 700元/100M/3年动态空间： 600元/200M/1年 1100元/200M/2年 1600元/200M/3年 700元/300M/1年 1200元/300M/2年 1800元/300M/3年
平面设计
平面设计

图 7 - 14　服务项目

（四）成功案例

网站首页列出三个典型的已开发项目，分别是中卫工业园区服务网、Curlygirls14k 珠宝网、滨新涂料，并以截图的方式显示，如图 7 - 15 所示。

中卫工业园区服务网
中卫工业园区服务网
性环保涂料
Curlygirls14k珠宝网
滨新涂料

图 7 - 15　首页案例

在成功案例对应的链接页面里，详细介绍已开发制作的企业网站，如图 7－16 所示。

图 7－16　成功案例

（五）关于橙果

该模块包含公司的简介、人员组成结构、业务类型以及服务宗旨等，如图 7－17 所示。

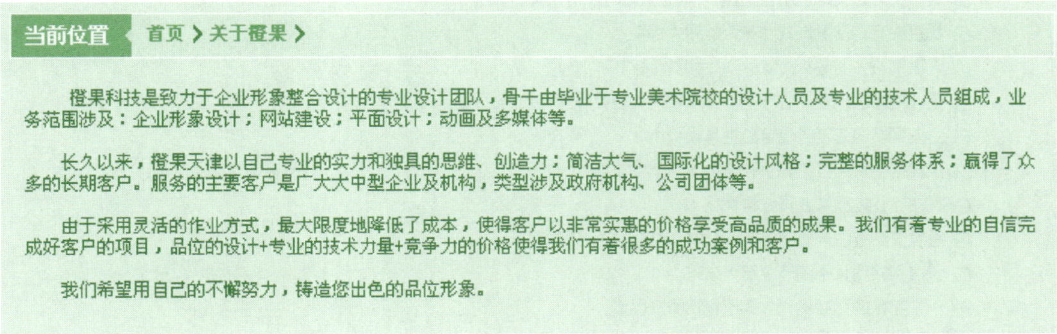

当前位置　首页 > 关于橙果 >

橙果科技是致力于企业形象整合设计的专业设计团队，骨干由毕业于专业美术院校的设计人员及专业的技术人员组成，业务范围涉及：企业形象设计；网站建设；平面设计；动画及多媒体等。

长久以来，橙果天津以自己专业的实力和独具的思维、创造力；简洁大气、国际化的设计风格；完整的服务体系；赢得了众多的长期客户。服务的主要客户是广大大中型企业及机构，类型涉及政府机构、公司团体等。

由于采用灵活的作业方式，最大限度地降低了成本，使得客户以非常实惠的价格享受高品质的成果。我们有着专业的自信完成好客户的项目，品位的设计+专业的技术力量+竞争力的价格使得我们有着很多的成功案例和客户。

我们希望用自己的不懈努力，铸造您出色的品位形象。

图 7－17　关于橙果

（六）橙果动态

该模块内容包括公司的相关业务进展、项目签订与实施、新闻动态、IT 行业发生的相关重大事件等，如图 7－18 所示。

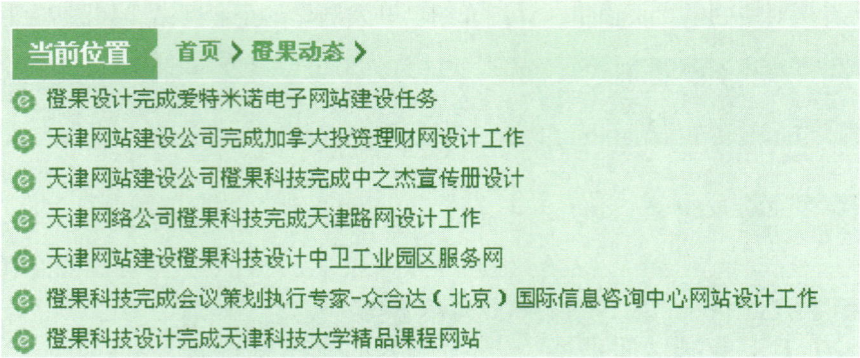

图 7－18　橙果动态

网上企业的特点之一是企业资信不易确定，这是网上购买者不轻易下订单的主要原因之一。因此，企业应尽量提高企业资信的透明度，让浏览者了解企业的状况。企业信息页面能达到这个目的，信息页面主要包括公司状况、发展规模、与投资者关系等页面。

（七）热点新闻

作为发布本企业和行业最新信息的栏目，热点新闻是客户了解行业动态和企业动态的重要窗口。内容包括 IT 行业的热点话题、发展趋势、与公司业务相关新技术的发展、经济的发展给企业带来的机会等，如图 7－19 所示。

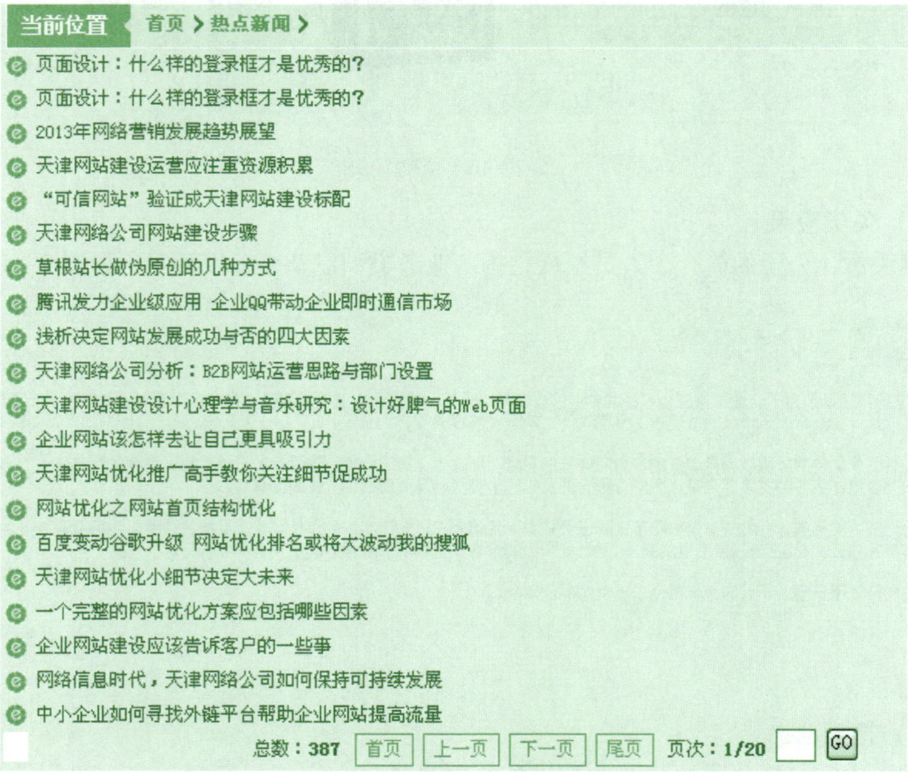

图 7－19　热点新闻

（八）联系我们

在这个栏目下，显示公司公布在外的电话、传真、电子邮箱、地址等信息。电子邮件可以搜集用户的投诉、建议、咨询等信息，并用于公司及时反馈信息，同时在网页中放置公司在百度地图中具体位置的截图，可以方便客户很容易地找到公司，如图 7－20 所示。

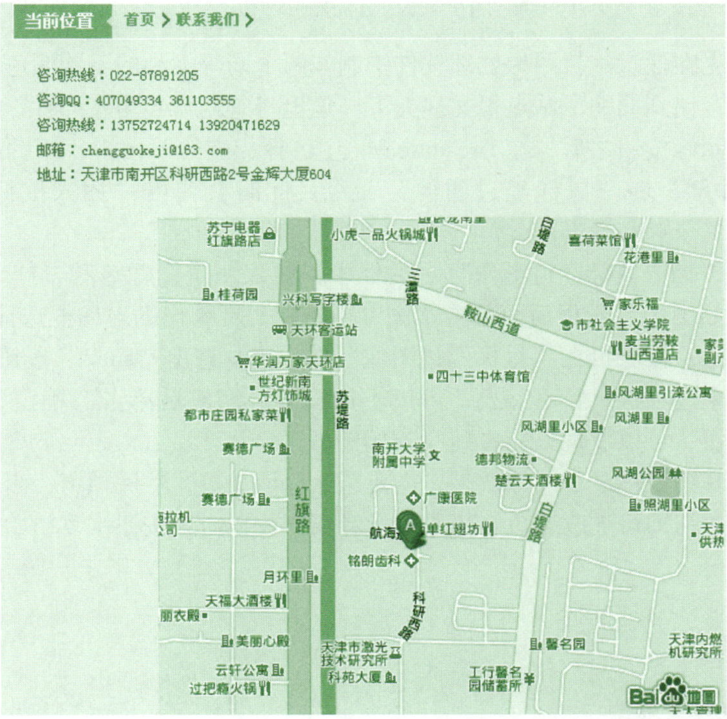

图 7－20　联系方式

步骤五　设置超级链接

前面已完成各页面内容的设计和制作，为了让用户阅读时有连贯性，现将各网页及其内部内容依次设置超级链接。

1. 设置网站首页标题到各分页的链接。
2. 设计各个分页标题的链接。
3. 设置网站内图片超级链接。
4. 为标题制作“鼠标经过图像”。

本质上，“鼠标经过图像”是由两幅图片组成的，通常的状态显示一幅图片，如图 7－21 所示。而当鼠标移动进入图片范围时，就显示另一幅图片，如图 7－22 所示。如果鼠标移出范围，又换回原来的图片。下面就来制作这种有趣的“翻转图”。

图 7－21　原图像

图 7-22 鼠标经过图像

第一步，首先在任意一款图像处理软件中制作两个同等大小的不同颜色的按钮，然后将它们分别命名后存储到同一个站点根文件夹下。这里将它们命名为“shu1”和“shu2”。

第二步，绘制好按钮之后，在 Dreamweaver 中选择相应的单元格，然后选择菜单栏“插入”→“图像对象”→“鼠标经过图像”命令，此时会弹出“插入鼠标经过图像”对话框。

第三步，在“插入鼠标经过图像”对话框中，输入一个图像名称，或者保持默认状态也可以；在“原始图像”选框后面单击“浏览”按钮，在弹出的对话框选择“shu1”按钮，作为初始按钮效果；接着再在“鼠标经过图像”选框内，选出“shu2”按钮。

第四步，其余选项这里暂不需要，可以不用设置。完成后单击“确定”按钮，回到文档窗口中观察按钮，可以发现只能看到“原始图像”。

第五步，要观察鼠标经过图像效果，需要选保存该文档，然后预览，当鼠标指针经过初始按钮上方时，按钮即可更改颜色。当鼠标指针离开按钮时，按钮恢复初始颜色。

任务 3
设置 Web 服务器

任务要点

- **关 键 词：** 服务器软件、IIS、Apache。
- **理论要点：** 要求学生能够了解目前常用的建立电子商务网站的服务器软件的类型，理解电子商务网站服务器软件及其选择在网站建设过程中的重要性与必要性。
- **实践要点：** 熟练掌握在 Windows 环境下 IIS 的安装与配置，以及常见故障的解决方法。了解 Apache 服务器的基本安装与配置等操作。

任务情境

公司的网站已经制作完成，张家豪将要进行发布网站的后续工作，这时，他想到了需要熟悉一下网络服务器的技术，一方面现在可以进行网站的上传和测试；另一方面，日后公司规模扩大了，可以选择自己独立的服务器来单独运营，所以，应该掌握安装和设置 Web 服务器软件的方法。

任务分析

服务器软件是指建立电子商务网站的软件平台，它提供网站运行的软件环境，通常又被称为 Web 服务器软件。常见的 Web 服务器软件有 IIS 和 Apache，它们分别占据了服务器软件市场的前两位，几乎垄断了整个市场。要掌握 Web 服务器的基本安装与配置，选择适合的服务器软件，张家豪需要掌握以下内容：

◆Windows xp 下安装、配置 IIS

◆Windows xp 下安装、配置 Apache

◆Windows server 2008 下安装、配置 IIS

知识准备

（一）IIS

IIS（Internet Information Server）互联网信息服务器，是由微软公司提供的基于 Microsoft Windows 运行的互联网基本服务。IIS 是允许在公共 Intranet 或 Internet 上发布信息的 Web 服务器。IIS 通过使用 HTTP（超文本传输协议）传输信息，可配置 IIS 以提供 FTP（文件传输协议）和 Gopher（信息检索）服务。

IIS 提供了一个图形界面的管理工具，称为 Internet 服务管理器，可用于监视配置和控制 Internet 服务。Internet 服务管理器处于中心位置，它可控制组织中所有运行 IIS 的计算机。所有通过网络连接到 Web 服务器的计算机都能运行 Internet 服务管理器。

（二）Apache

Apache 源于 NCSA Httpd 服务器，经过多次修改，成为世界上最流行的 Web 服务器软件之一。Apache 取自“a patchy server”的读音，意思是充满补丁的服务器。因为它是自由软件，所以不断有人为它开发新的功能、特性，修改原来的缺陷。Apache 的特点是简单、速度快、性能稳定，并可作为代理服务器来使用。

任务实施

步骤一　Windows XP 系统下安装 IIS

在操作系统 Windows XP 中，IIS 的版本是 5.0，下面以 IIS 5.0 为例，说明 IIS 的基本安装、测试、配置等操作方法，其步骤如下。

（一）安装 IIS

安装 IIS，使之包含 Web 服务和 FTP 服务（仅在安装服务器时没有安装 IIS，或当时没有安装完整的情况下才是必要的）。

1. 选择“开始”→“设置”→“控制面板”→“添加或删除程序”命令，或者选择“开始”→“控制面板”→“添加/删除程序”命令。

2. 选择“添加/删除 Windows 组件”命令，打开“组件向导”对话框，如图 7－23 所示。

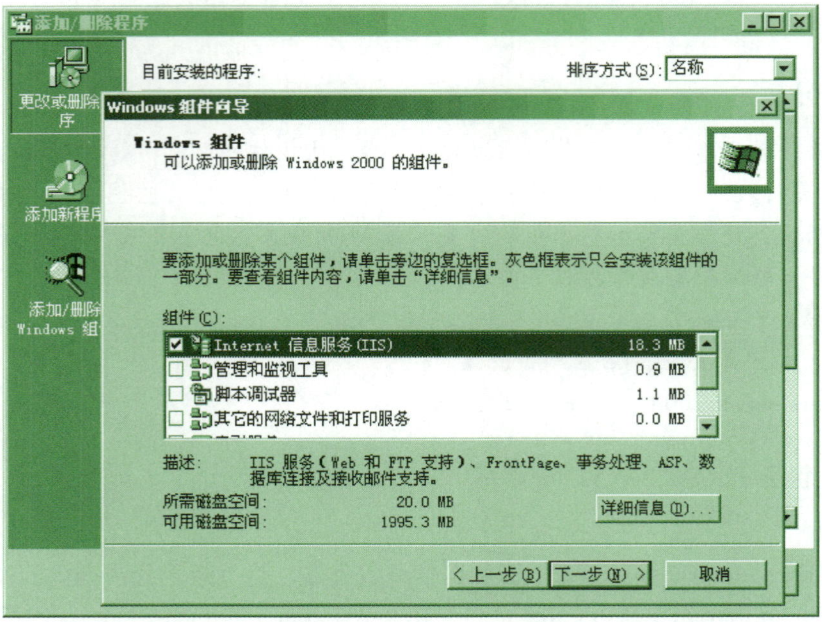

图 7－23 组件向导

3. 在打开的 Windows 组件向导的组件列表中选择"Internet 信息服务（IIS）"，单击"详细信息"按钮，选中需要安装的组件（除了默认选中的组件外，确保选中 Internet 服务管理器、World Wide Web 服务器、FTP 服务器和公共文件）。

4. 单击"确定"按钮，退出 IIS 组件选择。单击"下一步"按钮，确认并开始安装 IIS。接下来 Windows 会自动进行安装过程直到结束。

（二）测试 IIS 是否运行正常

1. 创建一个名为"test. html"的简单 HTML 页面，并将其保存在运行 Web 服务器的计算机上的"Inetpub \ wwwroot"文件夹中。该 HTML 页可以仅由一行组成。

例如："<p>测试正常！</p>"

2. 通过一个 HTTP 请求在 Web 浏览器中打开该测试页。

如果 IIS 在本地计算机上运行，则在 Web 浏览器中输入：

"http：//localhost/test. html"

如果 IIS 运行在联网的计算机上，则将联网计算机名用作域名。例如，如果运行 IIS 的计算机的名称是"teacher"，则在浏览器中输入：

"http：//teacher/test. html"

3. 如果浏览器显示该页，则说明 Web 服务器运行正常。如果浏览器未能显示该页，请检查服务器是否正在运行。在保证服务器运行正常的情况下，若仍无法打开该页，请检查测试页面是否位于"Inetpub \ wwwroot"文件夹中并且文件扩展名为".htm"或".html"。

（三）配置 IIS 站点

配置 IIS 站点的具体操作步骤如下：

1. 打开 IIS 管理器。选择"开始"→"程序"→"管理工具"→"Internet 信息服务"，打开 IIS 设置管理器窗口，如图 7－24 所示。

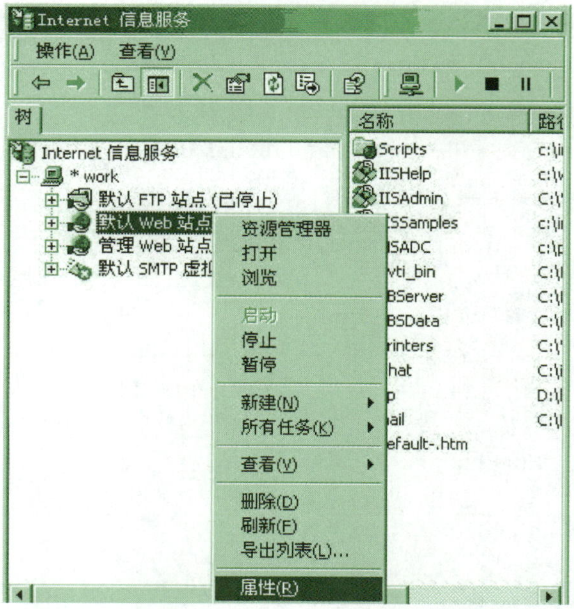

图 7－24 Internet 信息服务器

2. 设置"默认 Web 站点"。"默认 Web 站点"一般用于对应向所有人开放的 WWW 站点，如"www. teacher. com"，本网中的任何用户都可以无限制地通过浏览器来查看。

（1）打开"默认 Web 站点属性"设置对话框：在"默认 Web 站点"项处右击，选择"属性"。

（2）设置"Web 站点"："IP 地址"一栏输入"192. 168. 0. 48"，"TCP 端口"保持原来的"80"不变，如图 7－25 所示。

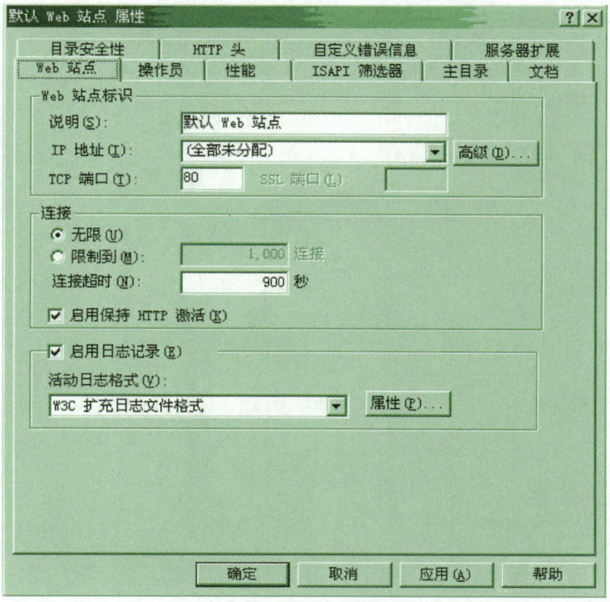

图 7－25 设置 Web 站点

3. 设置主目录。在“本地路径”通过单击“浏览”按钮来选择用户网页文件所在的目录，此时应为“C：\ Inetpub \ wwwroot”，如图 7 – 26 所示。

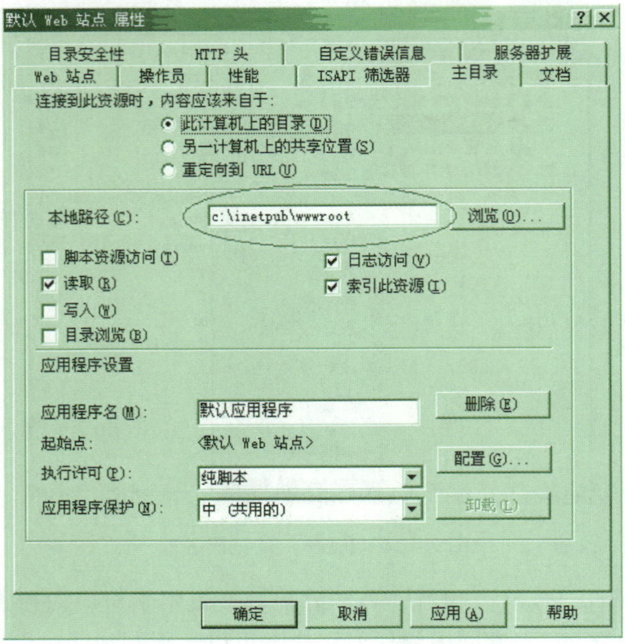

图 7 – 26 “主目录”选项卡

4. 设置“文档”。确保“启用默认文档”一项已选中，再增加需要的默认文档名并调整搜索顺序即可。例如，添加文档“index. htm”作为默认文档，如图 7 – 27 所示。

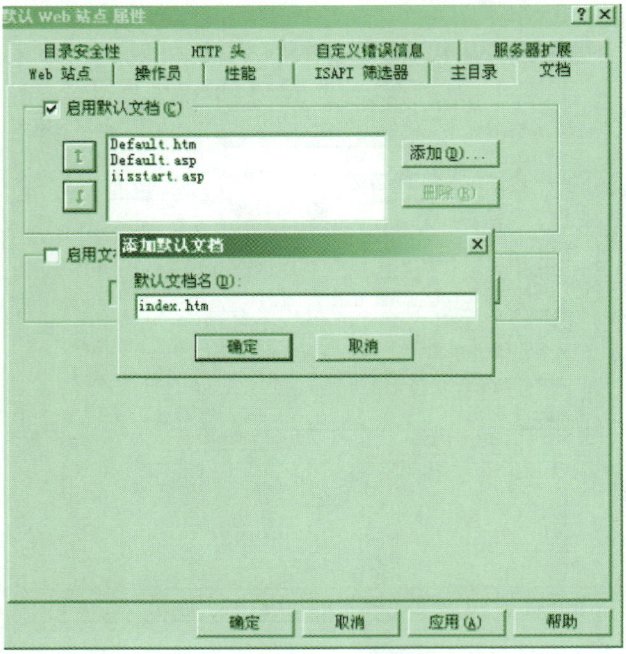

图 7 – 27 默认文档

这个选项的作用是，当在浏览器中只输入域名或 IP 地址时，系统会自动在“主目录”中按“次序”（由上到下）寻找默认文档列表中指定的文件名，如能找到第一个则调用第一个；否则依次寻找直到找到并调用。如果“主目录”中没有此列表中的任何一个文件名存在，则显示找不到文件的出错信息。

5. 完成设置。其他设置不用更改，直接单击“确定”按钮即可，这时会弹出一些“继承覆盖”等对话框，一般单击“全选”按钮之后再单击“确定”按钮，即可最终完成“默认 Web 站点属性”的设置，如图 7－28 所示。

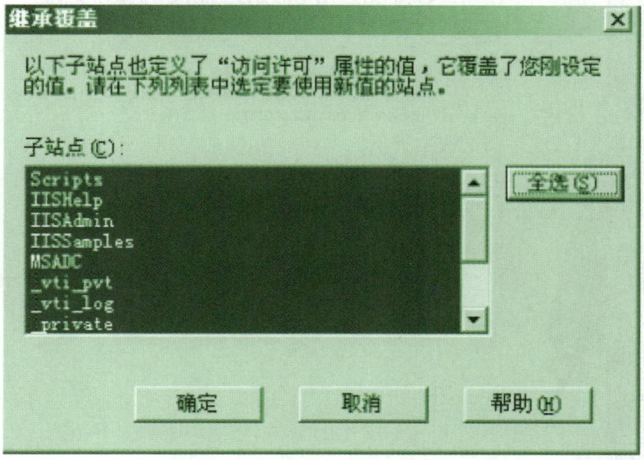

图 7－28　继承覆盖

6. 增加虚拟目录。如果需要，可再增加虚拟目录。例如，有“www. teacher. com/news”之类的地址，“news”可以是“主目录”的下一级目录，也可以在其他任何目录下，即所谓的“虚拟目录”。要在“默认 Web 站点”下建立虚拟目录，选择“默认 Web 站点”→“右键”→“新建”→“虚拟目录”，然后在“别名”处输入“news”，在“目录”处选择它的实际路径（如“D：\ chengguo \ news”）即可，如图 7－29 所示。

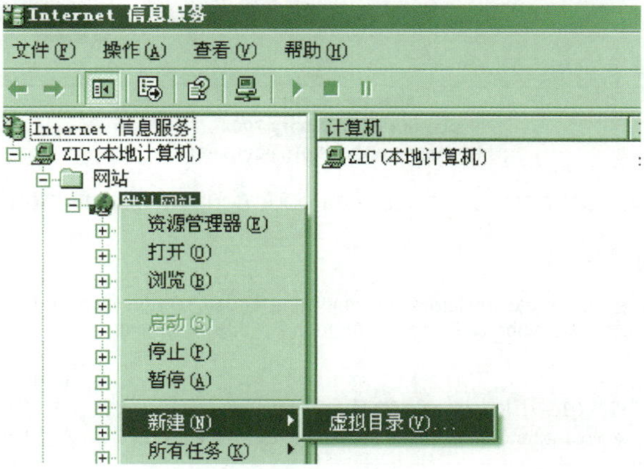

图 7－29　虚拟目录

至此，IIS 的基本配置已经完成，用户在浏览器中输入“www. teacher. com”即可浏览到该网页的主页。

步骤二 Apache 的安装与配置

（一）Windows XP 环境下安装 Apache HTTP Server

1. 双击 apache_ 2. 2. 8 – win32 – x86 – no_ssl. msi 文件，开始安装 Apache HTTP Server 2. 2. 8，如图 7 – 30 所示。

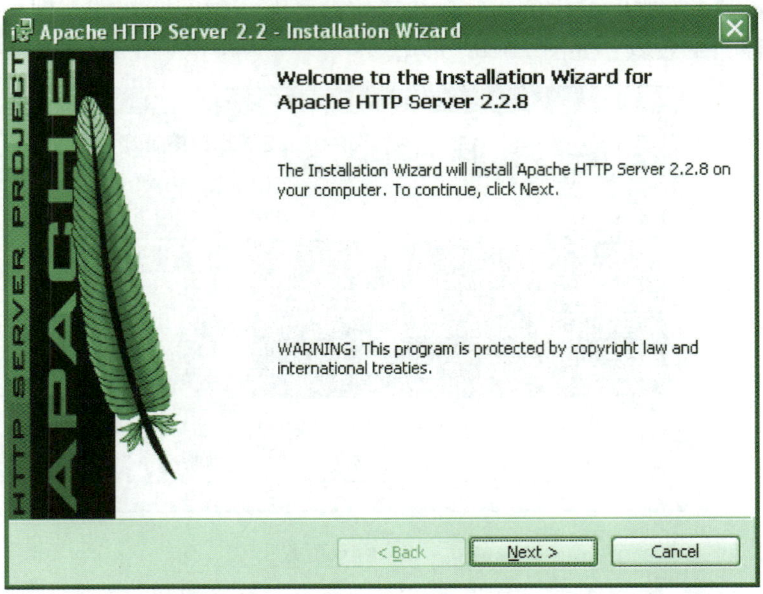
Apache HTTP Server 2.2 - Installation Wizard
HTTP SERVER PROJECT
APACHE
Welcome to the Installation Wizard for Apache HTTP Server 2.2.8
The Installation Wizard will install Apache HTTP Server 2.2.8 on your computer. To continue, click Next.
WARNING: This program is protected by copyright law and international treaties.
< Back
Next >
Cancel

图 7 – 30 安装 Apache

2. 单击“Next”，然后选择“I accept the terms in the license agreeement”，如图 7 – 31 所示。

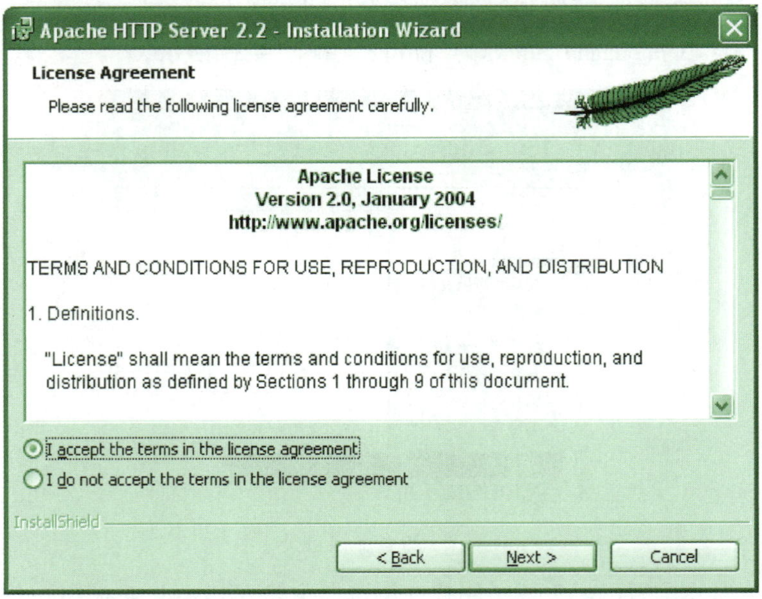
Apache HTTP Server 2.2 - Installation Wizard
License Agreement
Please read the following license agreement carefully.
Apache License
Version 2.0, January 2004
http://www.apache.org/licenses/
TERMS AND CONDITIONS FOR USE, REPRODUCTION, AND DISTRIBUTION
1. Definitions.
"License" shall mean the terms and conditions for use, reproduction, and distribution as defined by Sections 1 through 9 of this document.
I accept the terms in the license agreement
I do not accept the terms in the license agreement
InstallShield
< Back
Next >
Cancel

图 7 – 31 接受协议

3. 继续单击“Next”，会看到软件信息，接着单击“Next”，进入“Server Information”界面，按要求填写服务器信息，如图 7－32 所示，在“Network Domain”的文本框里输入“localhost”，在“Server Name”的文本框里输入“localhost”，在“Administrator's Email Address”里输入一个 Email 地址。

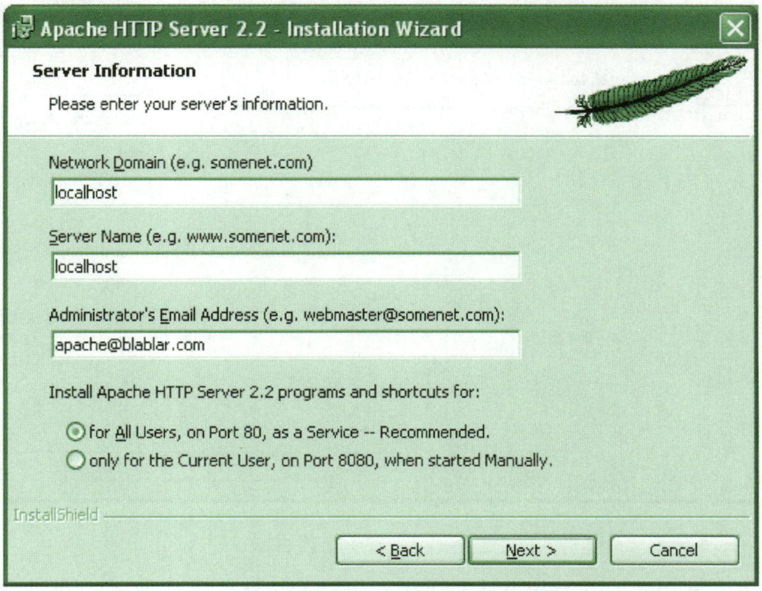
Apache HTTP Server 2.2 - Installation Wizard
Server Information
Please enter your server's information.
Network Domain (e.g. somenet.com)
localhost
Server Name (e.g. www.somenet.com):
localhost
Administrator's Email Address (e.g. webmaster@somenet.com):
apache@blablar.com
Install Apache HTTP Server 2.2 programs and shortcuts for:
for All Users, on Port 80, as a Service -- Recommended.
only for the Current User, on Port 8080, when started Manually.
InstallShield
< Back
Next >
Cancel

图 7－32 填写信息

4. 然后选择“for All Users, on Port 80, as a Service－Recommended”。单击“Next”，进入类型选择界面，选择“Typical”，如图 7－33 所示。

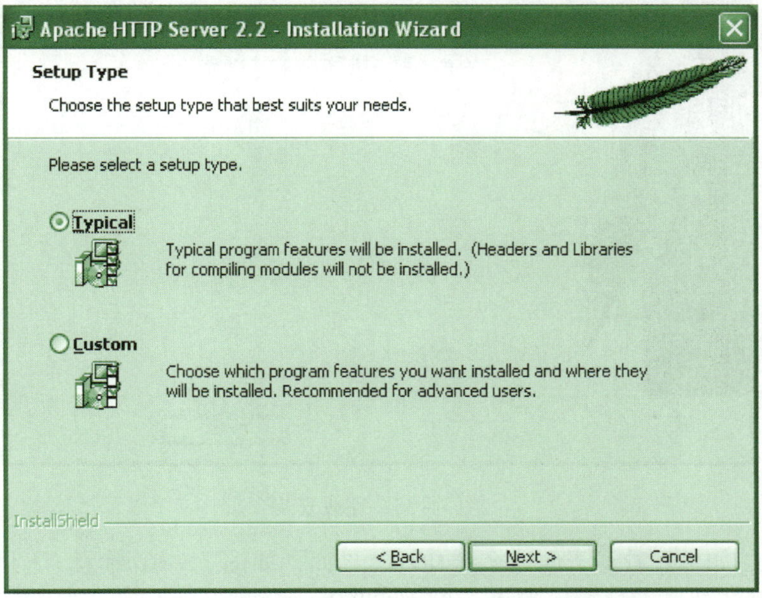
Apache HTTP Server 2.2 - Installation Wizard
Setup Type
Choose the setup type that best suits your needs.
Please select a setup type.
Typical
Typical program features will be installed. (Headers and Libraries for compiling modules will not be installed.)
Custom
Choose which program features you want installed and where they will be installed. Recommended for advanced users.
InstallShield
< Back
Next >
Cancel

图 7－33 类型选择

5. 继续单击“Next”，进入“Destination Folder”界面，用户可以自行选择安装文件的目录，如图 7－34 所示。

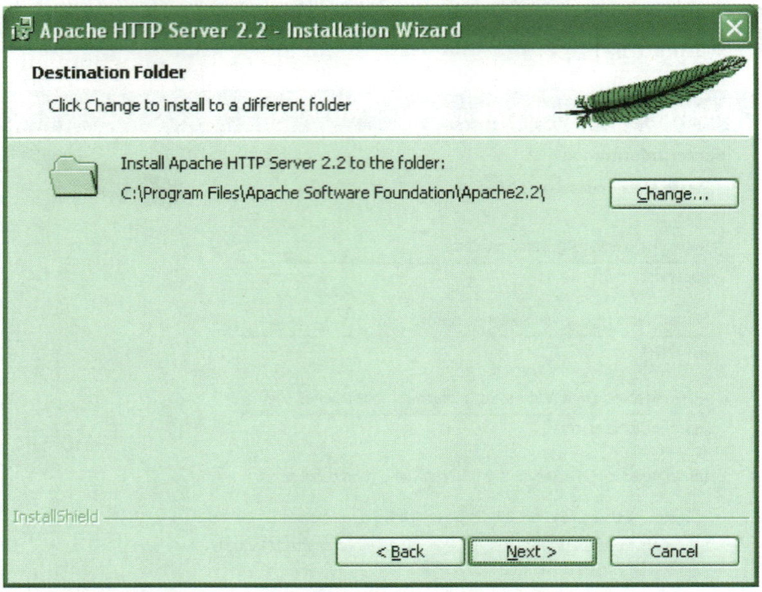

图 7－34　选择安装目录

6. 接着单击“Next”，出现安装完成界面，如图 7－35 所示，单击“Finish”完成安装。

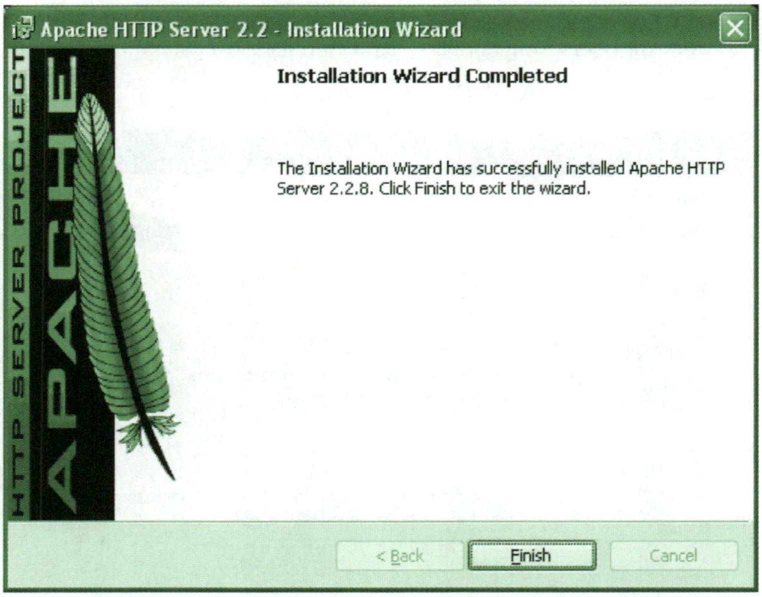

图 7－35　完成安装

7. 接下来，如果还看到下面这个“DOS”界面，如图 7－36 所示，不用担心，按 ESC 键退出即可。接下来需要修改一下 Apache HTTP Server 的配置文件。

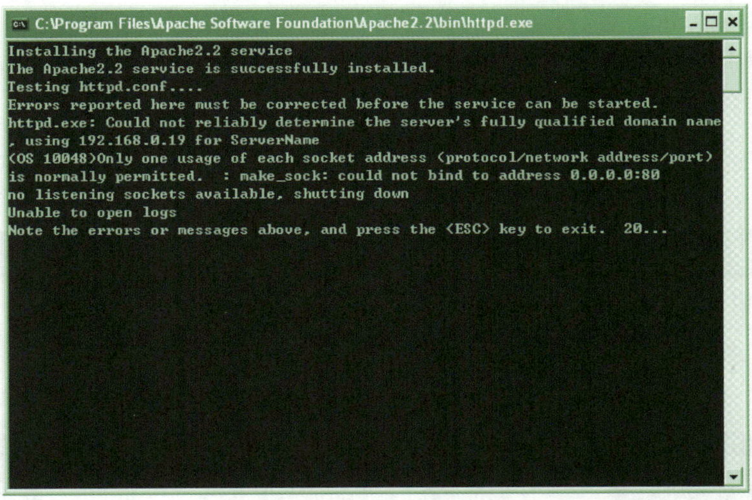
C:\Program Files\Apache Software Foundation\Apache2.2\bin\httpd.exe
Installing the Apache2.2 service
The Apache2.2 service is successfully installed.
Testing httpd.conf....
Errors reported here must be corrected before the service can be started.
httpd.exe: Could not reliably determine the server's fully qualified domain name
, using 192.168.0.19 for ServerName
(OS 10048)Only one usage of each socket address (protocol/network address/port)
is normally permitted. : make_sock: could not bind to address 0.0.0.0:80
no listening sockets available, shutting down
Unable to open logs
Note the errors or messages above, and press the <ESC> key to exit. 20...

图 7－36　配置命令

（二）修改 Apache HTTP Server 配置文件

安装完 Apache HTTP Server 之后，还需要修改一下配置文件。

1. Apache 的默认配置文件路径为“C：\ Program Files \ Apache Software Foundation \ Apache2. 2 \ conf \ httpd. conf”，安全起见，建议先备份一下这个文件。然后用记事本打开这个文件，修改端口设置。

（1）将 Listen 80 改成 Listen 8080。

（2）将 ServerName localhost：80 改成 ServerName localhost：8080。

（3）保存文件，接下来开始启动 Apache Service。

2. 修改完配置文件之后，可以启动 Apache HTTP Server 了。在 Windows 开始菜单选择“Apache HTTP Server 2. 2”→“Monitor Apache Servers”，单击后，你会看到在 Taskbar 有个小红图标，双击图标打开 Apache Service Monitor 画面，如图 7－37 所示。

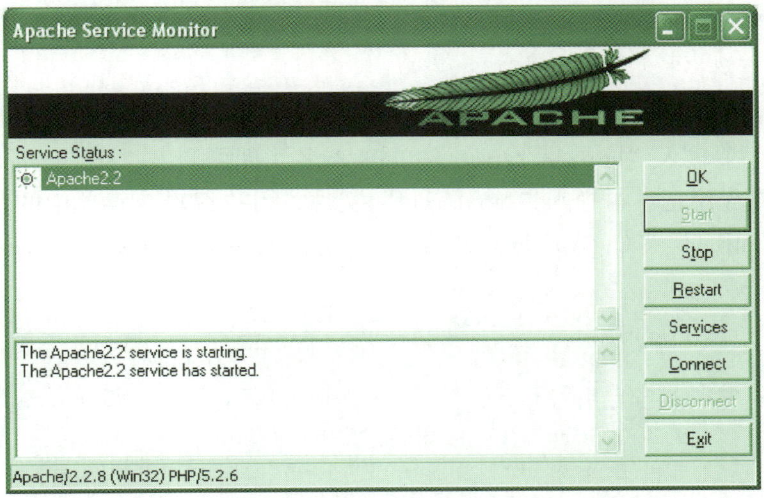
Apache Service Monitor
APACHE
Service Status :
Apache2.2
OK
Start
Stop
Restart
Services
Connect
Disconnect
Exit
The Apache2.2 service is starting.
The Apache2.2 service has started.
Apache/2.2.8 (Win32) PHP/5.2.6

图 7－37　Apache Service

（三）测试 Apache

单击 Start 按钮开启 Apache Service，测试 Apache HTTP Server 是否正常运行。

1. 在浏览器里输入“http：//localhost：8080/index. html”，或者直接输入“http：//localhost：8080”。如果 Appache HTTP Server 正常运行的话，浏览器会显示将测试的文件，如图 7－38 所示。

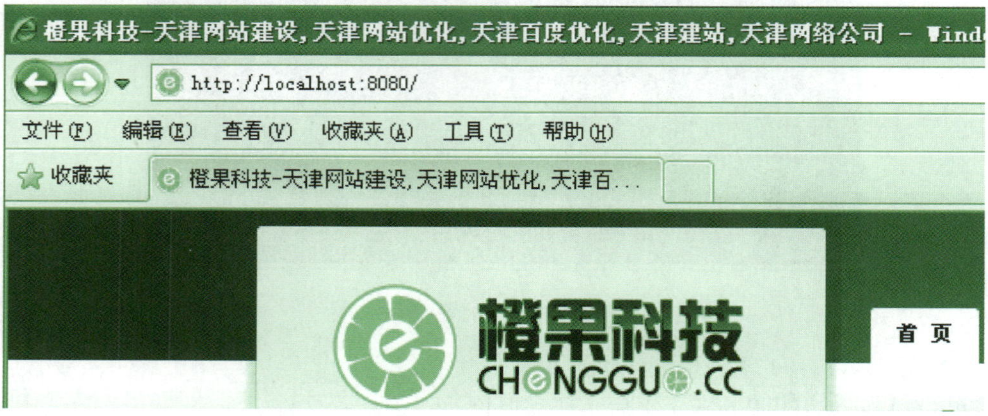

图 7－38 橙果首页

2. 用于浏览测试的文件路径是：“C：\ Program Files \ Apache Software Foundation \ Apache2. 2 \ htdocs \ index. html”，“htdocs”是 Apache HTTP Server 的缺省根目录。

（四）配置 Apache

1. Apache 的核心配置文件是“httpd. conf”，其所存放的路径为“C：\ Apache \ conf”目录下。用记事本打开后，对它进行修改后并保存便可达到配置 Apache 服务器的目的。

2. 由于该配置文件决定着整个 Apache 服务器的使用，因此对于它的修改千万要小心。建议先做好多个备份，以防出错，如果实在忘了备份，当错得无法还原时，系统还为你准备了一个名为“httpd. default. conf”的备份文件，它是用户最初安装好 Apache 后系统自动做好的“httpd. conf”的备份。

3. 更改主页路径。

（1）默认情况下，Apache 主页文件存放在“C：\ Apache \ htdocs”目录下。

（2）如果想要输入“http：//server”（服务器名）即可调出“D：\ chengguo”目录下的主页文件，则先用记事本打开“httpd. conf”文件，用“编辑”菜单中的“查找”功能，找到“DocumentRoot _" C:/Apache/htdocs" ”一句，然后将“C：/Apache/htdocs”改成“D：/chengguo”。

温馨提示

在 Apache 的配置文件中的符号，是“/”而不是“\”了，这是很多同学容易弄错的地方。

4. 设置默认主页文件名。Apache 目录中的“httpd. conf”的配置文件中，默认只有一个主页的文件“index. html”。要添加其他主页文件则在“httpd. conf”配置文件中，查找“Di-

rectoryIndex index. html”就行，这里放的就是默认调用的文件。在“index. html”的后面加入“index. htm”和其他类型，再保存即可。各文件类型之间都必须要用一个空格分隔开。

5. 测试浏览网页。Apache 的基本配置已经完成，接下来用户想要在浏览器中输入网页地址即可浏览所测试的网页，需要完成最后的设置。

（1）找到“apache”目录下的“htdocs”目录，此目录是存放 Web 站点首页的地方。将目录中所有项目删除，然后放入自己的网页文件，如图 7－39 所示。

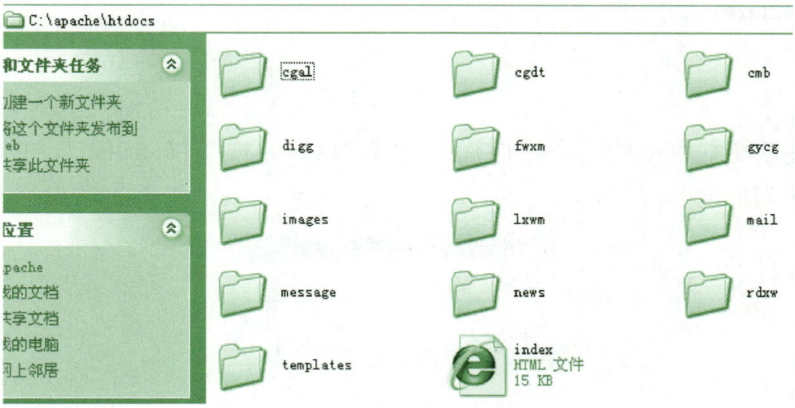
C:\apache\htdocs
cgal
cgdt
cmb
digg
fwxm
gycg
images
lxwm
mail
message
news
rdxw
templates
index
HTML 文件
15 KB

图 7－39　放置网页

（2）找到“apache”下“conf”目录，并用记事本打开“httpd. conf”文件，此文件是一个文本文件，是 apache 的配置文件。单击“编辑”菜单栏中“查找”，在“查找内容”中输入“index. html”，来搜索文本中“index. html”位置，如图 7－40 所示。

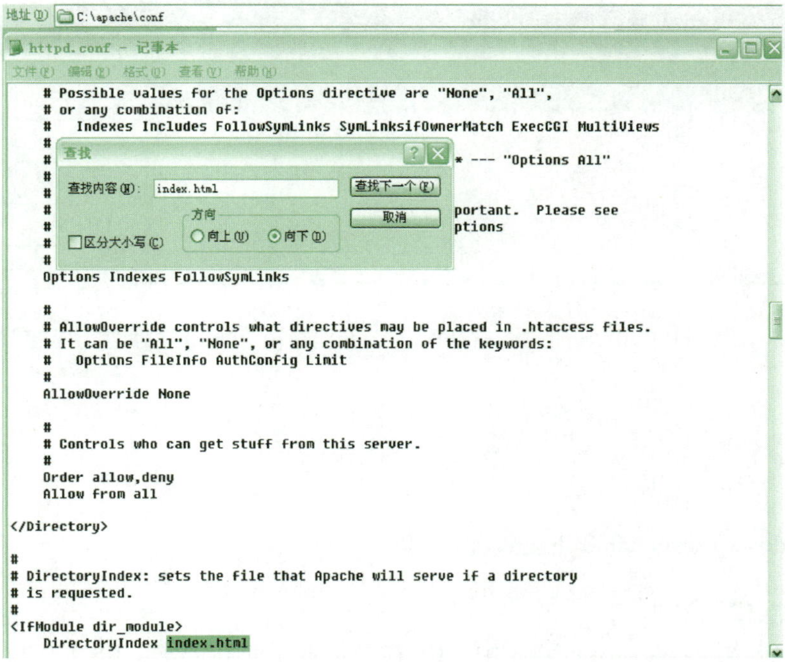
C:\apache\conf
httpd.conf - 记事本
Possible values for the Options directive are "None", "All",
or any combination of:
Indexes Includes FollowSymLinks SymLinksifOwnerMatch ExecCGI MultiViews
查找
查找内容(N): index.html
查找下一个(F)
取消
方向
向上(U)
向下(D)
区分大小写(C)
Options Indexes FollowSymLinks
AllowOverride controls what directives may be placed in .htaccess files.
It can be "All", "None", or any combination of the keywords:
Options FileInfo AuthConfig Limit
AllowOverride None
Controls who can get stuff from this server.
Order allow,deny
Allow from all
</Directory>
DirectoryIndex: sets the file that Apache will serve if a directory
is requested.
<IfModule dir_module>
DirectoryIndex index.html

图 7－40　查找文件

（3）找到后在“index. html”后面添加公司的网站首页名称，如图 7－41 所示。

```
</Directory>

#
# DirectoryIndex: sets the file that Apache will serve if a directory
# is requested.
#
<IfModule dir_module>
  DirectoryIndex index.html chengguo.htm
</IfModule>
```

图 7－41　添加名称

（4）右击系统托盘中的 apache 图标，选择“Open Apache Monitor”，打开 apache 监视器，如图 7－42 所示。

图 7－42　打开监视器

（5）打开 apache 监视器后单击“Restart”按钮，重启 apache 服务，如图 7－43 所示，此时就可以访问自己的 web 站点了。

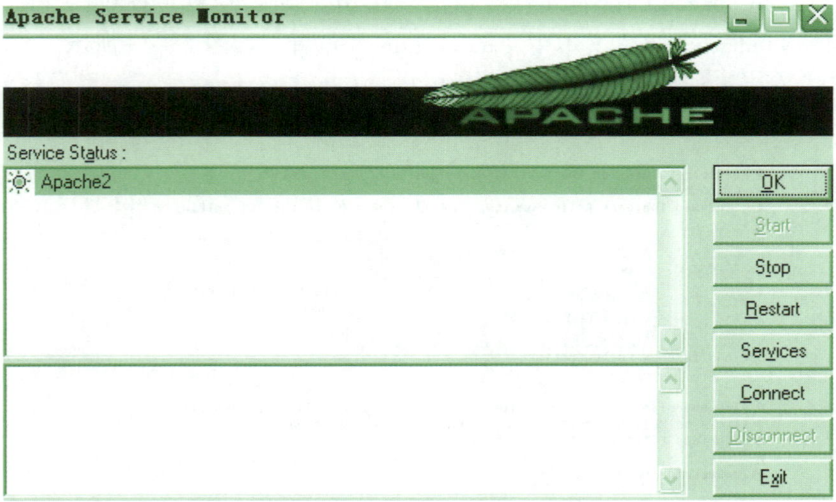

图 7－43　重启服务器

步骤三　Windows server 2008 下安装配置 IIS

（一）安装 IIS

在操作系统 Windows server 2008 中，IIS 被升级成了 7.0 版本，IIS 7.0 角色具体安装步骤如下：

1. 在“服务器管理器”控制台中，单击“角色”节点，在控制台右侧界面中单击“添加角色”按钮，打开“添加角色向导”页面。然后选择“WEB 服务器（IIS）”复选框，如图 7－44 所示。

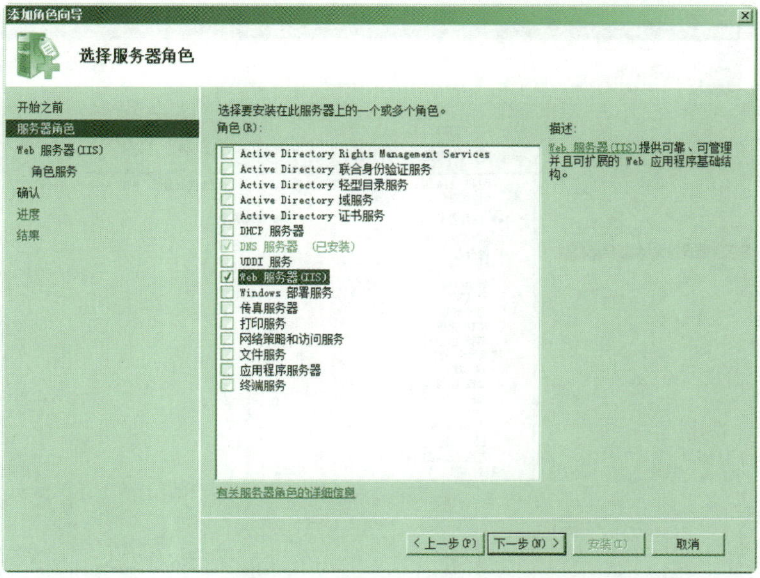

图 7－44　添加角色

2. 单击“下一步”按钮，出现“Web 服务器（IIS）”对话框，继续单击“下一步”按钮，出现“选择角色服务”对话框，在此选择除 FTP 发布服务外的所有角色服务，如图 7－45 所示。

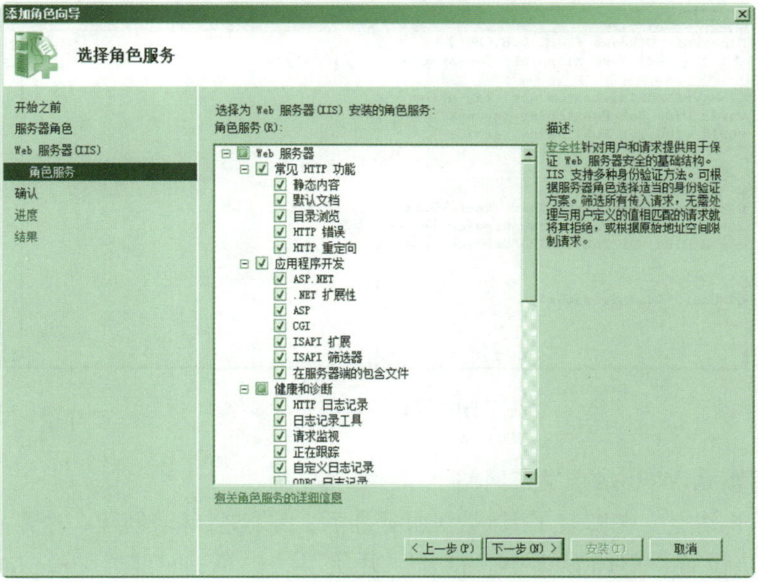

图 7－45　添加服务

3. 单击“下一步”按钮，出现“确认安装选择”对话框，显示 Web 服务器 IIS 角色的信息，单击“安装”按钮开始安装 Web 服务器 IIS 角色，安装完毕出现“安装结果”对话框，如图 7－46 所示，最后单击“关闭”按钮完成 Web 服务器 IIS 角色的安装。

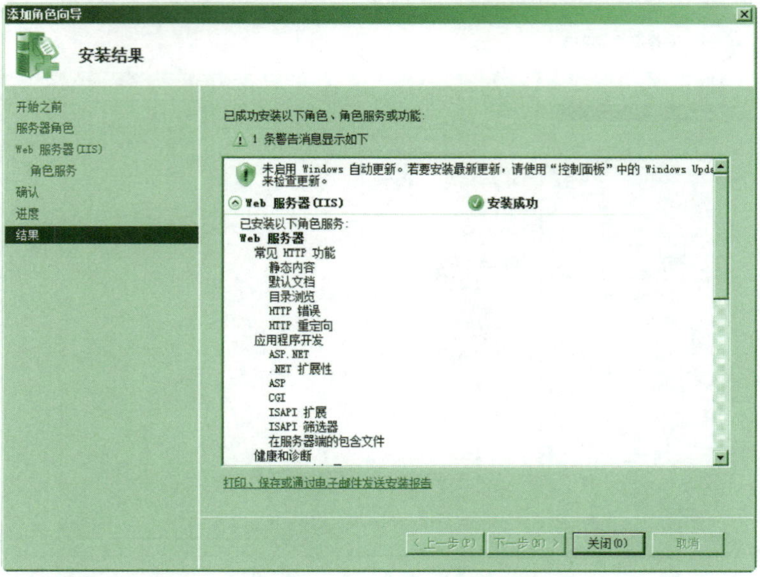

图 7－46　安装完成

4. 在命令行提示符界面，输入“net stop w3svc”和“net start w3svc”可以停止和启动 Web 服务，如图 7－47 所示。

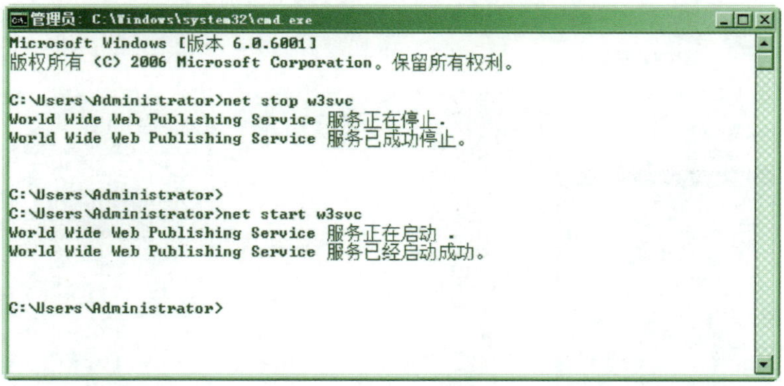

图 7－47　重启服务

（二）使用默认 Web 站点发布网站

1. 创建 Web 站点。在安装了 IIS 7.0 服务器后，系统会自动创建一个默认的 Web 站点，该站点使用默认设置，但内容为空。打开“开始”→“管理工具”→“Internet 信息服务（IIS）管理器”，可以看到默认网站，如图 7－48 所示。

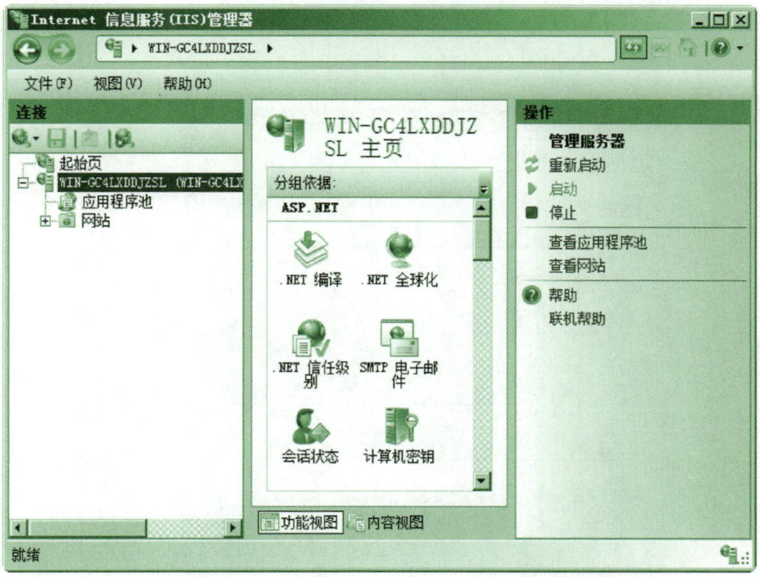

图 7－48　IIS 管理器

2. 首先停止默认网站，右键单击网站”Default Web Site”，在弹出的菜单中选择“管理网站”→“停止”，即可停止正在运行的默认网站。

3. 在 C 盘目录下创建文件夹“C：\ web”作为网站的主目录，并在其文件夹内存放网页“index. htm”作为网站的首页，如图 7－49 所示。

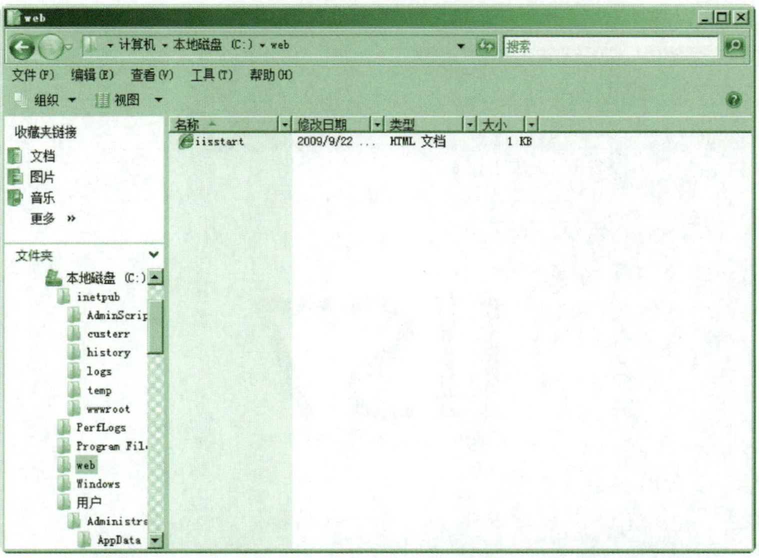

图 7－49　放置首页

4. 在“Internet 信息服务（IIS）管理器”控制台树中，展开服务器节点，右键单击“网站”，在弹出的菜单中选择“添加网站”，在该对话框中可以指定网站名称、应用程序池、端口号、主机名。在此设置网站名称为 Web，物理路径为 C：\ web，类型为 http，IP

地址为“172.16.22.2”，端口默认为80，如图7－50所示，单击“确定”按钮，完成网站的创建。

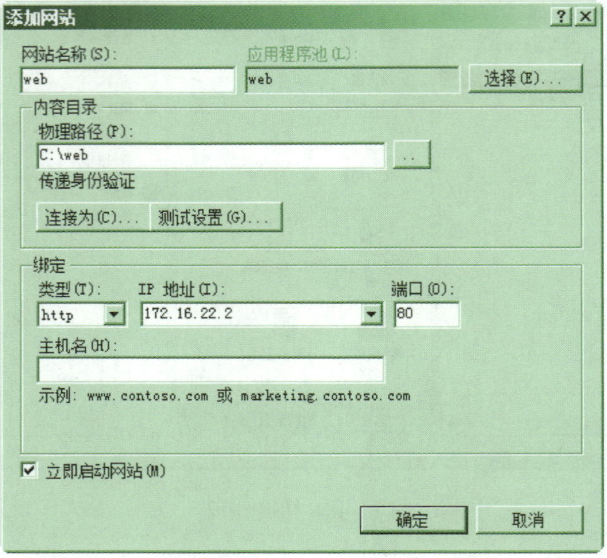

图7－50 创建站点

5. 以域管理员账户登录到Web服务器或客户端，打开IE浏览器，在“地址栏”文本框中输入网站的URL路径为“http://172.16.22.2”，即可访问Web网站，如图7－51所示。

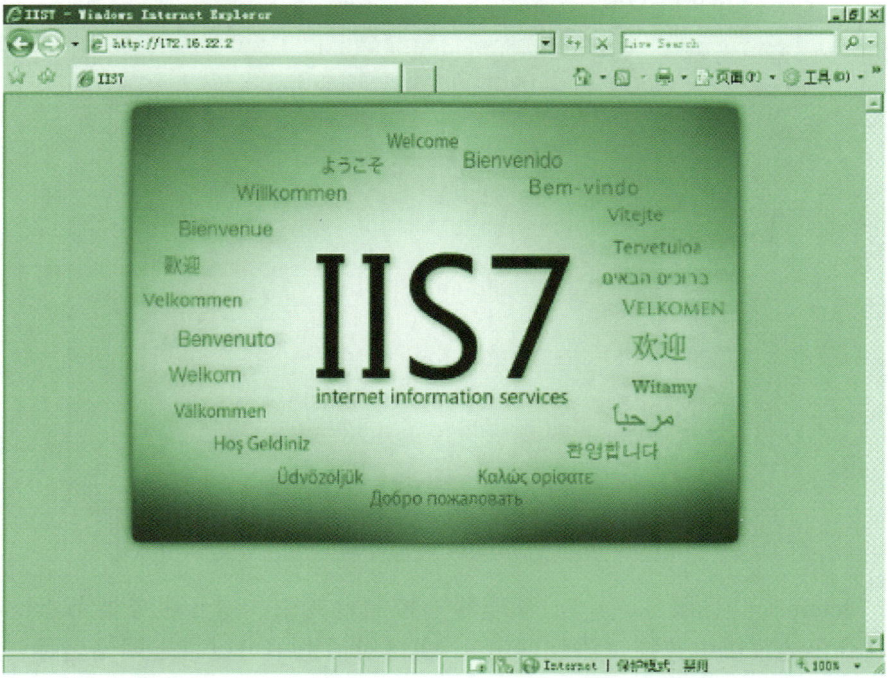

图7－51 完成设置

（三）创建虚拟目录

在 Windows server 2008 中，可以设置在 IIS 服务器中添加虚拟目录，如主目录在“D：\ chengguo”下，而你想输入“http：//172. 16. 22. 2/store”的格式就可调出“C：\ store”中的网页文件，则需要创建虚拟目录，这里面的“store”就是虚拟目录。

1. 打开“Internet 信息服务（IIS）管理器”管理控制台，右键单击想要创建虚拟目录的网站，在弹出的快捷菜单中选择“添加虚拟目录”，如图 7－52 所示。

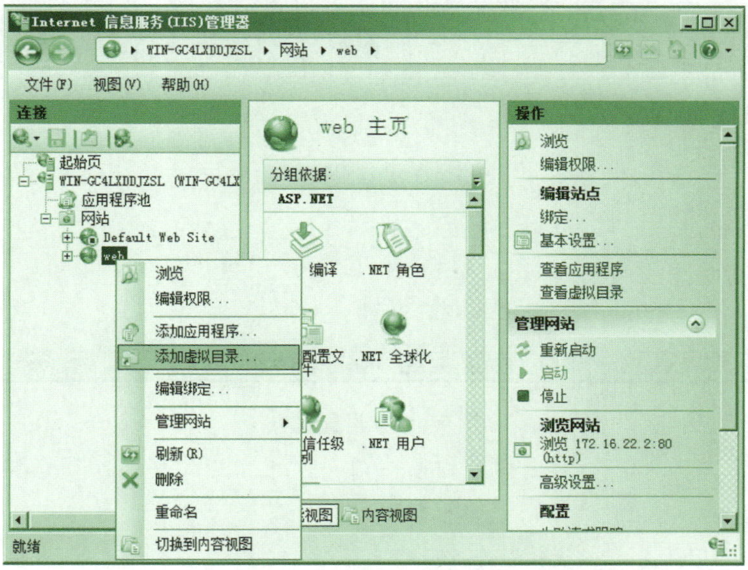

图 7－52　添加虚拟目录

2. 单击“下一步”按钮，显示“虚拟目录别名”对话框，在“别名”文本框中输入虚拟目录的名称，如“store”，在“路径”文本框中输入该虚拟目录欲引用的文件夹，如“C：\ store”，也可以单击“浏览”按钮查找，如图 7－53 所示。

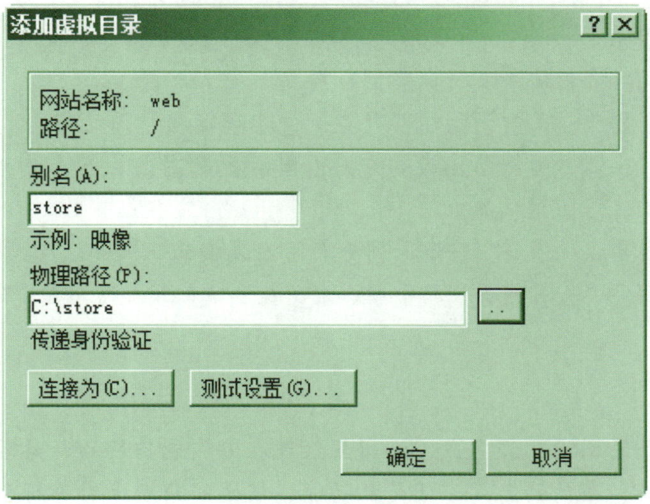

图 7－53　设置路径

3. 单击“确定”按钮，显示“虚拟目录访问权限”对话框。通常选择默认的“读取”和“运行脚本”复选框。

4. 以域管理员账户登录到 Web 客户端计算机上，在 IE 浏览器的“地址”文本框中输入虚拟目录路径为“http：//172. 16. 22. 2/store”可访问 Web 网站的虚拟目录，如图 7－54 所示，此时就能够调出你自己网页的首页，说明设置成功。

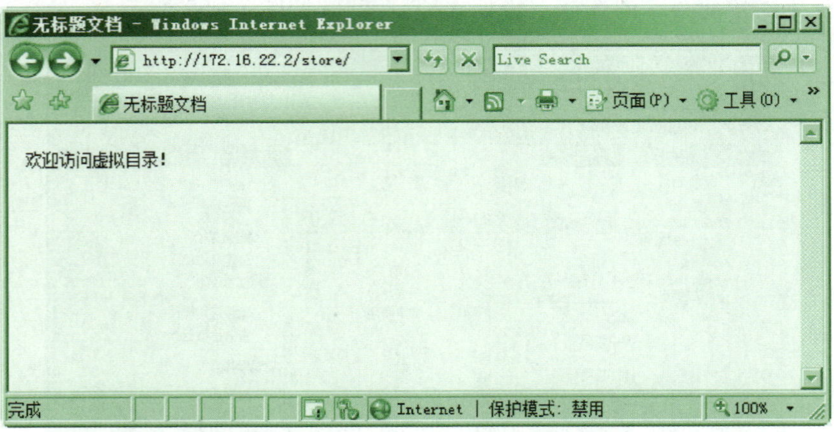

图 7－54 设置成功

任务 4
发布公司网站

任务要点

- **关 键 词：** 域名、网站空间、备案、发布、测试。
- **理论要点：** 了解网站域名及空间的申请流程、网站备案流程，掌握不同类型网站发布的方式，理解 FTP 定义、方法，并掌握发布后网站测试的方法。
- **实践要点：** 能够根据电子商务网站内容形式、制作技术，申请域名及空间，并进行网站备案，选择适合的方式发布网站，并进行网站测试。

任务情境

为橙果公司制作的网站已经完成，公司王经理在看了制作好的网站后，非常满意，认为网站制作无论从风格、布局的角度，还是从功能、技术的角度上看都符合公司的定位，能很好地展现公司的形象。接下来，张家豪便开始着手把网站发布到互联网上的服务器空间，以供人们通过互联网访问公司站点。

任务分析

本次任务的目标是将网站内容上传到互联网的 Web 服务器中，以供人们通过互联网访问公司网站。针对本次任务，张家豪需要完成以下五部分内容：

◆申请域名
◆申请空间
◆网站备案
◆发布网站
◆测试网站

任务实施

步骤一　申请域名

（一）注册免费域名

目前，免费域名注册的网站比较多，选择免费的域名注册网站，以域客士“www. uqc. cn”为例，为公司网站注册申请免费域名，名称为“chengguokeji”。

1. 打开域客士网站“www. uqc. cn”。

2. 单击网站右上方的“注册一个 UQC 账号”（如果您已有了会员账号，则单击“登录”）。

3. 按会员申请要求认真填写资料后提交注册申请，如图 7－55 所示。注意填写的邮箱务必真实有效，会员申请后需要验证邮箱才正常登录。

图 7－55　注册账号

4. 提交会员申请后，登录您申请时填写的邮箱获取验证信，根据信中的提示完成验证步骤。

5. 邮箱验证完成后，回到域客士“www. uqc. cn”网站首页，用您刚才申请的邮箱地址为会员号进行登录，如图 7－56 所示。

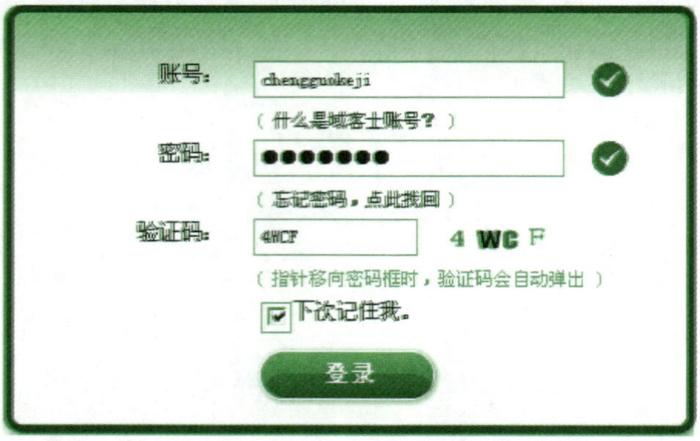

图 7－56　登录

6. 登录后，进入域名注册页面，可以直接在文本框中输入将要申请的域名进行查询注册，输入“chengguokeji”域名，如图 7－57 所示。

图 7－57　查询域名

7. 如果域名可以注册即进入到域名类型选择页面，根据您的域名，选择注册的类型后确认提交注册申请单即可开通。然后您就可以开始管理域名了，如图 7－58 所示。

图 7－58　注册信息

8. 为公司网站申请的免费域名“www. chengguokeji. cc. cm”成功之后，就可以使用自己的免费域名了。如果网站有其他的需求，域客士同样提供相应的增值服务，如图 7－59 所示。

图 7－59　增值服务

（二）为公司网站注册顶级域名

1. 由于免费的域名一般都是别人域名的二级子域名，很多服务不能够提供，而且也不能保证提供良好的稳定性。只有顶级域名，才可以自由控制，可以做 a 记录、mx 记录等，所以张家豪建议为公司网站注册顶级域名。

2. 通过与公司经理交流意见之后，张家豪着手为公司申请顶级域名“www. chengguo. cc”，通过中资源网站查询注册的域名无冲突，在中资源网站交了注册费用之后，等了几天，他为公司申请的域名“www. chengguo. cc”被成功地审核通过了。

步骤二　申请网站空间

（一）申请免费空间

在“中国 8U”免费空间网站，为橙果公司网站申请免费空间。申请好了的页面上会清楚显示 FTP 的地址、用户名、密码等，如图 7－60 所示。接下来就可以进行后续网站上传的工作了。

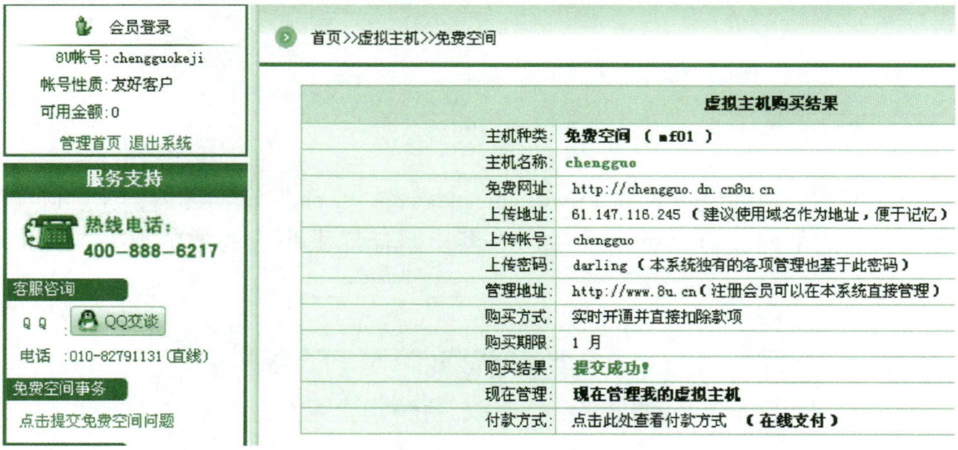

图 7－60　申请成功

（二）购买收费空间

网络中的免费虚拟主机，几乎都需要放置空间商的广告，而且不稳定，浏览的用户多了，访问网站空间的速度就会很慢，当公司的网站后续开发之后，会有更高的服务标准，免费空间对于公司的长远发展会产生影响。

通过对公司网站的需求和维护进行了系统的分析，并与公司经理沟通之后，为保证空间的服务质量，张家豪决定在著名的中资源网站为公司购买收费空间，由于目前公司的网站还属于静态的宣传类型网站，所占用的空间并不是很大，所以为公司购买 300M 的网站空间，如图 7－61 所示。

步骤三　网站备案

网站建设完成以后，接下来就是维护更新了，提醒不要忘记网站备案，登录“www. miibeian. gov. cn”，进入工业和信息化部备案网站，所有信息填写完毕后，工信部会审核您的备案信息。审核通过后会向您的注册邮箱发送备案结果，这样就完成了网站 ICP 备案工作。

图7－61　购买收费空间

步骤四　发布网站

利用“CuteFTP”软件，将橙果公司网站的文件上传到服务器中。

在主菜单下方“主机（Host）栏”里服务器域名或者服务器IP地址，在“用户名（ID）栏”里输入FTP账号，在“密码（P/W）栏”里输入密码，然后按Enter键，或者单击“连接”按钮，即可开始连接。连接成功后在服务器上选择好需要上传的文件所存放的位置，同时在本地计算机上选择需要上传的文件或者文件夹，然后单击指向上方的绿色箭头的按钮，文件就开始上传至服务器，如图7－62所示。

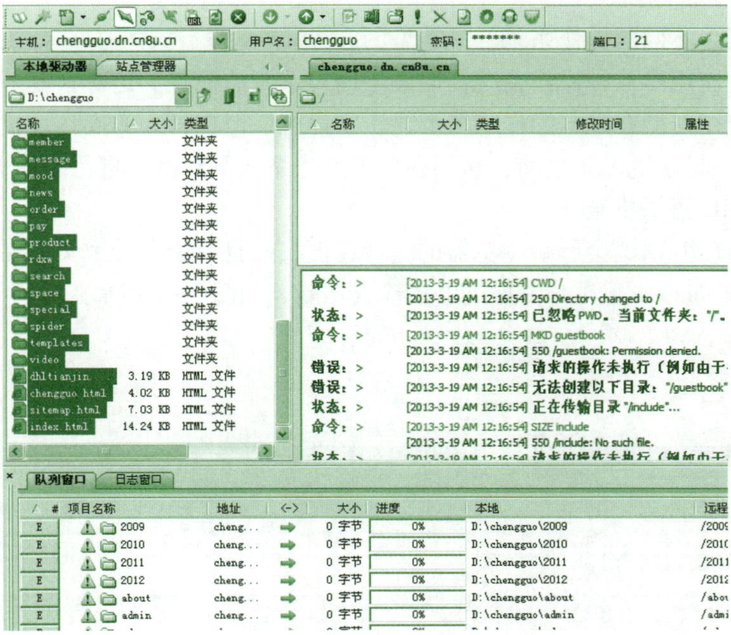

图7－62　文件上传

步骤五 测试网站

（一）测试网页对浏览器的兼容度

现在的浏览器很多，设计出来的静态网页更要做浏览器的兼容性测试，从而保证网站具有很好的用户体验性。

（二）分辨率测试

显示器在不同分辨率下，网页显示的效果可能不同，需要进行一些主流分辨率的测试，如 1024×768 像素、800×600 像素、1366×768 像素等情况下网页有哪些变化。

一般网站分辨率测试可以通过专业的在线测试网站进行测试，并会把测试结果发送到测试者的邮箱中，如“TESTSIZE. COM”网站（见图 7－63）。

图 7－63 专业测试网站

（三）操作系统测试

市场上有很多不同的操作系统，最常见的有 Windows、UNIX、Linux 等。Web 应用系统的最终用户究竟使用哪一种操作系统，取决于用户系统的配置。这样，就可能会发生兼容性问题，同一个应用可能在某些操作系统下能正常运行，但在另外的操作系统下可能会运行失败。因此，在 Web 系统发布之前，需要在各种操作系统下对网站进行兼容性测试。

（四）HTML 语法检查

不正确的 HTML 语法会影响浏览器的编译速度，而且可能会导致页面在容错性差的浏览器中出错，在 Dreamweaver cs5 中提供语法检查功能，如图 7－64 所示。

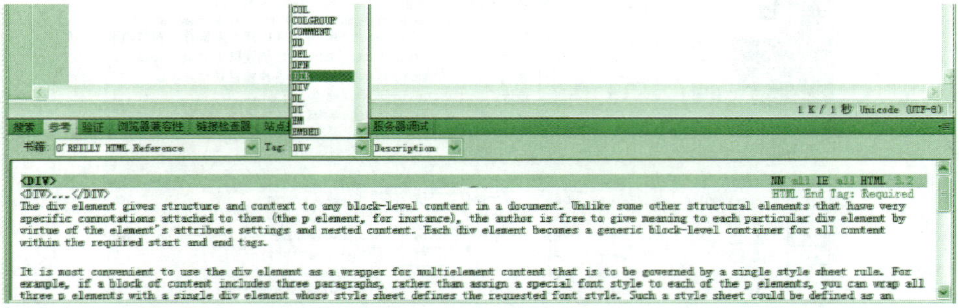

图 7－64 语法检查

（五）链接检查

链接测试需要在整个网站系统的所有页面开发完成之后进行。链接测试可以手动检查，也可以自动进行，现在已经有许多工具可以采用。链接测试检查可分为三个方面：

1. 测试所有链接是否按指示的那样确实链接到了该链接的页面。
2. 测试所链接的页面是否存在。
3. 保证网站应用系统上没有孤立的页面。

（六）测试链接速度

主要测试页面所链接的文件（如图片文件、框架页面、样式表文件、脚本文件等）中哪个过于庞大，如果文件太大，会影响打开的速度。

（七）拼写检查

最后要检查橙果公司网站中各个网页上的中英文语言中的语法及文字错误。

任务5
推广公司网站

任务要点

- **关 键 词：** 网站推广、作用、方法。
- **理论要点：** 理解网站推广的概念、作用，掌握电子商务网站推广的必要性，掌握网站注册到著名搜索引擎的基本操作方法以及网站推广的其他途径。
- **实践要点：** 能够根据电子商务网站需求，选择适合的网站推广方式来为所建立的网站做宣传。

任务情境

张家豪已经把网站发布到互联网上，但现在几乎没有人知道这个网站。为了让尽可能多的客户和潜在用户了解并访问网站，必须进行推广。张家豪需要通过各种方法让更多人找到并进入网站。所有的网站推广方法实际上都是对某种网站推广手段和工具的合理利用，因此制定和实施有效的网站推广方法的基础是对各种网站推广工具和资源的充分认识和合理应用。

任务分析

本次任务的目标是为了让更多的用户了解并访问橙果科技公司的网站，增加公司网站的访问量，根据公司性质及网站内容，张家豪应从以下六个方面来进行推广宣传：

◆搜索引擎推广
◆网站交换链接推广
◆E－mail 邮件推广
◆论坛推广
◆博客推广
◆分类信息网站推广

任务实施

步骤一　搜索引擎推广

（一）在百度上推广

通过百度注册推广橙果科技公司的网站。百度在收到合同、资质证明和相关款项并确认账户内已添加关键词后，两个工作日内将审核通过公司申请的信息。审核通过后即可为公司网站开通账户，提供推广服务。

测试橙果公司网站推广效果，如图 7－65 所示。

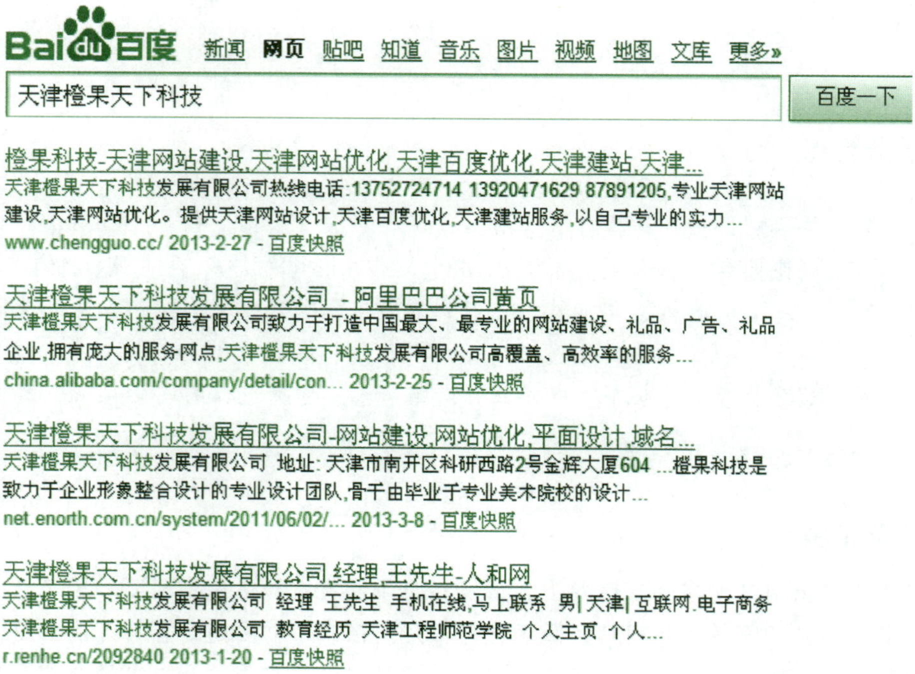

Bai du 百度
新闻 网页 贴吧 知道 音乐 图片 视频 地图 文库 更多»
天津橙果天下科技
百度一下
橙果科技-天津网站建设,天津网站优化,天津百度优化,天津建站,天津...
天津橙果天下科技发展有限公司热线电话:13752724714 13920471629 87891205,专业天津网站建设,天津网站优化。提供天津网站设计,天津百度优化,天津建站服务,以自己专业的实力...
www.chengguo.cc/ 2013-2-27 - 百度快照
天津橙果天下科技发展有限公司 - 阿里巴巴公司黄页
天津橙果天下科技发展有限公司致力于打造中国最大、最专业的网站建设、礼品、广告、礼品企业,拥有庞大的服务网点,天津橙果天下科技发展有限公司高覆盖、高效率的服务...
china.alibaba.com/company/detail/con... 2013-2-25 - 百度快照
天津橙果天下科技发展有限公司-网站建设,网站优化,平面设计,域名...
天津橙果天下科技发展有限公司 地址: 天津市南开区科研西路2号金辉大厦604 ...橙果科技是致力于企业形象整合设计的专业设计团队,骨干由毕业于专业美术院校的设计...
net.enorth.com.cn/system/2011/06/02/... 2013-3-8 - 百度快照
天津橙果天下科技发展有限公司,经理,王先生-人和网
天津橙果天下科技发展有限公司 经理 王先生 手机在线,马上联系 男| 天津| 互联网.电子商务
天津橙果天下科技发展有限公司 教育经历 天津工程师范学院 个人主页 个人...
r.renhe.cn/2092840 2013-1-20 - 百度快照

图 7－65　搜索结果

（二）优化橙果科技公司网站（SEO）

为使橙果公司网站在搜索引擎上获取好的排名，需要对网站内容进行优化，通过在网页上发表文章时运用的一些写作技巧，使文章既有利于用户阅读体验，同时也方便搜索引擎来查找。张家豪将对公司网站内容进行以下五方面设置：

1. 分析与网站的文章内容相关或类似的目标关键字，包括企业形象设计、网站建设、

平面设计等。

2. 在文章标题中使用这些关键字，标题标签是放置关键字的最重要位置，通常搜索引擎给的权重比较高，如图 7－66 所示。

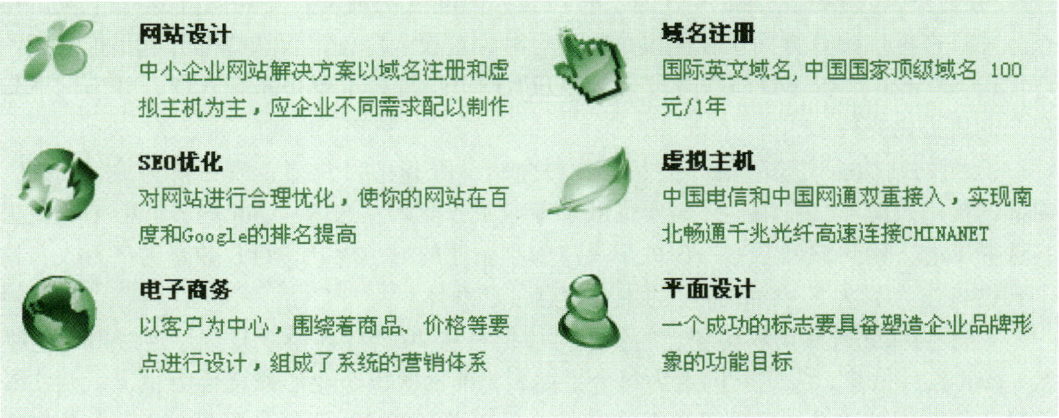
网站设计
中小企业网站解决方案以域名注册和虚拟主机为主，应企业不同需求配以制作
域名注册
国际英文域名，中国国家顶级域名 100元/1年
SEO优化
对网站进行合理优化，使你的网站在百度和Google的排名提高
虚拟主机
中国电信和中国网通双重接入，实现南北畅通千兆光纤高速连接CHINANET
电子商务
以客户为中心，围绕着商品、价格等要点进行设计，组成了系统的营销体系
平面设计
一个成功的标志要具备塑造企业品牌形象的功能目标

图 7－66　标题 SEO

3. 在文章标题中使用的关键字一定要出现在文章最开始的句子中，这样有良好的可见性，同时也增强了文章的相关性。有时，文章的第一句话通常被认为是文章整体的描述和概括，可能出现在搜索结果中。这是一个非常有效的搜索引擎文案写作技巧，如图 7－67 所示。

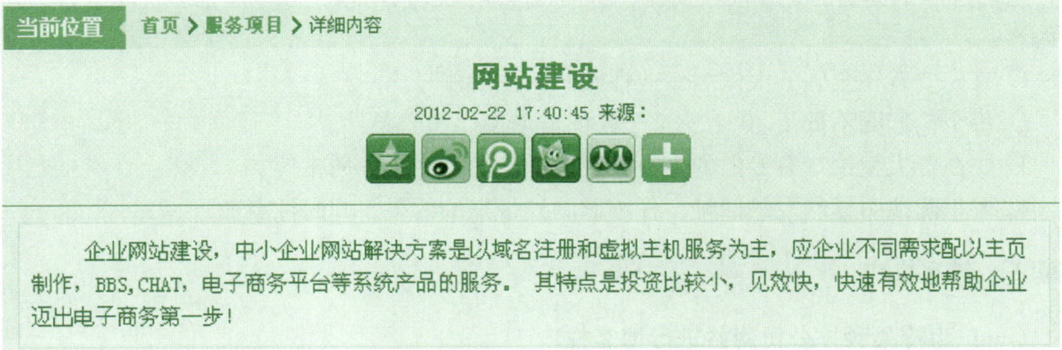
当前位置
首页 > 服务项目 > 详细内容
网站建设
2012-02-22 17:40:45 来源：
企业网站建设，中小企业网站解决方案是以域名注册和虚拟主机服务为主，应企业不同需求配以主页制作，BBS,CHAT，电子商务平台等系统产品的服务。 其特点是投资比较小，见效快，快速有效地帮助企业迈出电子商务第一步！

图 7－67　文章 SEO

4. 分析同义词和相关关键字，并且在文章的合适位置使用这些和文章主题相关的关键字。

5. 至少每 100 个字符放置一个关键字，以获取好的排名。

步骤二　网站交换链接推广

在页尾处为橙果科技网站加入如下同类的公司作为友情链接，如图 7－68 所示。

天津网站建设 花都网站建设 天津DHL 天津DHL电话 天津DHL快递 天津DHL国际快递 DHL天津 铜乙二胺 常州网站建设 天津网络公司 宁波vi广告设计 重庆网站建设 济南网站建设 沈阳网站建设 礼尚往来 杭州租房网 昆明网站建设

图 7－68　公司友情链接

步骤三 电子邮件推广

张家豪为橙果科技公司网站开展 Email 推广，具体实施如下：

1. 由于公司以前在网络推广方面没有经验，因此这次活动计划将天津这一个城市作为试点，并且在推广预算方面比较谨慎，并不打算大量投入广告，仅选择部分满足推广定位的用户发送 E-mail 广告。目前暂时没有条件开展网上销售，主要是品牌宣传，并为网下传统渠道的销售提供支持。

2. 公司网站功能比较简单，主要是公司介绍、服务项目介绍、成功案例等，因此，公司内部的推广资源非常有限，还需要借助于专业服务商来发送 E-mail 广告。橙果科技公司最终选择了北方网。该网站有一份关于天津中小企业的电子周刊，订户数量为 2 万人，这份电子刊物将作为本次 E-mail 推广的主要信息传递载体。

3. 为了确保此次活动取得理想的效果，计划将从 2013 年 3 月 5 日开始连续四个星期投放 E-mail 推广信息，发送时间定为每个星期四，前两次以企业形象宣传为主，后两次针对目前最流行的网站建设服务项目进行推广。接下来张家豪的主要任务是设计 E-mail 广告的内容，针对内部列表和外部列表分别制作，并且每个星期的内容都有所不同，他们仍然有许多工作需要准备。

步骤四 论坛推广

论坛推广中提倡的是互动和交流，针对橙果科技公司网站，做论坛推广要注意以下几方面内容：

1. 首先要有在全国各大知名专业性网站的注册账号。
2. 每个论坛要不低于 10 个，这个是保证前期炒作的条件。
3. 要在各大型论坛有专门的人员管理账号、发布帖子，回帖等。
4. 要正确地引导网友的回帖，仔细监测其带来的效果，同时注意改进。

步骤五 博客推广

（一）为橙果科技公司网站进行博客推广

1. 选择优秀的博客网站进行推广，如新浪博客和网易博客。

2. 注册博客。资源选择好之后，就要开始注册博客，博客的名称应该是和推广产品相关的关键词，一般每个平台上只注册一个博客。博客的信息要与推广产品相关，图片亦是如此。

3. 发布文章。在博客上推广产品，主要是发布信息。在博客上发布信息最好不要发布纯广告，最好发布软文，经验性或故事性的软文具有较强的可读性，更能够吸引用户的注意而提升人气，从而达到推广的目的。由于注册的博客比较多，要手动发布信息需要比较多的时间，可以选择推广软件来发布。

4. 保证更新频率。如果有了博客而不经常更新，还不如一开始就不要创建博客。如果用户看到的最新的文章距今已经很久，很容易对产品也产生类似的看法。持续的更新可以同时引起搜索引擎和路过用户对此产生兴趣，是在 SNS 站点上被广泛传播的前提条件。

5. 添加社会化分享按钮。尽可能将文章传播出去，尽可能覆盖到所有的 SNS 用户，让他们能够简单方便地分享你的文章到各个 SNS 账户，如图 7－69 所示。

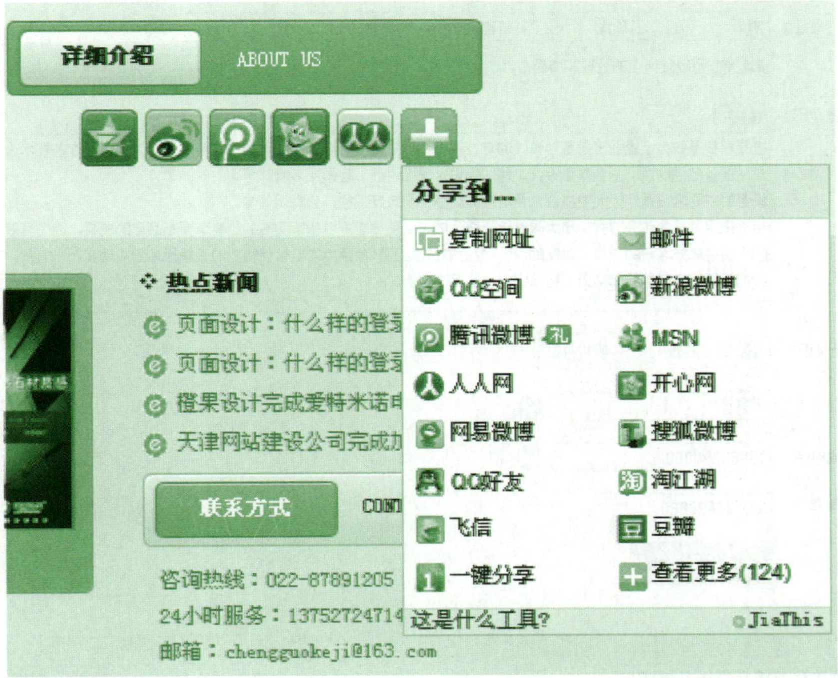

图 7－69　分享按钮

相关链接

SNS，全称 Social Networking Services，即社会性网络服务，专指帮助人们建立社会性网络的互联网应用服务。社会性网络服务是一个平台，建立人与人之间的社会网络或社会关系的连接。例如，利益共享、活动、背景或现实生活中的连接。大多数社会性网络服务是基于网络的在线社区服务，并提供用户在互联网互动的手段，如电子邮件和即时消息。

步骤六　分类信息

（一）以“58 同城”网站为例，发布橙果科技公司网站信息。

1. 填写注册信息，注册“58 同城”网站账号。

2. 填写用户名和密码，选择“同意并注册”。

3. 接下来，进行免费发布信息，选择相应类别，选择“网站建设/推广”子类别后，填写详细信息资料，如图 7－70 所示。

4. 信息填写完成后，选择“马上发布”，显示信息发布成功的界面。

5. 在提供免费信息发布的同时，58 同城网站还为有需求的客户提供信息置顶服务，需要缴纳一定的费用，具体要求如图 7－71 所示。

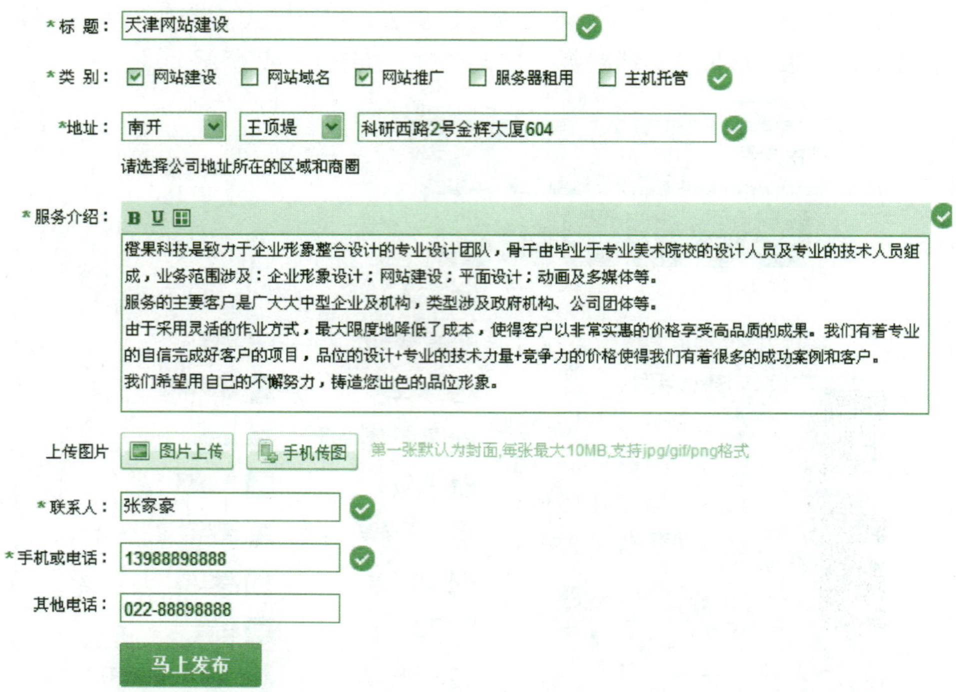
*标 题：天津网站建设
*类 别：网站建设 网站域名 网站推广 服务器租用 主机托管
*地址：南开 王顶堤 科研西路2号金辉大厦604
请选择公司地址所在的区域和商圈
*服务介绍：B U
橙果科技是致力于企业形象整合设计的专业设计团队，骨干由毕业于专业美术院校的设计人员及专业的技术人员组成，业务范围涉及：企业形象设计；网站建设；平面设计；动画及多媒体等。
服务的主要客户是广大大中型企业及机构，类型涉及政府机构、公司团体等。
由于采用灵活的作业方式，最大限度地降低了成本，使得客户以非常实惠的价格享受高品质的成果。我们有着专业的自信完成好客户的项目，品位的设计+专业的技术力量+竞争力的价格使得我们有着很多的成功案例和客户。
我们希望用自己的不懈努力，铸造您出色的品位形象。
上传图片 图片上传 手机传图 第一张默认为封面,每张最大10MB,支持jpg/gif/png格式
*联系人：张家豪
*手机或电话：13988898888
其他电话：022-88898888
马上发布

图 7－70 填写推广信息

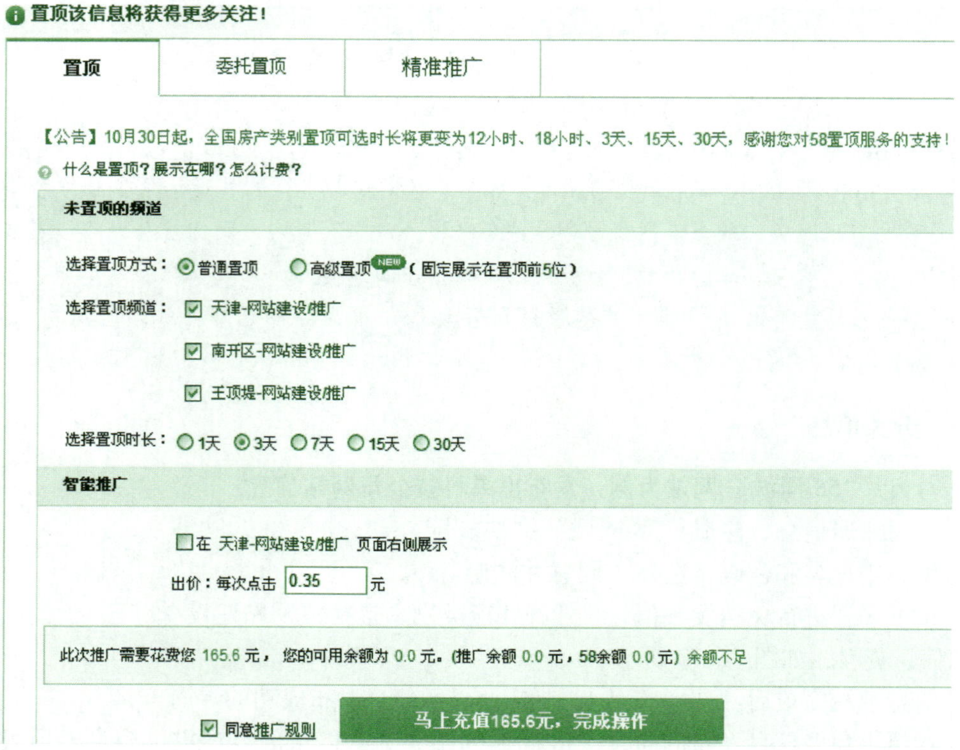
置顶该信息将获得更多关注！
置顶
委托置顶
精准推广
【公告】10月30日起，全国房产类别置顶可选时长将更变为12小时、18小时、3天、15天、30天，感谢您对58置顶服务的支持！
什么是置顶？展示在哪？怎么计费？
未置顶的频道
选择置顶方式：普通置顶 高级置顶 NEW（固定展示在置顶前5位）
选择置顶频道：天津-网站建设/推广
南开区-网站建设/推广
王顶堤-网站建设/推广
选择置顶时长：1天 3天 7天 15天 30天
智能推广
在 天津-网站建设/推广 页面右侧展示
出价：每次点击 0.35 元
此次推广需要花费您 165.6 元， 您的可用余额为 0.0 元。(推广余额 0.0 元，58余额 0.0 元) 余额不足
同意推广规则
马上充值165.6元，完成操作

图 7－71 收费服务

6. 信息已经发布完成，单击“查看信息”按钮，可以查看店铺情况预览，如图7－72所示，用户也可以修改信息，并进行重新发布。

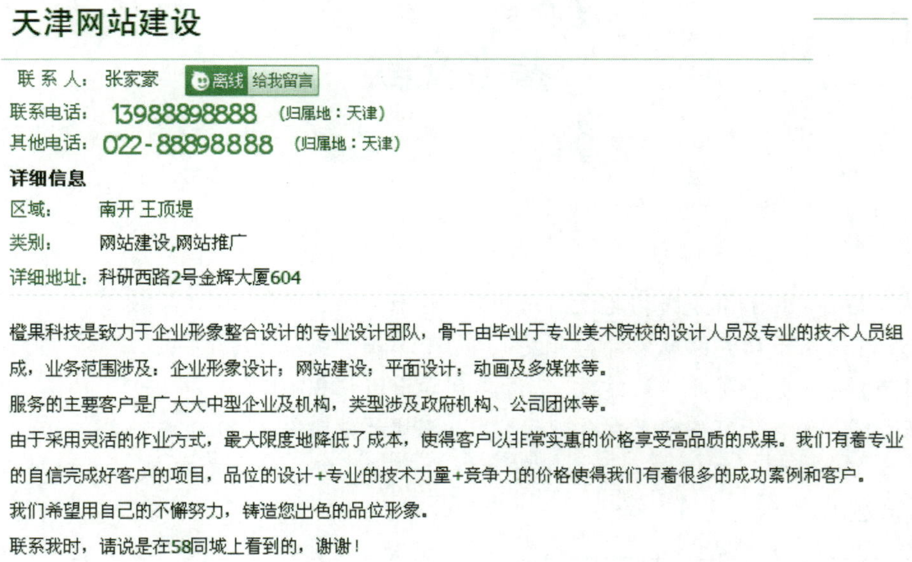
天津网站建设
联 系 人：张家豪
离线 给我留言
联系电话：13988898888 (归属地：天津)
其他电话：022-88898888 (归属地：天津)
详细信息
区域：南开 王顶堤
类别：网站建设,网站推广
详细地址：科研西路2号金辉大厦604
橙果科技是致力于企业形象整合设计的专业设计团队，骨干由毕业于专业美术院校的设计人员及专业的技术人员组成，业务范围涉及：企业形象设计；网站建设；平面设计；动画及多媒体等。
服务的主要客户是广大大中型企业及机构，类型涉及政府机构、公司团体等。
由于采用灵活的作业方式，最大限度地降低了成本，使得客户以非常实惠的价格享受高品质的成果。我们有着专业的自信完成好客户的项目，品位的设计+专业的技术力量+竞争力的价格使得我们有着很多的成功案例和客户。
我们希望用自己的不懈努力，铸造您出色的品位形象。
联系我时，请说是在58同城上看到的，谢谢！

图7－72　发布完成

项目小结

本项目以橙果天下科技公司为例，详细讲解了为橙果科技公司制作网站的全部过程。其中包括最初阶段对公司实际情况进行调研、分析，并规划设计了公司的网站。然后，按照网站策划书，开发制作了公司的电子商务网站。接下来为公司网站注册了域名和空间，利用FTP工具，把公司网站发布到互联网上。最后，通过各种途径和方法，对公司网站进行宣传和推广，让更多的客户认识并了解了公司，实现了建设网站的最初目标。

参考文献

图书：

1. 臧良运：《电子商务网站建设与维护》，电子工业出版社 2010 年版。
2. 踪程：《电子商务网站设计与开发》，电子工业出版社 2012 年版。
3. 薛万欣：《电子商务网站建设》，清华大学出版社 2010 年版。
4. 王春燕：《电子商务网页制作技术》，人民邮电出版社 2009 年版。
5. 刘晓明：《中文版 Dreamweaver CS5 + Flash CS5 + Photoshop CS5 从新手到高手》，人民邮电出版社 2012 年版。
6. 董延华：《中文版 Dreamweaver CS5 网页制作案例教程》，航空工业出版社 2012 年版。
7. 沈精虎：《 Dreamweaver CS5 基础教程》，人民邮电出版社 2011 年版。
8. 李建忠：《电子商务网站建设与管理》，清华大学出版社 2012 年版。
9. 高劲松，张自然：《电子商务网站的规划、设计与管理》，高等教育出版社 2011 年版。
10. 黄颖，蒲茜：《基于工作过程的商务网站建设》，电子工业出版社 2010 年版。
11. 谢嵘：《电子商务网页制作》，机械工业出版社 2010 年版。
12. 王楗楠，王洪波：《SEO 网站营销推广全程实例》，清华大学出版社 2013 年版。
13. 刘晓明：《中文版 Dreamweaver CS5 + Flash CS5 + Photoshop CS5 从新手到高手》，人民邮电出版社 2012 年版。
14. 董延华等：《中文版 Dreamweaver CS5 网页制作 案例教程》，航空工业出版社 2012 年版。
15. 沈精虎：《 Dreamweaver CS5 基础教程》，人民邮电出版社 2011 年版。

期刊：

1. 杨海玉：《浅谈网页设计中的视觉元素》，《哈尔滨职业技术学院学报》，2010 年第 6 期。
2. 邓有林：《浅谈网站设计中 LOGO 的制作》，《保山师专学报》，2005 年第 5 期。
3. 温海猛：《论网页广告之 banner 的视觉传达》，《剑南文学》，2011 年第 5 期。
4. 陈红斌：《网络广告 BANNER 的个性要素浅析》，《开封大学学报》，2012 年第 2 期。
5. 黄燕云：《走出 Banner 设计误区》，《艺术与设计》，2012 年第 9 期。
6. 熊群毓：《浅析 Flash 动画网站设计》，《中国科教创新导刊》，2011 年第 7 期。
7. 宋盛勇：《网页美化与超链接教学设计》，《昭通师范高等专科学校学报》，2011 年第

S1 期。

8. 谭岚丹：《网站设计中导航系统的艺术性》，《大众文艺》，2011 年第 12 期。

其他：

傅晶：《网站设计的艺术性与可用性》，《2004 年工业设计国际会议论文集》，2004 年 11 月。